ŒUVRES

COMPLÈTES

DE MOLIÈRE.

III.

ŒUVRES
COMPLÈTES
DE MOLIÈRE,
AVEC
DES REMARQUES GRAMMATICALES,
DES AVERTISSEMENS
ET DES OBSERVATIONS SUR CHAQUE PIÈCE,
Par M. BRET.

TOME TROISIÈME.

TROYES,
GOBELET, IMPRIMEUR DU ROI
ET LIBRAIRE, PRÈS L'HÔTEL-DE-VILLE, N.° 11.

1819.

LA CRITIQUE

DE

L'ÉCOLE DES FEMMES.

COMÉDIE.

AVERTISSEMENT
DE L'ÉDITEUR
SUR
LA CRITIQUE
DE
L'ÉCOLE DES FEMMES.

Cette petite Comédie en prose fut jouée sur le théâtre du Palais-Royal, le 1.er juin 1663.

Depuis cinq mois les marquis subalternes, les petits beaux-esprits et les maris infortunés, se déchaînoient contre un des plus grands et des plus justes succès qu'on eût vu sur la scène française. Molière enfin perdit patience; il voulut se venger. On sait qu'il disoit quelquefois que le mépris étoit une pillule qu'on pouvoit bien avaler, mais qu'on ne pouvoit mâcher sans faire la grimace.

Ce ne fut point une véritable comédie qu'il donna, ce ne fut pas non plus un simple dialogue, comme on l'a dit. Des caractères bien dessinés et soutenus, une progression successive de chaleur, une image vive des conversations et des mœurs du tems ; tout cela doit mettre cet ouvrage au-dessus du genre froid que Platon rendit si grave, Lucien plus piquant, et Fontenelle plus joli, et dans lequel deux ou trois interlocuteurs, toujours en scène et sans mouvement, dogmatisent sur un point de morale ou de critique.

Le plus acharné des ennemis de notre auteur, *Devisé*, prétend que l'abbé *Dubuisson* avoit porté à Molière cette critique qu'il parut dédaigner d'abord, mais qu'il mit ensuite au théâtre sous son propre nom. Rien n'est vraisemblable dans cette anecdote. Cet abbé *Dubuisson* étoit, comme nous l'avons vu, un des introducteurs en chef des *ruelles* de Paris ; pouvoit-il prendre un intérêt assez vif à Molière, qui avoit détruit la secte dont il étoit un des patrons ?

La préface de l'*École des Femmes* nous apprend, d'ailleurs, qu'une personne de qualité, dont l'esprit étoit assez connu, et qui faisoit à Molière l'honneur de l'aimer, lui ayant ouï conter l'idée qu'il avoit de cette petite comédie, la lui apporta un jour toute faite, *mais d'une manière* (dit notre auteur) *beaucoup plus galante et plus spirituelle que je ne puis faire*. Molière profita, sans doute, du travail de son illustre ami ; et plus nous y réfléchissons, plus nous reconnoissons M. *de Vivonne* au portrait qu'il en fait.

A peine *la Critique de l'École des Femmes* parut-elle, que le sieur *Devisé* en donna une à sa manière ; il la fit imprimer sous le titre de *Zélinde ; ou la véritable Critique de l'École des Femmes*. L'ouvrage de cet auteur ne manquoit que de style, d'imagination, d'esprit et de gaîté, aussi ne fit-il aucun tort à celui de Molière.

Boursault, homme alors de la plus grande médiocrité, et qui, jusques-là, n'avoit encore rien offert des talens qu'il devoit montrer par la suite dans ses deux *Ésopes ; Boursault*, dis-je, se reconnut dans le personnage de *Lysidas*, et présenta bientôt sur le théâtre de l'hôtel de Bourgogne *le portrait du Peintre*, espèce de petit drame misérable, modelé exactement pour la forme sur celui de notre auteur ; mais pesant, ennuyeux et fade, par la grossièreté de l'ironie qui y règne.

S'il y eut un trait qui pût offenser Molière, ce fut celui qui annonça une clé imprimée de sa pièce. L'ouvrage qui suivit de près *la Critique de l'École des Femmes*, prouve assez qu'il y fut trop sensible, puisque *Boursault* fut joué sous son propre nom, aussi bien que les acteurs de l'hôtel de Bourgogne, dans *l'Impromptu de Versailles*.

On prétend que Molière eut tort, dans sa *Critique*, de vouloir justifier la *tarte à la crême*, et quelques autres bassesses de style qui lui étoient échappées. Nous osons être d'un autre avis. Ce que l'auteur respectable de cette re-

marque appelle des *basses de style*, en sont-elles réellement ?

Molière avoit voulu peindre une franche innocente, à qui l'amour seul fait apercevoir un instinct et même un esprit qu'on avoit étouffé jusques-là, par l'éducation la plus contrainte et la plus grossière.

Il est peu de gens qui, dans leur jeunesse, en jouant au jeu du corbillon, n'aient rencontré dans l'un ou l'autre sexe, des imbécilles qui, comme Agnès, trouvent quelque chose d'aussi ridicule que *tarte à la crême* et d'aussi éloigné de la rime qu'il faut observer dans la réponse. Peut-être Molière ne fit-il en cet endroit, que se rappeler ce qu'il avoit entendu : de pareils traits ne s'imaginent pas plus que celui du *Grand Flandrin, qui crache dans un puits pour faire des ronds.*

Mais oserions-nous conjecturer que le vers où se trouve *la tarte à la crême*, peut avoir été conçu par Molière autrement qu'il ne se débite au théâtre ? En le récitant ainsi :

Je veux qu'elle réponde... une... tarte à la crême.

Cela diminue beaucoup cette prétendue bassesse de style, dont on a fait de si grands cris ; parce qu'alors c'est Arnolphe lui-même qui, cherchant une naïveté à faire répondre à Agnès, saisit le premier mot ridicule qui lui vient à la tête.

La plupart des autres grossièretés, telles que celles des *puces* ou des *enfans par l'oreille*, sont également dans la nature du caractère que peignoit Molière. Le stérile rigorisme du *bon ton* n'exerçoit point encore son empire, et l'on n'avoit pas alors si généralement l'injustice de demander aux écrivains l'imitation de la nature, en leur interdisant une partie des couleurs qui servent à la peindre avec fidélité.

Il en est de même de ce qu'on reproche à Alain et à Georgette, deux domestiques choisis pour entretenir Agnès dans sa sottise, et qu'Arnolphe ne chérissoit que parce qu'ils étoient tels que l'auteur nous les peint. Molière eut donc raison de se justifier et de couvrir de ridicule les critiques puériles que l'envie, l'ignorance, et surtout le bel-esprit, toujours si éloigné du vrai, faisoient de son inimitable comédie.

La Critique de l'École des Femmes étoit le premier drame de cette espèce qu'on eût vu; et quoiqu'on se soit beaucoup exercé depuis dans ce genre, il est le seul qu'on puisse lire avec plaisir, parce qu'il est le seul qui ait autant d'esprit, de naturel, de comique et de gaîté.

Nous ne devons pas oublier que, dans le portrait que Molière fait de lui dans la scène 2.e, il nous apprend qu'il avoit une paresse naturelle à soutenir la conversation.

A LA REINE MÈRE.

MADAME,

JE sais bien que VOTRE MAJESTÉ n'a que faire de toutes mes dédicaces, et que ces prétendus devoirs, dont on lui dit élégamment qu'on s'acquitte envers ELLE, sont des hommages, à dire vrai, dont ELLE nous dispenseroit très-volontiers. Mais je ne laisse pas d'avoir l'audace de lui dédier la Critique de l'École des Femmes ; et je n'ai pu refuser cette petite occasion de pouvoir témoigner ma joie à VOTRE MAJESTÉ, sur cette heureuse convalescence, qui redonne à nos vœux la plus grande et la meilleure Princesse du monde, et nous promet en ELLE de longues années d'une santé vigoureuse. Comme chacun regarde les choses du côté qui les touche, je me réjouis dans cette alégresse générale, de pouvoir encore avoir l'honneur de divertir VOTRE MAJESTÉ, ELLE, MADAME, qui prouve si bien que la véritable dévotion n'est point contraire aux honnêtes divertissemens, qui, de ses hautes pensées, et de ses importantes occupations, descend si humainement dans le *plaisir de nos spectacles, et ne dédaigne pas de rire de cette même bouche, dont* Elle *prie si bien Dieu. Je flatte, dis-je, mon esprit de l'espérance de cette gloire; j'en attends le moment avec toutes les impatiences du monde; et quand je jouirai de ce bonheur, ce sera la plus grande joie que puisse recevoir,*

MADAME,

DE VOTRE MAJESTÉ,

Le très-humble, très-obéissant, et très-fidèle serviteur,

Molière.

ACTEURS.

URANIE.
ÉLISE.
CLIMENE.
LE MARQUIS.
DORANTE ou LE CHEVALIER.
LYSIDAS, poëte.
GALOPIN, laquais.

La scène est à Paris, dans la maison d'Uranie.

LA CRITIQUE
DE
L'ÉCOLE DES FEMMES.

SCÈNE I.

URANIE, ÉLISE.

URANIE.

Quoi, cousine, personne ne t'est venu rendre visite?

ÉLISE.

Personne du monde *.

URANIE.

Vraiment, voilà qui m'étonne, que nous ayions été seules l'une et l'autre tout aujourd'hui.

ÉLISE.

Cela m'étonne aussi, car ce n'est guères notre coutume; et votre maison, Dieu merci, est le refuge ordinaire des fainéans de la cour.

URANIE.

L'après-dînée, à dire vrai, m'a semblée fort longue.

ÉLISE.

Et moi, je l'ai trouvée fort courte.

URANIE.

C'est que les beaux-esprits, cousine, aiment la solitude.

ÉLISE.

Ah! très-humble servante au bel-esprit, vous savez que ce n'est pas la que je vise.

* *Personne du monde*, on diroit aujourd'hui *personne au monde*.

URANIE.

Pour moi, j'aime la compagnie, je l'avoue.

ÉLISE.

Je l'aime aussi, mais je l'aime choisie; et la quantité de sottes visites qu'il vous faut essuyer parmi les autres, est cause bien souvent que je prends plaisir d'être seule.

URANIE.

La délicatesse est trop grande, de ne pouvoir souffrir que des gens triés.

ÉLISE.

Et la complaisance est trop générale, de souffrir indifféremment toutes sortes de personnes.

URANIE.

Je goûte ceux qui sont raisonnables, et me divertis des extravagans.

ÉLISE.

Ma foi, les extravagans ne vont guères loin sans vous ennuyer, et la plupart de ces gens-là ne sont plus plaisans dès la seconde visite. Mais, à propos d'extravagans, ne voulez-vous pas me défaire de votre marquis incommode? Pensez-vous me le laisser toujours sur les bras, et que je puisse durer à ses turlupinades * perpétuelles?

URANIE.

Ce langage est à la mode, et l'on le tourne en plaisanterie à la cour.

ÉLISE.

Tant pis pour ceux qui le font, et qui se tuent tout le jour à parler ce jargon obscur. La belle chose de faire entrer, aux conversations du Louvre, de vieilles équivoques ramassées parmi les boues des halles et de la place Maubert! La jolie façon de plaisanter pour des courtisans, et qu'un homme montre d'esprit

---

* *Turlupinades.* Mauvaises plaisanteries. Elles ont pris ce nom d'un célèbre farceur de l'hôtel de Bourgogne, qui s'appeloit *Belleville* pour le haut comique, et *Turlupin* pour la farce. Il est étonnant que ce mauvais goût, toujours décrié, soit encore aujourd'hui le fléau des sociétés. Si *la Critique de l'Ecole des Femmes* se rejouoit quelquefois, elle feroit rougir nos illustres faiseurs de pointes.

SCÈNE II.

lorsqu'il vient vous dire: Madame, vous êtes dans la place royale, et tout le monde vous voit de trois lieues de Paris, car chacun vous voit de bon œil; à cause que Bonneuil est un village à trois lieues d'ici! Cela n'est-il pas bien galant et bien spirituel? Et ceux qui trouvent ces belles rencontres, n'ont-ils pas lieu de s'en glorifier?

URANIE.

On ne dit pas cela aussi, comme une chose spirituelle, et la plupart de ceux qui affectent ce langage, savent bien eux-mêmes qu'il est ridicule.

ÉLISE.

Tant pis encore, de prendre peine à dire des sottises, et d'être mauvais plaisans de dessein formé. Je les en tiens moins excusables; et si j'en étois juge, je sais bien à quoi je condamnerois tous ces messieurs les turlupins.

URANIE.

Laissons cette matière qui t'échauffe un peu trop, et disons que Dorante vient bien tard, à mon avis, pour le souper que nous devons faire ensemble.

ÉLISE.

Peut-être l'a-t-il oublié, et que....

SCÈNE II *.

URANIE, ÉLISE, GALOPIN.

GALOPIN.

Voilà Climène, madame, qui vient ici pour vous voir.

---

* Il y a grande apparence que Molière relève ici ce qui lui étoit arrivé dans une maison où l'on s'étoit rassemblé pour le voir, et où il trompa l'espérance des gens qui croyoient qu'il parleroit beaucoup, et qu'*il ne demanderoit à boire qu'avec une pointe*, comme il le dit.

Quoiqu'il ne soit pas contre la vraisemblance que Molière se soit peint lui-même, dans le portrait qu'il fait de Damon invité dans une maison, où il trompa par son silence l'espoir des convives qui croyoient qu'il ne demanderoit à boire qu'avec une pointe; cependant ce portrait semble ressembler beaucoup plus à La Fontaine, et je pense que l'opinion de ceux qui le lui attribuent, est mieux fondée que la mienne.

URANIE.

Hé! mon Dieu, quelle visite!

ÉLISE.

Vous vous plaignez d'être seule; aussi le ciel vous en punit.

URANIE.

Vîte, qu'on aille dire que je n'y suis pas.

GALOPIN.

On a déjà dit que vous y étiez.

URANIE.

Et qui est le sot qui l'a dit?

GALOPIN.

Moi, madame.

URANIE.

Diantre soit le petit vilain! Je vous apprendrai bien à faire vos réponses de vous-même.

GALOPIN.

Je vais lui dire, madame, que vous voulez être sortie.

URANIE.

Arrêtez, animal, et la laissez monter, puisque la sottise est faite.

GALOPIN.

Elle parle encore à un homme dans la rue.

URANIE.

Ah! cousine, que cette visite m'embarrasse à l'heure qu'il est.

ÉLISE.

Il est vrai que la dame est un peu embarrassante de son naturel; j'ai toujours eu pour elle une furieuse aversion; et, n'en déplaise à sa qualité, c'est la plus sotte bête qui se soit jamais mêlée de raisonner.

URANIE.

L'épithète est un peu forte.

ÉLISE.

Allez, allez, elle mérite bien cela, et quelque chose de plus, si on lui faisoit justice. Est-ce qu'il y a une personne qui soit plus véritablement qu'elle, ce qu'on appelle précieuse, à prendre le mot dans sa plus mauvaise signification?

URANIE.

Elle se défend bien de ce nom, pourtant.

SCÈNE II.
ELISE.

Il est vrai. Elle se défend du nom, mais non pas de la chose: car enfin elle l'est depuis les pieds jusques à la tête, et la plus grande façonnière du monde. Il semble que tout son corps soit démonté, et que les mouvemens de ses hanches, de ses épaules et de sa tête, n'aillent que par ressorts. Elle affecte toujours un ton de voix languissant et niais, fait la moue pour montrer une petite bouche, et roule les yeux pour les faire paroître grands.

URANIE.

Doucement donc. Si elle venoit à entendre....

ÉLISE.

Point, point, elle ne monte pas encore. Je me souviens toujours du soir qu'elle eut envie de voir Damon sur la réputation qu'on lui donne, et les choses que le public a vues de lui. Vous connoissez l'homme, et sa naturelle paresse * à soutenir la conversation. Elle l'avoit invité à souper comme bel-esprit, et jamais il ne parut si sot, parmi une demi-douzaine de gens à qui elle avoit fait fête de lui, et qui le regardoient avec de grands yeux, comme une personne qui ne devoit pas être faite comme les autres. Ils pensoient tous qu'il étoit là pour défrayer la compagnie de bons mots; que chaque parole qui sortoit de sa bouche, devoit être extraordinaire; qu'il devoit faire des impromptu sur tout ce qu'on disoit, et ne demander à boire qu'avec une pointe. Mais il les trompa fort par son silence; et la dame fut aussi mal satisfaite de lui, que je le fus d'elle.

URANIE.

Tais-toi. Je vais la recevoir à la porte de la chambre.

ÉLISE.

Encore un mot. Je voudrois bien la voir mariée avec le marquis dont nous avons parlé. Le bel assemblage que ce seroit d'une précieuse et d'un turlupin !

URANIE.

Veux-tu te taire ?

* *Sa naturelle paresse*, l'exactitude demanderoit *sa paresse naturelle*.

SCÈNE III *.

CLIMÈNE, URANIE, ÉLISE, GALOPIN.

URANIE.

Vraiment, c'est bien tard que....

CLIMÈNE.

Hé, de grace, ma chère, faites-moi vîte donner un siège.

URANIE à *Galopin.*

Un fauteuil promptement.

CLIMÈNE.

Ah! mon Dieu.

URANIE.

Qu'est-ce donc?

CLIMÈNE.

Je n'en puis plus.

URANIE.

Qu'avez-vous?

CLIMÈNE.

Le cœur me manque.

URANIE.

Sont-ce vapeurs qui vous ont pris?

CLIMÈNE.

Non.

URANIE.

Voulez-vous qu'on vous délace?

CLIMÈNE.

Mon Dieu, non. Ah!

URANIE.

Quel est donc votre mal? et depuis quand vous a-t-il pris?

---

* On voit dans cette scène très-plaisante, et qui frappe encore avec vigueur sur les précieuses, que les laquais n'étoient pas encore exclus de nos spectacles, puisque Molière les fait même parler haut dans la salle, à l'occasion des grimaces que faisoient quelques femmes, à certains endroits de son *Ecole des Femmes.*

Le mot d'*obscénité* sur lequel Elise se récrie dans cette scène, étoit nouveau, sans doute, et de la création des précieuses. Molière ne prévoyoit pas qu'il feroit une si heureuse fortune.

SCÈNE III.

CLIMÈNE.

Il y a plus de trois heures, et je l'ai apporté du Palais-Royal.

URANIE.

Comment?

CLIMÈNE.

Je viens de voir pour mes péchés cette méchante rapsodie de l'École des Femmes. Je suis encore en défaillance du mal de cœur que cela m'a donné, et je pense que je n'en reviendrai de plus de quinze jours.

ÉLISE.

Voyez un peu comme les maladies arrivent, sans qu'on y songe !

URANIE.

Je ne sais pas de quel tempéramment nous sommes ma cousine et moi ; mais nous fûmes avant-hier à la même pièce, et nous en revînmes toutes deux saines et gaillardes.

CLIMÈNE.

Quoi ! vous l'avez vue ?

URANIE.

Oui ; et écoutée d'un bout à l'autre.

CLIMÈNE.

Et vous n'en avez pas été jusques aux convulsions, ma chère ?

URANIE.

Je ne suis pas si délicate, Dieu merci, et je trouve, pour moi, que cette comédie seroit plutôt capable de guérir les gens que de les rendre malades.

CLIMÈNE.

Ah, mon Dieu ! que dites-vous là ? Cette proposition peut-elle être avancée par une personne qui ait du revenu en sens commun ! Peut-on impunément, comme vous faites, rompre en visière à la raison ? et dans le vrai de la chose, est-il un esprit si affamé de plaisanterie, qu'il puisse tâter des fadaises dont cette comédie est assaisonnée ? Pour moi, je vous avoue que je n'ai pas trouvé le moindre grain de sel dans tout cela. *Les enfans par l'oreille* m'ont paru d'un goût détestable : *la tarte à la crême* m'a affadi le cœur ; et j'ai pensé vomir *au potage*.

ÉLISE.

Mon Dieu, que tout cela est dit élégamment ! J'aurois cru que cette pièce étoit bonne ; mais madame a une éloquence si persuasive, elle tourne les choses d'une manière si agréable, qu'il faut être de son sentiment, malgré qu'on en ait.

URANIE.

Pour moi, je n'ai pas tant de complaisance; et, pour dire ma pensée, je tiens cette comédie une des plus plaisantes que l'auteur ait produites.

CLIMÈNE.

Ah, vous me faites pitié de parler ainsi; et je ne saurois vous souffrir cette obscurité de discernement. Peut-on, ayant de la vertu, trouver de l'agrément dans une pièce qui tient sans cesse la pudeur en alarme, et salit à tout moment l'imagination?

ÉLISE.

Les jolies façons de parler que voilà! Que vous êtes, madame, une rude joueuse en critique, et que je plains le pauvre Molière de vous avoir pour ennemie!

CLIMÈNE.

Croyez-moi, ma chère, corrigez de bonne foi votre jugement; et, pour votre honneur, n'allez point dire par le monde que cette comédie vous ait plu.

URANIE.

Moi, je ne sais pas ce que vous y avez trouvé qui blesse la pudeur.

CLIMÈNE.

Hélas, tout; et je mets en fait qu'une honnête femme ne sauroit la voir sans confusion, tant j'y ai découvert d'ordures et de saletés.

URANIE.

Il faut donc que pour les ordures vous ayez des lumières que les autres n'ont pas; car, pour moi, je n'y en ai point vu.

CLIMÈNE.

C'est que vous ne voulez pas en avoir vu, assurément; car enfin toutes ces ordures, Dieu merci, y sont à visage découvert. Elles n'ont pas la moindre enveloppe qui les couvre, et les yeux les plus hardis sont effrayés de leur nudité.

ÉLISE.

Ah!

CLIMÈNE.

Hai, hai, hai.

SCÈNE III.

URANIE.

Mais encore, s'il vous plaît, marquez-moi une de ces ordures que vous dites.

CLIMÈNE.

Hélas! est-il nécessaire de vous les marquer?

URANIE.

Oui. Je vous demande seulement un endroit qui vous ait fort choquée.

CLIMÈNE.

En faut-il d'autre que la scène de cette Agnès, lorsqu'elle dit qu'on lui a pris?

URANIE.

Et que trouvez-vous là de sale?

CLIMÈNE.

Ah!

URANIE.

De grace.

CLIMÈNE.

Fi!

URANIE.

Mais encore?

CLIMÈNE.

Je n'ai rien à vous dire.

URANIE.

Pour moi, je n'y entends point de mal.

CLIMÈNE.

Tant pis pour vous.

URANIE.

Tant mieux plutôt, ce me semble. Je regarde les choses du côté qu'on me les montre, et ne les tourne point pour y chercher ce qu'il ne faut pas voir.

CLIMÈNE.

L'honnêteté d'une femme....

URANIE.

L'honnêteté d'une femme n'est pas dans les grimaces. Il sied mal de vouloir être plus sage que celles qui sont sages. L'affectation en cette matière est pire qu'en toute autre; et je ne vois rien de si ridicule que cette délicatesse d'honneur, qui prend tout en mauvaise part, donne un sens criminel aux plus innocentes paroles, et s'offense de l'ombre des choses. Croyez-moi ; celles qui font tant de façons, n'en sont pas estimées plus femmes de bien. Au contraire, leur sévérité mystérieuse, et leurs grimaces affectées, irritent la censure de tout le monde contre les actions de leur vie. On est ravi de découvrir ce qu'il peut y avoir à redire ; et, pour tomber dans l'exemple, il y avoit l'autre jour des femmes à cette comédie, vis-à-vis de la loge où nous étions, qui, par les mines qu'elles affectèrent durant toute la pièce, leurs détournemens de tête, et leurs cachemens de visage, firent dire de tous côtés cent sottises de leur conduite, que l'on n'auroit pas dites sans cela ; et quelqu'un même des laquais cria tout haut, qu'elles étoient plus chastes des oreilles que de tout le reste du corps.

CLIMÈNE.

Enfin il faut être aveugle dans cette pièce, et ne pas faire semblant d'y voir les choses.

URANIE.

Il ne faut pas y vouloir voir ce qui n'y est pas.

CLIMÈNE.

Ah, je soutiens, encore un coup, que les saletés y crèvent les yeux.

URANIE.

Et moi, je ne demeure pas d'accord de cela.

CLIMÈNE.

Quoi, la pudeur n'est pas visiblement blessée par ce que dit Agnès dans l'endroit dont nous parlons ?

URANIE.

Non, vraiment. Elle ne dit pas un mot, qui de soi ne soit fort honnête ; et si vous voulez entendre dessous quelque autre chose, c'est vous qui faites l'ordure, et non pas elle, puisqu'elle parle seulement d'un ruban qu'on lui a pris.

CLIMÈNE.

Ah ! ruban tant qu'il vous plaira ; mais ce *le*, où elle s'arrête, n'est pas mis pour des prunes. Il vient sur ce *le*, d'étranges pensées. Ce *le* scandalise furieusement ; et, quoi que vous puissiez dire, vous ne sauriez défendre l'insolence de ce *le*.

SCÈNE III.

ÉLISE.

Il est vrai, ma cousine, je suis pour madame contre ce *le*. Ce *le* est insolent au dernier point, et vous avez tort de défendre ce *le*.

CLIMÈNE.

Il a une obscénité qui n'est pas supportable.

ÉLISE.

Comment dites-vous ce mot-là, madame ?

CLIMÈNE.

Obscénité, madame.

ÉLISE.

Ah, mon Dieu ! obscénité. Je ne sais ce que ce mot veut dire ; mais je le trouve le plus joli du monde.

CLIMÈNE.

Enfin, vous voyez comme votre sang prend mon parti.

URANIE.

Hé, mon Dieu ! c'est une causeuse qui ne dit pas ce qu'elle pense. Ne vous y fiez pas beaucoup, si vous m'en voulez croire.

ÉLISE.

Ah ! que vous êtes méchante de me vouloir rendre suspecte à madame ! Voyez un peu où j'en serois si elle alloit croire ce que vous dites. Serois-je si malheureuse, madame, que vous eussiez de moi cette pensée ?

CLIMÈNE.

Non, non. Je ne m'arrête pas à ses paroles, et je vous crois plus sincère qu'elle ne dit.

ÉLISE.

Ah, que vous avez bien raison, madame, et que vous me rendrez justice, quand vous croirez que je vous trouve la plus engageante * personne du monde, que j'entre dans tous vos sentimens, et suis charmée de toutes les expressions qui sortent de votre bouche !

CLIMÈNE.

Hélas ! je parle sans affectation.

ÉLISE.

On le voit bien, madame, et que tout est naturel en vous. Vos paroles, le ton de votre voix, vos regards, vos pas, votre

---

*. *La plus engageante*, *engageante* n'est pas ici le mot propre.

action, et votre ajustement, ont je ne sais quel air de qualité qui enchante les gens. Je vous étudie des yeux et des oreilles; et je suis si remplie de vous, que je tâche d'être votre singe, et de vous contrefaire en tout.

CLIMÈNE.

Vous vous moquez de moi, madame.

ÉLISE.

Pardonnez-moi, madame. Qui voudroit se moquer de vous?

CLIMÈNE.

Je ne suis pas un bon modèle, madame.

ÉLISE.

Oh, que si, madame!

CLIMÈNE.

Vous me flattez, madame.

ÉLISE.

Point du tout, madame.

CLIMÈNE.

Épargnez-moi, s'il vous plaît, madame.

ÉLISE.

Je vous épargne aussi, madame, et je ne dis pas la moitié de ce que je pense, madame.

CLIMÈNE.

Ah! mon Dieu, brisons-là de grace. Vous me jetteriez dans une confusion épouvantable. Enfin, nous voilà deux contre vous, et l'opiniâtreté sied si mal aux personnes spirituelles....

SCÈNE IV.

LE MARQUIS, CLIMÈNE, URANIE, ÉLISE, GALOPIN.

GALOPIN *à la porte de la chambre.*

Arrêtez, s'il vous plaît, monsieur.

LE MARQUIS.

Tu ne me connois pas, sans doute?

GALOPIN.

Si fait, je vous connois : mais vous n'entrerez pas.

LE MARQUIS.

Ah! que de bruit, petit laquais.

SCÈNE IV.

GALOPIN.

Cela n'est pas bien de vouloir entrer malgré les gens.

LE MARQUIS.

Je veux voir ta maîtresse.

GALOPIN.

Elle n'y est pas, vous dis-je.

LE MARQUIS.

La voilà dans sa chambre.

GALOPIN.

Il est vrai, la voilà : mais elle n'y est pas.

URANIE.

Qu'est-ce donc qu'il y a là ?

LE MARQUIS.

C'est votre laquais, madame, qui fait le sot.

GALOPIN.

Je lui dis que vous n'y êtes pas, madame, et il ne veut pas laisser d'entrer.

URANIE.

Et pourquoi dire à monsieur que je n'y suis pas ?

GALOPIN.

Vous me grondâtes l'autre jour de lui avoir dit que vous y étiez.

URANIE.

Voyez cet insolent ! Je vous prie, monsieur, de ne pas croire ce qu'il dit. C'est un petit écervelé, qui vous a pris pour un autre.

LE MARQUIS.

Je l'ai bien vu, madame ; et, sans votre respect *, je lui aurois appris à connoître les gens de qualité.

ÉLISE.

Ma cousine vous est fort obligée de cette déférence.

URANIE à *Galopin*.

Un siège donc, impertinent.

GALOPIN.

N'en voilà-t-il pas un ?

---

* *Sans votre respect*, ne se dit plus aujourd'hui.

URANIE.

Approche-le.

(*Galopin pousse le siège rudement et sort.*)

SCÈNE V.

LE MARQUIS, CLIMÈNE, URANIE, ÉLISE.

LE MARQUIS.

Votre petit laquais, madame, a du mépris pour ma personne.

ÉLISE.

Il auroit tort, sans doute.

LE MARQUIS.

C'est peut-être que je paye l'intérêt de ma mauvaise mine : (*il rit*) hai, hai, hai.

ÉLISE.

L'âge le rendra plus éclairé en honnêtes gens.

LE MARQUIS.

Sur quoi en étiez-vous, mesdames, lorsque je vous ai interrompues ?

URANIE.

Sur la comédie de l'Ecole des Femmes.

LE MARQUIS.

Je ne fais que d'en sortir.

CLIMÈNE.

Hé bien, monsieur, comment la trouvez-vous, s'il vous plaît ?

LE MARQUIS.

Tout-à-fait impertinente.

CLIMÈNE.

Ah ! que j'en suis ravie !

LE MARQUIS.

C'est la plus méchante chose du monde. Comment, diable ! à peine ai-je pu trouver place. J'ai pensé être étouffé à la porte, et jamais on ne m'a tant marché sur les pieds. Voyez comme mes canons et mes rubans en sont ajustés, de grace.

SCÈNE VI.

ÉLISE.

Il est vrai que cela crie vengeance contre l'Ecole des Femmes, et que vous la condamnez avec justice.

LE MARQUIS.

Il ne s'est jamais fait, je pense, une si méchante comédie.

URANIE.

Ah! voici Dorante que nous attendions.

SCÈNE VI.

DORANTE, CLIMÈNE, URANIE, ÉLISE, LE MARQUIS.

DORANTE.

Ne bougez, de grace, et n'interrompez point votre discours. Vous êtes la sur une matière qui, depuis quatre jours, fait presque l'entretien de toutes les maisons de Paris, et jamais on n'a rien vu de si plaisant, que la diversité des jugemens qui se font là-dessus. Car enfin, j'ai ouï condamner cette comédie à certaines gens, par les mêmes choses que j'ai vu d'autres estimer le plus.

URANIE.

Voilà monsieur le marquis qui en dit force mal.

LE MARQUIS.

Il est vrai. Je la trouve détestable, morbleu, détestable, du dernier détestable ; ce qu'on appelle détestable.

DORANTE.

Et moi, mon cher marquis, je trouve le jugement détestable.

LE MARQUIS.

Quoi, chevalier, est-ce que tu prétends soutenir cette pièce?

DORANTE.

Oui je prétends la soutenir.

LE MARQUIS.

Parbleu, je la garantis détestable.

DORANTE.

La caution n'est pas bourgeoise *. Mais, marquis, par quelle raison, de grace, cette comédie est-elle ce que tu dis?

LE MARQUIS.

Pourquoi elle est détestable?

DORANTE.

Oui.

LE MARQUIS.

Elle est détestable, parce qu'elle est détestable.

DORANTE.

Après cela il n'y a plus rien à dire, voilà son procès fait. Mais encore, instruis-nous, et nous dis les défauts qui y sont.

LE MARQUIS.

Que sais-je, moi? Je ne me suis pas seulement donné la peine de l'écouter. Mais enfin je sais bien que je n'ai jamais rien vu de si méchant : Dieu me sauve ; et Dorilas, contre qui j'étois, a été de mon avis.

DORANTE.

L'autorité est belle, et te voilà bien appuyé.

LE MARQUIS.

Il ne faut que voir les continuels éclats de rire que le parterre y fait. Je ne veux point d'autre chose pour témoigner qu'elle ne vaut rien.

DORANTE.

Tu es donc, marquis, de ces messieurs du bel air, qui ne veulent pas que le parterre ait du sens commun, et qui seroient fâchés d'avoir ri avec lui, fût-ce de la meilleure chose du monde? Je vis l'autre jour sur le théâtre un de nos amis, qui se rendit ridicule par là. Il écouta toute la pièce avec un sérieux le plus sombre du monde; et, tout ce qui égayoit les autres, ridoit son front. A tous les éclats de risée **, il haussoit les

---

* *La caution n'est pas bourgeoise*, façon de parler empruntée de la science du droit. Elle veut dire que la caution n'est ni valable ni sûre. Avec l'idée qu'on a du véritable esprit de Molière, on ne pensera pas qu'il ait voulu jouer sur le mot de *caution bourgeoise*, en parlant à un marquis.

** *Éclats de risée*, on doit dire *éclats de rire*.

épaules, et regardoit le parterre en pitié ; et quelquefois aussi le regardant avec dépit, il lui disoit tout haut, *ris donc, parterre, ris donc.* Ce fut une seconde comédie que le chagrin de notre ami. Il la donna en galant homme à toute l'assemblée, et chacun demeura d'accord qu'on ne pouvoit pas mieux jouer qu'il fit. Apprends, marquis, je te prie, et les autres aussi, que le bon sens n'a point de place déterminée à la comédie ; que la différence du demi-louis d'or *, et de la pièce de quinze sols, ne fait rien du tout au bon goût ; que debout ou assis l'on peut donner un mauvais jugement ; et qu'enfin, à le prendre en général, je me fierois assez à l'approbation du parterre, par la raison qu'entre ceux qui le composent, il y en a plusieurs qui sont capables de juger d'une pièce selon les règles, et que les autres en jugent par la bonne façon d'en juger, qui est de se laisser prendre aux choses, et de n'avoir ni prévention aveugle, ni complaisance affectée, ni délicatesse ridicule.

LE MARQUIS.

Te voilà donc, chevalier, défenseur du parterre ? Parbleu, je m'en réjouis, et je ne manquerai pas de l'avertir que tu es de ses amis. Hai, hai, hai, hai, hai, hai.

DORANTE.

Ris tant que tu voudras. Je suis pour le bon sens, et ne saurois souffrir les ébullitions de cerveau de nos marquis de Mascarille. J'enrage de voir de ces gens qui se traduisent en ridicule, malgré leur qualité ; de ces gens qui décident toujours, et parlent hardiment de toutes choses, sans s'y connoître ; qui, dans une comédie, se recrieront aux méchans endroits, et ne branleront pas à ceux qui sont bons ; qui, voyant un tableau ou écoutant un concert de musique, blâment de même et louent tout à contre sens, prennent par où ils peuvent les termes de l'art qu'ils attrapent, et ne manquent jamais de les estropier, et de les mettre hors de place. Hé, morbleu, messieurs, taisez-vous. Quand Dieu ne vous a pas donné la connoissance d'une

---

* *La différence d'un demi-louis d'or et de la pièce de 15 sols.* Le louis d'or ou lys d'or étoit de 7 liv. le marc d'or à 423 liv. 10 s. 11 den. à 23 karats 1/4 de titre. Les premières places d'un demi-louis étoient donc de 3 liv. 10 sols.

chose, n'apprêtez point à rire à ceux qui vous entendent parler, et songez qu'en ne disant mot, on croira peut-être que vous êtes d'habiles gens.

LE MARQUIS.

Parbleu, chevalier, tu le prends-là....

DORANTE.

Mon Dieu, marquis, ce n'est pas à toi que je parle. C'est à une douzaine de messieurs qui déshonorent les gens de cour par leurs manières extravagantes, et font croire parmi le peuple que nous nous ressemblons tous. Pour moi, je m'en veux justifier le plus qu'il me sera possible; et je les dauberai tant en toutes rencontres, qu'à la fin ils se rendront sages.

LE MARQUIS.

Dis-moi un peu, chevalier, crois-tu que Lysandre ait de l'esprit?

DORANTE.

Oui, sans doute, et beaucoup.

URANIE.

C'est une chose qu'on ne peut pas nier.

LE MARQUIS.

Demande-lui ce qu'il lui semble de l'Ecole des Femmes. Tu verras qu'il te dira qu'elle ne lui plaît pas.

DORANTE.

Hé, mon Dieu, il y en a beaucoup que le trop d'esprit gâte, qui voient mal les choses à force de lumière, et même qui seroient bien fâchés d'être de l'avis des autres, pour avoir la gloire de décider.

URANIE.

Il est vrai. Notre ami est de ces gens-là, sans doute. Il veut être le premier de son opinion, et qu'on attende par respect son jugement. Toute approbation qui marche avant la sienne, est un attentat sur ses lumières, dont il se venge hautement en prenant le contraire parti *. Il veut qu'on le consulte sur toutes les affaires d'esprit : et je suis sûre que, si l'auteur lui eût montré sa comédie avant que de la faire voir au public, il l'eût trouvée la plus belle du monde.

* *Le contraire parti*, on doit dire *le parti contraire*.

SCÈNE VI.
LE MARQUIS.

Et que direz-vous de la marquise Araminte, qui la publie partout pour épouvantable, et dit qu'elle n'a pu jamais souffrir les ordures dont elle est pleine ?

DORANTE.

Je dirai que cela est digne du caractère qu'elle a pris, et qu'il y a des personnes qui se rendent ridicules, pour vouloir avoir trop d'honneur. Bien qu'elle ait de l'esprit, elle a suivi le mauvais exemple de celles qui, étant sur le retour de l'âge, veulent remplacer de quelque chose ce qu'elles voyent qu'elles perdent ; et prétendent que les grimaces d'une pruderie scrupuleuse leur tiendront lieu de jeunesse et de beauté. Celle-ci pousse l'affaire plus avant qu'aucune ; et l'habileté de son scrupule découvre des saletés, où jamais personne n'en avoit vu. On tient qu'il va, ce scrupule, jusques à défigurer notre langue, et qu'il n'y a presque point de mots, dont la sévérité de cette dame ne veuille retrancher ou la tête ou la queue, pour les syllabes déshonnêtes qu'elle y trouve.

URANIE.

Vous êtes bien fou, chevalier.

LE MARQUIS.

Enfin, chevalier, tu crois défendre ta comédie, en faisant la satire de ceux qui la condamnent.

DORANTE.

Non pas ; mais je tiens que cette dame se scandalise à tort....

ELISE.

Tout beau, monsieur le chevalier, il pourroit y en avoir d'autres qu'elle, qui seroient dans les mêmes sentimens.

DORANTE.

Je sais bien que ce n'est pas vous, au moins, et que, lorsque vous avez vu cette représentation....

ELISE.

Il est vrai ; mais j'ai changé d'avis, (*montrant Climène*) et madame sait appuyer le sien par des raisons si convaincantes, qu'elle m'a entraînée de son côté.

DORANTE à *Climène.*

Ah ! madame, je vous demande pardon, et si vous le voulez, je me dédirai, pour l'amour de vous, de tout ce que j'ai dit.

CLIMÈNE.

Je ne veux pas que ce soit pour l'amour de moi, mais pour l'amour de la raison : car enfin cette pièce, à le bien prendre, est tout-à-fait indéfendable, et je ne conçois pas....

URANIE.

Ah! voici l'auteur monsieur Lysidas. Il vient tout-à-propos, pour cette matière. Monsieur Lysidas, prenez un siège vous-même, et vous mettez-là.

SCÈNE VII.

LYSIDAS, CLIMÈNE, URANIE, ÉLISE, DORANTE, LE MARQUIS.

LYSIDAS.

Madame, je viens un peu tard, mais il m'a fallu lire ma pièce chez madame la marquise, dont je vous avois parlé, et les louanges qui lui ont été données, m'ont retenu une heure plus que je ne croyois.

ÉLISE.

C'est un grand charme que les louanges pour arrêter un auteur.

URANIE.

Asseyez-vous donc, monsieur Lysidas, nous lirons votre pièce après souper.

LYSIDAS.

Tous ceux qui étoient là doivent venir à sa première représentation, et m'ont promis de faire leur devoir comme il faut.

URANIE.

Je le crois. Mais encore une fois, asseyez-vous, s'il vous plaît. Nous sommes ici sur une matière que je serai bien aise que nous poussions.

LYSIDAS.

Je pense, madame, que vous retiendrez aussi une loge pour ce jour-là.

URANIE.

Nous verrons. Poursuivons, de grace, notre discours.

SCÈNE VII.

LYSIDAS.
Je vous donne avis, madame, qu'elles sont presque toutes retenues.

URANIE.
Voilà qui est bien. Enfin, j'avois besoin de vous, lorsque vous êtes venu, et tout le monde étoit ici contre moi.

ÉLISE à *Uranie*.
(*montrant Dorante.*)
Il s'est mis d'abord de votre côté ; mais maintenant qu'il sait
(*montrant Climène.*)
que madame est à la tête du parti contraire, je pense que vous n'avez qu'à chercher un autre secours.

CLIMÈNE.
Non, non, je ne voudrois pas qu'il fît mal sa cour auprès de madame votre cousine, et je permets à son esprit d'être du parti de son cœur.

DORANTE.
Avec cette permission, madame, je prendrai la hardiesse de me défendre.

URANIE.
Mais auparavant, sachons un peu les sentimens de monsieur Lysidas.

LYSIDAS.
Sur quoi, madame ?

URANIE.
Sur le sujet de l'Ecole des Femmes.

LYSIDAS.
Ah, ah !

DORANTE.
Que vous en semble ?

LYSIDAS.
Je n'ai rien à dire là-dessus ; et vous savez qu'entre nous autres auteurs, nous devons parler des ouvrages les uns des autres avec beaucoup de circonspection.

DORANTE.
Mais encore, entre nous, que pensez-vous de cette comédie ?

LYSIDAS.
Moi, monsieur ?

URANIE.

De bonne foi, dites-nous votre avis ?

LYSIDAS.

Je la trouve fort belle.

DORANTE.

Assurément ?

LYSIDAS.

Assurément. Pourquoi non ? N'est-elle pas en effet la plus belle du monde ?

DORANTE.

Hon, hon, vous êtes un méchant diable, monsieur Lysidas; vous ne dites pas ce que vous pensez.

LYSIDAS.

Pardonnez-moi.

DORANTE.

Mon Dieu ! Je vous connois. Ne dissimulons point.

LYSIDAS.

Moi, monsieur ?

DORANTE.

Je vois bien que le bien que vous dites de cette pièce n'est que par honnêteté, et que, dans le fond du cœur, vous êtes de l'avis de beaucoup de gens, qui la trouvent mauvaise.

LYSIDAS.

Hai, hai, hai.

DORANTE.

Avouez, ma foi, que c'est une méchante chose que cette comédie.

LYSIDAS.

Il est vrai qu'elle n'est pas approuvée par les connoisseurs.

LE MARQUIS.

Ma foi, chevalier, tu en tiens, et te voilà payé de ta raillerie. Ah, ah, ah, ah, ah.

DORANTE.

Pousse, mon cher marquis, pousse.

LE MARQUIS.

Tu vois que nous avons les savans de notre côté.

DORANTE.

Il est vrai. Le jugement de monsieur Lysidas est quelque

SCENE VII.

chose de considérable. Mais monsieur Lysidas veut bien que je ne me rende pas pour cela ; et puisque j'ai bien l'audace de me
(montrant Climène.)
défendre contre les sentimens de madame, il ne trouvera pas mauvais que je combatte les siens.

ELISE.

Quoi ! vous voyez contre vous, madame, monsieur le marquis et monsieur Lysidas, et vous osez résister encore ? Fi, que cela est de mauvaise grace !

CLIMÈNE.

Voilà qui me confond, pour moi, que des personnes raisonnables se puissent mettre en tête de donner protection aux sottises de cette pièce.

LE MARQUIS.

Dieu me damne, madame, elle est misérable depuis le commencement jusqu'à la fin.

DORANTE.

Cela est bientôt dit, marquis. Il n'est rien plus aisé que de trancher ainsi ; et je ne vois aucune chose qui puisse être à couvert de la souveraineté de tes décisions.

LE MARQUIS.

Parbleu, tous les autres comédiens qui étoient là pour la voir, en ont dit tous les maux du monde.

DORANTE.

Ah ! je ne dis plus mot, tu as raison, marquis. Puisque les autres comédiens en disent du mal, il faut les en croire assurément. Ce sont tous gens éclairés et qui parlent sans intérêt. Il n'y a plus rien à dire, je me rends.

CLIMÈNE.

Rendez-vous, ou ne vous rendez pas, je sais fort bien que vous ne me persuaderez point de souffrir les immodesties de cette pièce, non plus que les satires désobligeantes qu'on y voit contre les femmes.

URANIE.

Pour moi, je me garderai bien de m'en offenser, et de prendre rien sur mon compte de tout ce qui s'y dit. Ces sortes de satires tombent directement sur les mœurs, et ne frappent les personnes que par réflexion. N'allons point nous appliquer à nous-mêmes les traits d'une censure générale ; et profitons de la leçon, si nous pouvons, sans faire semblant qu'on parle à nous. Toutes les peintures ridicules qu'on expose sur les théâtres, doivent être regardées sans chagrin de tout le monde. Ce sont miroirs publics, où il ne faut jamais témoigner qu'on se voie : et c'est se taxer hautement d'un défaut, que se scandaliser qu'on le reprenne.

CLIMÈNE.

Pour moi, je ne parle pas de ces choses par la part que j'y puisse avoir *, et je pense que je vis d'un air dans le monde à ne pas craindre d'être cherchée dans les peintures qu'on fait là des femmes qui se gouvernent mal.

ÉLISE.

Assurément, madame, on ne vous y cherchera point. Votre conduite est assez connue, et ce sont de ces sortes de choses qui ne sont contestées de personne.

URANIE à *Climène*.

Aussi, madame, n'ai-je rien dit qui aille à vous ; et mes paroles, comme les satires de la comédie, demeurent dans la thèse générale.

CLIMÈNE.

Je n'en doute pas, madame. Mais enfin passons sur ce chapitre. Je ne sais pas de quelle façon vous recevez les injures qu'on dit à notre sexe dans un certain endroit de la pièce ; et pour moi, je vous avoue que je suis dans une colère épouvantable, de voir que cet auteur impertinent nous appelle *des animaux*.

URANIE.

Ne voyez-vous pas que c'est un ridicule ** qu'il fait parler ?

---

* *Pour moi, je ne parle pas des choses par la part que j'y puisse avoir*, il seroit plus régulier de dire *que j'y peux avoir*. La lettre P multipliée dans cette phrase, la rend dure et peu coulante. Nous ne faisons cette observation que pour nombre de gens qui ne croient pas que la prose ait, comme l'art des vers, et son harmonie et ses difficultés.

** *Un ridicule*, ridicule n'est pas substantif, pour dire *une personne ridicule*, mais seulement pour dire *une chose ridicule*

SCENE VII.
DORANTE.
Et puis, madame, ne savez-vous pas que les injures des amans n'offensent jamais ; qu'il est des amours emportés aussi bien que des doucereux ; et qu'en de pareilles occasions les paroles les plus étranges, et quelque chose de pis encore, se prennent bien souvent pour des marques d'affection, par celles même qui les reçoivent ?

ÉLISE.
Dites tout ce que vous voudrez, je ne saurois digérer cela, non plus que *le potage* et *la tarte à la crême*, dont madame a parlé tantôt.

LE MARQUIS.
Ah, ma foi, oui, *tarte à la crême* ! voilà ce que j'avois remarqué tantôt ; *tarte à la crême*. Que je vous suis obligé, madame, de m'avoir fait souvenir de *tarte à la crême* ! Y a-t-il assez de pommes en Normandie pour *tarte à la crême* ! *Tarte à la crême*, morbleu, *tarte à la crême* !

DORANTE.
Hé bien, que veux-tu dire ? *Tarte à la crême* !

LE MARQUIS.
Parbleu, *tarte à la crême*, chevalier.

DORANTE.
Mais encore ?

LE MARQUIS.
Tarte à la crême.

DORANTE.
Dis-nous un peu tes raisons ?

LE MARQUIS.
Tarte à la crême.

URANIE.
Mais il faut expliquer sa pensée, ce me semble.

LE MARQUIS.
Tarte à la crême, madame.

URANIE.
Que trouvez-vous là à redire ?

LE MARQUIS.
Moi, rien. *Tarte à la crême*.

URANIE.

Ah! je le quitte.

ÉLISE.

Monsieur le marquis s'y prend bien, et vous bourre de la belle manière. Mais je voudrois bien que monsieur Lysidas voulût les achever, et leur donner quelques petits coups de sa façon.

LYSIDAS.

Ce n'est pas ma coutume de rien blâmer, et je suis assez indulgent pour les ouvrages des autres. Mais enfin, sans choquer l'amitié que monsieur le chevalier témoigne pour l'auteur, on m'avouera que ces sortes de comédies ne sont pas proprement des comédies, et qu'il y a une grande différence de toutes ces bagatelles, à la beauté des pièces sérieuses. Cependant tout le monde donne là-dedans aujourd'hui; on ne court plus qu'à cela, et l'on voit une solitude effroyable aux grands ouvrages, lorsque des sottises ont tout Paris. Je vous avoue que le cœur m'en saigne quelquefois, et cela est honteux pour la France.

CLIMÈNE.

Il est vrai que le goût des gens est étrangement gâté là-dessus, et que le siècle s'encanaille furieusement.

ÉLISE.

Celui-là est joli encore, s'encanaille. Est-ce vous qui l'avez inventé, madame?

CLIMÈNE.

Hé!

ÉLISE.

Je m'en suis bien doutée.

DORANTE.

Vous croyez donc, monsieur Lysidas, que tout l'esprit et toute la beauté sont dans les poëmes sérieux, et que les pièces comiques sont des niaiseries qui ne méritent aucune louange?

URANIE.

Ce n'est pas mon sentiment, pour moi. La tragédie, sans doute, est quelque chose de beau quand elle est bien touchée; mais la comédie a ses charmes, et je tiens que l'une n'est pas moins difficile que l'autre.

SCENE VII.
DORANTE.

Assurément, madame; et quand, pour la difficulté, vous mettriez un peu plus du côté de la comédie, peut-être que vous ne vous abuseriez pas. Car enfin, je trouve qu'il est bien plus aisé de se guinder sur de grands sentimens, de braver en vers la fortune, accuser les destins, et dire des injures aux dieux, que d'entrer comme il faut dans le ridicule des hommes, et de rendre agréablement sur le théâtre les défauts de tout le monde. Lorsque vous peignez des héros, vous faites ce que vous voulez. Ce sont des portraits à plaisir, où l'on ne cherche point de ressemblance; et vous n'avez qu'à suivre les traits d'une imagination qui se donne l'essor, et qui souvent, laisse le vrai, pour attraper le merveilleux. Mais lorsque vous peignez les hommes, il faut peindre d'après nature. On veut que ces portraits ressemblent; et vous n'avez rien fait, si vous n'y faites reconnoître les gens de votre siècle. En un mot, dans les pièces sérieuses, il suffit, pour n'être point blâmé, de dire des choses qui soient de bon sens et bien écrites; mais ce n'est pas assez dans les autres, il y faut plaisanter; et c'est une étrange entreprise que celle de faire rire les honnêtes gens.

CLIMÈNE.

Je crois être du nombre des honnêtes gens, et cependant je n'ai pas trouvé le mot pour rire dans tout ce que j'ai vu.

LE MARQUIS.

Ma foi, ni moi non plus.

DORANTE.

Pour toi, marquis, je ne m'en étonne pas. C'est que tu n'y as pas trouvé de turlupinades.

LYSIDAS.

Ma foi, monsieur, ce qu'on y rencontre ne vaut guère mieux, et toutes les plaisanteries y sont assez froides, à mon avis.

DORANTE.

La cour n'a pas trouvé cela....

LYSIDAS.

Ah! monsieur, la cour....

DORANTE.

Achevez, monsieur Lysidas. Je vois bien que vous voulez

dire que la cour ne se connoît pas à ces choses*; et c'est le refuge ordinaire de vous autres messieurs les auteurs, dans le mauvais succès de vos ouvrages, que d'accuser l'injustice du siècle, et le peu de lumière des courtisans. Sachez, s'il vous plaît, monsieur Lysidas, que les courtisans ont d'aussi bons yeux que d'autres; qu'on peut être habile avec un point de Venise et des plumes, aussi bien qu'avec une perruque courte et un petit rabat uni; que la grande épreuve de toutes vos comédies, c'est le jugement de la cour; que c'est son goût qu'il faut étudier pour trouver l'art de réussir; qu'il n'y a point de lieu où les décisions soient si justes; et sans mettre en ligne de compte tous les gens savans qui y sont, que, du simple bon sens naturel et du commerce de tout le beau monde, on s'y fait une manière d'esprit qui, sans comparaison, juge plus finement des choses, que tout le savoir enrouillé des pédans.

URANIE.

Il est vrai que pour peu qu'on y demeure, il vous passe-là tous les jours assez de choses devant les yeux, pour acquérir quelqu'habitude de les connoître; et surtout pour ce qui est de la bonne ou mauvaise plaisanterie.

DORANTE.

La cour a quelques ridicules, j'en demeure d'accord, et je suis, comme on voit, le premier à les fronder. Mais, ma foi, il y en a un grand nombre parmi les beaux-esprits de profession; et si l'on joue quelques marquis, je trouve qu'il y a bien plus de quoi jouer les auteurs, et que ce seroit une chose plaisante à mettre sur le théâtre, que leurs grimaces savantes, et leurs rafinemens ridicules, leur vicieuse coutume d'assassiner les gens

---

* Molière pousse avec chaleur dans cette scène le dédain insolent que Lysidas affecte pour la cour. Il est revenu à cette idée lorsqu'il a dit dans ses Femmes savantes: *Vous en voulez beaucoup à cette pauvre cour.* Ce qui s'est fait de grand en tout genre sous les yeux de Louis XIV, exclut à cet égard toute idée de flatterie. On aperçoit encore dans cette même scène l'envie qu'avoit déjà Molière de ne pas plus épargner les ridicules du bel-esprit que tous les autres. On ne peut s'empêcher de le dire, cette petite comédie, aujourd'hui perdue pour le théâtre, y feroit rire encore, et seroit le tableau de beaucoup de nos sottises modernes. La décadence des arts les ramène-t-elle aux vices qu'ils avoient à leur naissance?

SCENE VII.

de leurs ouvrages, leurs friandises de louange, leurs ménagemens de pensées *, leur trafic de réputation, et leurs ligues offensives et défensives, aussi bien que leurs guerres d'esprit, et leurs combats de prose et de vers.

LYSIDAS.

Molière est bien heureux, monsieur, d'avoir un protecteur aussi chaud que vous. Mais enfin, pour venir au fait, il est question de savoir si la pièce est bonne ; et je m'offre d'y montrer partout cent défauts visibles.

URANIE.

C'est une étrange chose de vous autres, messieurs les poëtes, que vous condamniez toujours les pièces où tout le monde court, et ne disiez jamais du bien que de celles où personne ne va. Vous montrez pour les unes une haine invincible, et pour les autres une tendresse qui n'est pas concevable.

DORANTE.

C'est qu'il est généreux de se ranger du côté des affligés.

URANIE.

Mais de grace, monsieur Lysidas, faites-nous voir ces défauts dont je ne me suis point aperçue.

LYSIDAS.

Ceux qui possèdent Aristote et Horace, voient d'abord, madame, que cette comédie péche contre toutes les règles de l'art.

URANIE

Je vous avoue que je n'ai aucune habitude avec ces messieurs-là, et que je ne sais point les règles de l'art.

DORANTE.

Vous êtes de plaisantes gens avec vos règles dont vous embarrassez les ignorans, et nous étourdissez tous les jours. Il semble, à vous ouïr parler, que ces règles de l'art soient les plus grands mystères du monde ; et cependant, ce ne sont que quelques observations aisées, que le bon sens a faites sur ce qui peut ôter le plaisir que l'on prend à ces sortes de poëmes ; et le même bon sens qui a fait autrefois ces observations, les fait fort aisément tous les jours sans le secours d'Horace et d'Aristote. Je voudrois bien savoir si la grande règle de toutes les règles

---

* *Leurs ménagemens de pensées*, n'a pas paru assez clair.

n'est pas de plaire, et si une pièce de théâtre qui a attrapé son but, n'a pas suivi un bon chemin ? Veut-on que tout un public s'abuse sur ces sortes de choses, et que chacun n'y soit pas juge du plaisir qu'il y prend ?

URANIE.

J'ai remarqué une chose de ces messieurs-là ; c'est que ceux qui parlent le plus des règles, et qui les savent mieux que les autres, font des comédies que personne ne trouve belles.

DORANTE.

Et c'est ce qui marque, madame, comme on doit s'arrêter peu à leurs disputes embarrassantes. Car enfin, si les pièces qui sont selon les règles ne plaisent pas, et que celles qui plaisent ne soient pas selon les règles, il faudroit, de nécessité, que les règles eussent été mal faites. Moquons-nous donc de cette chicane, où ils veulent assujettir le goût du public, et ne consultons dans une comédie que l'effet qu'elle fait sur nous. Laissons-nous aller de bonne foi aux choses qui nous prennent par les entrailles *, et ne cherchons point de raisonnement pour nous empêcher d'avoir du plaisir.

URANIE.

Pour moi, quand je vois une comédie, je regarde seulement si les choses me touchent ; et, lorsque je m'y suis bien divertie, je ne vais point demander si j'ai eu tort, et si les règles d'Aristote me défendoient de rire.

DORANTE.

C'est justement comme un homme qui auroit trouvé une sauce excellente, et qui voudroit examiner si elle est bonne, sur les préceptes du cuisinier français.

URANIE.

Il est vrai ; et j'admire les rafinemens de certaines gens, sur des choses que nous devons sentir nous-mêmes.

DORANTE.

Vous avez raison, madame, de les trouver étranges, tous ces rafinemens mystérieux. Car enfin, s'ils ont lieu, nous voilà réduits à ne nous plus croire ; nos propres sens seront esclaves

---

* *Qui nous prennent par les entrailles*, a paru peu propre et peu noble.

SCENE VII.

en toutes choses; et, jusqu'au manger et au boire, nous n'oserons plus trouver rien de bon, sans le congé de messieurs les experts.

LYSIDAS.

Enfin, monsieur, toute votre raison, c'est que l'École des Femmes a plu; et vous ne vous souciez point qu'elle ne soit pas dans les règles, pourvu....

DORANTE.

Tout beau, monsieur Lysidas, je ne vous accorde pas cela. Je dis bien que le grand art est de plaire, et que cette comédie ayant plu à ceux pour qui elle est faite, je trouve que c'est assez pour elle, et qu'elle doit peu se soucier du reste. Mais avec cela je soutiens qu'elle ne péche contre aucune des règles dont vous parlez. Je les ai lues, Dieu merci, autant qu'un autre, et je ferois voir aisément, que peut-être n'avons-nous point de pièce au théâtre plus régulière que celle-là.

ELISE.

Courage, monsieur Lysidas, nous sommes perdus si vous reculez.

LYSIDAS.

Quoi, monsieur, la protase, l'épitase, et la péripétie....

DORANTE.

Ah! monsieur Lysidas, vous nous assommez avec vos grands mots. Ne paroissez point si savant, de grace. Humanisez votre discours, et parlez pour être entendu. Pensez-vous qu'un nom grec donne plus de poids à vos raisons? Et ne trouveriez-vous pas qu'il fût aussi beau de dire l'exposition du sujet, que la protase; le nœud, que l'épitase; et le dénouement, que la péripétie?

LYSIDAS.

Ce sont termes de l'art dont il est permis de se servir. Mais puisque ces mots blessent vos oreilles, je m'expliquerai d'une autre façon, et je vous prie de répondre positivement à trois ou quatre choses que je vais dire. Peut-on souffrir une pièce qui péche contre le nom propre des pièces de théâtre? Car enfin, le nom de poëme dramatique vient d'un mot grec qui signifie agir, pour montrer que la nature de ce poëme consiste dans l'action; et dans cette comédie-ci, il ne se passe point d'action, et tout consiste en des récits que viennent faire, ou Agnès, ou Horace.

LE MARQUIS.

Ah, ah, chevalier !

CLIMÈNE.

Voilà qui est spirituellement remarqué, et c'est prendre le fin des choses.

LYSIDAS.

Est-il rien de si peu spirituel, ou, pour mieux dire, rien de si bas, que quelques mots où tout le monde rit, et surtout celui *des enfans par l'oreille* ?

CLIMÈNE.

Fort bien.

ÉLISE.

Ah !

LYSIDAS.

La scène du valet et de la servante au-dedans de la maison, n'est-elle pas d'une longueur ennuyeuse, et tout-à-fait impertinente ?

LE MARQUIS.

Cela est vrai.

CLIMÈNE.

Assurément.

ÉLISE.

Il a raison.

LYSIDAS.

Arnolphe ne donne-t-il pas trop librement son argent à Horace ? Puisque c'est le personnage ridicule de la pièce, falloit-il lui faire faire l'action d'un honnête homme ?

LE MARQUIS.

Bon. La remarque est encore bonne.

CLIMÈNE.

Admirable.

ÉLISE.

Merveilleuse.

LYSIDAS.

Le sermon et les maximes ne sont-elles pas des choses ridi-

SCENE VII.

cules, et qui choquent même le respect que l'on doit à nos mystères *?

LE MARQUIS.

C'est bien dit.

CLIMÈNE.

Voilà parler comme il faut.

ÉLISE.

Il ne se peut rien dire de mieux.

LYSIDAS.

Et ce monsieur de la Souche, enfin, qu'on nous fait un homme d'esprit, et qui paroît si sérieux en tant d'endroits, ne descend-il point dans quelque chose de trop comique et de trop outré au cinquième acte, lorsqu'il explique à Agnès la violence de son amour, avec ces roulemens d'yeux extravagans, ces soupirs ridicules, et ces larmes niaises qui font rire tout le monde ?

LE MARQUIS.

Morbleu, merveille !

CLIMÈNE.

Miracle !

ÉLISE.

Vivat, monsieur Lysidas.

LYSIDAS.

Je laisse cent mille autres choses, de peur d'être ennuyeux.

---

* *Qui choquent même le respect qu'on doit à nos mystères.* Le bonheur le plus doux pour l'envie, est de pouvoir rencontrer dans les ouvrages qu'elle cherche à détruire, certains endroits qu'elle puisse faire soupçonner d'irréligion, parce qu'on ne peut faire un plus grand tort à l'esprit d'un écrivain que de le taxer de mépris pour les choses saintes, et parce qu'il est difficile de lui faire des ennemis plus dangereux que les hypocrites enthousiastes. *De vrais dévots,* répond Molière, *qui ont ouï le discours moral que vous appelez un sermon, n'ont pas trouvé qu'il choquât ce que vous dites, et sans doute que ces paroles d'*ENFER *et de* CHAUDIÈRES BOUILLANTES, *sont assez justifiées par l'extravagance d'Arnolphe et par l'innocence de celle à qui il parle.* Molière ne pouvoit se justifier mieux ; mais la nécessité que lui en firent ses ennemis, doit nous engager à bien observer, dans les reproches d'irréligion, si le véritable zèle se les permettroit.

LE MARQUIS.

Parbleu, chevalier, te voilà mal ajusté.

DORANTE.

Il faut voir.

LE MARQUIS.

Tu as trouvé ton homme.

DORANTE.

Peut-être.

LE MARQUIS.

Réponds, réponds, réponds, réponds.

DORANTE.

Volontiers. Il....

LE MARQUIS.

Réponds donc, je te prie.

DORANTE.

Laisse-moi donc faire. Si....

LE MARQUIS.

Parbleu, je te défie de répondre.

DORANTE.

Oui, si tu parles toujours.

CLIMÈNE.

De grace, écoutons ses raisons.

DORANTE.

Premièrement, il n'est pas vrai de dire que toute la pièce n'est qu'en récits. On y voit beaucoup d'actions qui se passent sur la scène ; et les récits eux-mêmes y sont des actions, suivant la constitution du sujet ; d'autant qu'ils sont tous faits innocemment, ces récits, à la personne intéressée qui, par là, entre à tous coups dans une confusion à réjouir les spectateurs, et prend, à chaque nouvelle, toutes les mesures qu'il peut, pour se parer du malheur qu'il craint.

URANIE.

Pour moi, je trouve que la beauté du sujet de l'École des Femmes consiste dans cette confidence perpétuelle ; et ce qui me paroît assez plaisant, c'est qu'un homme qui a de l'esprit, et qui est averti de tout par une innocente qui est sa maîtresse, et par un étourdi qui est son rival, ne puisse avec cela éviter ce qui lui arrive.

SCÈNE VII.

LE MARQUIS.

Bagatelle, bagatelle.

CLIMÈNE.

Foible réponse.

ÉLISE.

Mauvaises raisons.

DORANTE.

Pour ce qui est des *enfans par l'oreille*, ils ne sont plaisans que par réflexion à Arnolphe, et l'auteur n'a pas mis cela pour être de soi un bon mot, mais seulement pour une chose qui caractérise l'homme, et peint d'autant mieux son extravagance, puisqu'il rapporte une sottise triviale qu'a dite Agnès, comme la chose la plus belle du monde, et qui lui donne une joie inconcevable.

LE MARQUIS.

C'est mal répondre.

CLIMÈNE.

Cela ne satisfait point.

ÉLISE.

C'est ne rien dire.

DORANTE.

Quant à l'argent qu'il donne librement, outre que la lettre de son meilleur ami lui est une caution suffisante, il n'est pas incompatible qu'une personne soit ridicule en certaines choses, et honnête homme en d'autres. Et pour la scène d'Alain et de Georgette dans le logis, que quelques-uns ont trouvée longue et froide, il est certain qu'elle n'est pas sans raison, et de même qu'Arnolphe se trouve attrapé pendant son voyage par la pure innocence de sa maîtresse, il demeure au retour longtems à sa porte, par l'innocence de ses valets, afin qu'il soit partout puni, par les choses dont il a cru faire la sûreté de ses précautions.

LE MARQUIS.

Voilà des raisons qui ne valent rien.

CLIMÈNE.

Tout cela ne fait que blanchir.

ÉLISE.

Cela fait pitié.

DORANTE.

Pour le discours moral que vous appelez un sermon, il est certain que de vrais dévots qui l'ont ouï, n'ont pas trouvé qu'il choquât ce que vous dites, et sans doute que ces paroles d'*enfer* et de *chaudières bouillantes* sont assez justifiées par l'extravagance d'Arnolphe, et par l'innocence de celle à qui il parle. Et quant au transport amoureux du cinquième acte, qu'on accuse d'être trop outré et trop comique, je voudrois bien savoir si ce n'est pas faire la satire des amans, et si les honnêtes gens même et les plus sérieux, en de pareilles occasions, ne font pas des choses....

LE MARQUIS.

Ma foi, chevalier, tu ferois mieux de te taire.

DORANTE.

Fort bien. Mais enfin si nous nous regardions nous-mêmes quand nous sommes bien amoureux....

LE MARQUIS.

Je ne veux pas seulement t'écouter.

DORANTE.

Écoute-moi si tu veux. Est-ce que dans la violence de la passion....

LE MARQUIS.

La, la, la, lare, la, la, la, la, la, la.
(*Il chante.*)

DORANTE.

Quoi....

LE MARQUIS.

La, la, la, lare, la, la, la, la, la, la.

DORANTE.

Je ne sais pas si....

LE MARQUIS.

La, la, la, la, lare, la, la, la, la, la, la.

URANIE.

Il me semble que....

LE MARQUIS.

La, la, la, lare, la, la, la, la, la, la, la, la, la, la.

URANIE.

Il se passe des choses assez plaisantes dans notre dispute. Je

SCENE VII.

trouve qu'on en pourroit bien faire une petite comédie, et que cela ne seroit pas trop mal à la queue de l'École des Femmes.

DORANTE.

Vous avez raison.

LE MARQUIS.

Parbleu, chevalier, tu jouerois là-dedans un rôle qui ne te seroit pas avantageux.

DORANTE.

Il est vrai, marquis.

CLIMÈNE.

Pour moi, je souhaiterois que cela se fît, pourvu qu'on traitât l'affaire comme elle s'est passée.

ÉLISE.

Et moi, je fournirois de bon cœur mon personnage.

LYSIDAS.

Je ne refuserois pas le mien, que je pense.

URANIE.

Puisque chacun en seroit content, chevalier, faites un mémoire de tout, et le donnez à Molière, que vous connoissez, pour le mettre en comédie.

CLIMÈNE.

Il n'auroit garde, sans doute, et ce ne seroit pas des vers à sa louange.

URANIE.

Point, point, je connois son humeur ; il ne se soucie pas qu'on fronde ses pièces, pourvu qu'il y vienne du monde.

DORANTE.

Oui. Mais quel dénouement pourroit-il trouver à ceci ? Car il ne sauroit y avoir ni mariage, ni reconnoissance, et je ne sais point par où l'on pourroit faire finir la dispute.

URANIE.

Il faudroit rêver à quelque incident pour cela.

SCÈNE VIII ET DERNIÈRE.

CLIMÈNE, URANIE, ÉLISE, DORANTE, LE MARQUIS, LYSIDAS, GALOPIN.

GALOPIN.

Madame, on a servi sur table.

DORANTE.

Ah! voilà justement ce qu'il faut pour le dénouement que nous cherchions, et l'on ne peut rien trouver de plus naturel. On disputera fort et ferme de part et d'autre, comme nous avons fait, sans que personne se rende ; un petit laquais viendra dire qu'on a servi, on se levera, et chacun ira souper.

URANIE.

La comédie ne peut pas mieux finir, et nous ferons bien d'en demeurer là.

FIN.

L'IMPROMPTU

DE

VERSAILLES,

COMÉDIE.

AVERTISSEMENT

DE L'ÉDITEUR

SUR

L'IMPROMPTU

DE

VERSAILLES.

Cette pièce, en un acte et en prose, fut représentée à Versailles le 14 octobre 1663, et à Paris le 4 novembre suivant.

Ce fut dans le courant de la même année que Molière reçut les preuves les plus fortes de la satisfaction qu'avoit son maître des plaisirs qu'il lui procuroit. Louis XIV le fit comprendre dans la liste des gens de lettres qui eurent part à ses libéralités, et qui annoncèrent à toute l'Europe le goût et la magnificence de ce Prince. Molière fit ses remercîmens au roi par une épître en vers libres, qui se trouve dans les éditions précédentes après toutes ses comédies, mais que nous placerons à la suite de cet avertissement, afin qu'elle y serve de date au bienfait ainsi qu'à la reconnoissance.

Cette épître, peut-être un peu trop longue, ne brille pas moins par le beau naturel que tous les autres ouvrages de Molière. Il conseille à sa muse de se présenter sous le masque d'un marquis, personnage ridicule alors à la cour, et auquel ont succédé nos petits-maîtres. Le portrait qu'il fait de cette espèce d'être moitié seigneur, moitié bouffon, est un des meilleurs tableaux qu'il ait dessiné.

Louis XIV, qui venoit de se déclarer le protecteur de Molière, fut indigné qu'à l'occasion de l'*École des Femmes*, dont ce monarque, ami des arts, sentoit toutes les beautés, on se fût permis contre lui des personnalités odieuses, et que des gens qu'il n'avoit jamais attaqués, tels que les sieurs *Devisé* et *Boursault*, ainsi que les acteurs des différens théâtres de Paris, cherchassent à le diffamer par des écrits insipides et plus méchans encore.

Ce prince si digne, à tant d'égards, que son règne fût celui du génie, prit les intérêts de Molière si fort à cœur, qu'il lui ordonna de se venger, et c'est à cet ordre que l'*Impromptu de Versailles* dut sa naissance.

Ce fut aussi à Versailles qu'il parut d'abord, et que le roi souffrit que Molière, dans la scène deuxième du marquis importun, y parlât de l'ordre qu'il avoit reçu d'imposer silence à ses ennemis. Que ne devoient pas les arts à un monarque puissant qui se prêtoit ainsi à leurs intérêts ? Si les excès de la louange peuvent être jamais excusés, c'est sous le règne d'un pareil Prince.

L'*Impromptu de Versailles* conçu gaîment, exécuté de même, en imposa pour jamais à Boursault, qui avoit à se reprocher d'avoir été l'agresseur, et qui dut reconnoître qu'il s'étoit mal-à-propos attiré sur les bras un ennemi d'autant plus redoutable, que sa gloire alloit toujours en augmentant, et qu'un jour la postérité ne feroit point de grace à ceux qui se seroient obstinés à déchirer vainement ses chefs-d'œuvre.

Illustre dans ses foibles commencemens par les deux célèbres inimitiés de Despréaux et de Molière, Boursault mérita par une action noble et généreuse, que l'Horace français effaçât son nom de la table de ses proscriptions littéraires ; et sa prudente retenue sur le compte de Molière depuis l'*Impromptu de Versailles*, le fit disparoître de la meute des petits aboyeurs qui continuèrent d'entourer le char de notre auteur.

C'est d'après l'ouvrage dont nous parlons, qu'un de nos théâtres a saisi plus d'une fois l'idée de parodier les talens de ses rivaux, qu'un enthousiasme toujours exagéré sur ces matières, élève souvent beaucoup plus qu'ils ne devroient l'être. Molière, ami du vrai, trouva l'occasion, en se vengeant, de révéler à tout Paris, qu'en applaudissant aux *Monfleury, Beauchâteau, de Villiers*, etc., il s'extasioit presque toujours pour des tons exagérés et faux, des gestes apprêtés, des grimaces étudiées, des cris forcénés, et jamais pour la nature. Il est à remarquer qu'il ne dit rien du célèbre *Floridor*, en qui sans doute il reconnoissoit un véritable talent.

Ce qu'on ne sauroit trop observer, c'est que jusque dans les bagatelles de l'espèce de celle-ci, le dialogue est d'un naturel et d'une vérité qui font la plus grande illusion, et qui mettent la chose même sous les yeux, et toujours avec un esprit, un sel et un comique absolument particulier à Molière; il y parle de lui avec ce courage noble qui sied si bien au génie, et surtout à l'honnêteté dont il fit toujours profession.

C'est dans le même ouvrage que nous apprenons qu'il avoit épousé la demoiselle Béjart depuis un an et demi. *Grand merci, monsieur mon mari*, dit mademoiselle Molière dans la scène première, *vous ne m'auriez pas dit cela, il y a dix-huit mois*.

Molière ne fit point imprimer cet ouvrage, quoique Boursault eût fait paroître le sien; ce ne fut que dans l'édition de 1682, donnée par son ami *Vinot*, et son camarade *La Grange*, qu'on le vit pour la première fois.

REMERCIEMENT
AU ROI, EN 1663.

Votre paresse enfin me scandalise,
    Ma Muse, obéissez-moi ;
  Il faut ce matin sans remise
      Aller au lever du roi.
        Vous savez bien pourquoi ;
    Et ce vous est une honte
  De n'avoir pas été plus prompte
A le remercier de ses bienfaits :
  Mais il vaut mieux tard que jamais ;
      Faites donc votre compte
D'aller au Louvre accomplir mes souhaits :
Gardez-vous bien d'être en Muse bâtie,
Un air de Muse est choquant en ces lieux ;
On y veut des objets à réjouir les yeux,
    Vous en devez être avertie :
  Et vous ferez votre cour beaucoup mieux,
Lorsqu'en marquis vous serez travestie.
Vous savez ce qu'il faut pour paroître marquis ;
N'oubliez rien de l'air ni des habits,
Arborez un chapeau chargé de trente plumes
    Sur une perruque de prix ;
  Que le rabat soit des plus grands volumes,
    Et le pourpoint des plus petits.
    Mais surtout je vous recommande
Le manteau, d'un ruban sur le dos retroussé,
    La galanterie en est grande ;
Et parmi les marquis de la plus haute bande
      C'est pour être placé.
    Avec vos brillantes hardes,
    Et votre ajustement,

Faites tout le trajet de la salle des gardes ;
Et vous peignant galamment,
Portez de tous côtés vos regards brusquement ;
Et ceux que vous pourrez connoître,
Ne manquez pas d'un haut ton,
De les saluer par leur nom,
De quelque rang qu'ils puissent être.
Cette familiarité
Donne, à quiconque en use, un air de qualité.
Gratez du peigne à la porte
De la chambre du roi ;
Ou si, comme je prévoi,
La presse s'y trouve forte,
Montrez de loin votre chapeau,
Ou montez sur quelque chose
Pour faire voir votre museau.
Et criez sans aucune pause
D'un ton rien moins que naturel :
Monsieur l'huissier, pour le marquis un tel.
Jetez-vous dans la foule et tranchez du notable ;
Coudoyez un chacun, point du tout de quartier,
Pressez, poussez, faites le diable
Pour vous mettre le premier ;
Et quand même l'huissier,
A vos desirs inexorable,
Vous trouveroit en face un marquis repoussable,
Ne démordez point pour cela,
Tenez toujours ferme la ;
A déboucher la porte il iroit trop du vôtre,
Faites qu'aucun n'y puisse pénétrer,
Et qu'on soit obligé de vous laisser entrer,
Pour faire entrer quelque autre.
Quand vous serez entré, ne vous relâchez pas ;
Pour assiéger la chaise, il faut d'autres combats ;
Tachez d'en être des plus proches,
En y gagnant le terrein pas à pas ;
Et si des assiégeans le prévenant amas
En bouche toutes les approches,
Prenez le parti doucement

AU ROI.

D'attendre le prince au passage ;
Il connoîtra votre visage
Malgré votre déguisement :
Et lors, sans tarder davantage,
Faites-lui votre compliment.
Vous pourriez aisément l'étendre,
Et parler des transports qu'en vous font éclater.
Les surprenans bienfaits que, sans les mériter,
Sa libérale main sur vous daigne répandre,
Et des nouveaux efforts où s'en va vous porter
L'excès de cet honneur où vous n'osiez prétendre ;
    Lui dire comme vos desirs
Sont, après ses bontés qui n'ont point de pareilles,
D'employer à sa gloire, ainsi qu'à ses plaisirs,
    Tout votre art et toutes vos veilles,
    Et là-dessus lui promettre merveilles.
Sur ce chapitre on n'est jamais à sec ;
    Les Muses sont de grandes prometteuses !
    Et comme vos sœurs les causeuses,
Vous ne manquerez pas, sans doute, par le bec.
    Mais les grands princes n'aiment guères
    Que les complimens qui sont courts ;
Et le nôtre, surtout, a bien d'autres affaires
    Que d'écouter tous vos discours ;
La louange et l'encens n'est pas ce qui le touche ;
    Dès que vous ouvrirez la bouche
    Pour lui parler de grace et de bienfait,
Il comprendra d'abord ce que vous voulez dire,
    Et, se mettant doucement à sourire
D'un air qui, sur les cœurs, fait un charmant effet,
    Il passera comme un trait,
    Et cela vous doit suffire.
Voilà votre compliment fait.

ACTEURS.

MOLIÈRE, marquis ridicule.
BRÉCOURT, homme de qualité.
LA GRANGE, marquis ridicule.
DU CROISY, poëte.
Mademoiselle DU PARC, marquise façonnière.
Mademoiselle BÉJARD, prude.
Mademoiselle DE BRIE, sage coquette.
Mademoiselle MOLIÈRE, satirique spirituelle.
Mademoiselle DU CROISY, peste doucereuse.
Mademoiselle HERVÉ, servante précieuse.
LA THORILLIÈRE, marquis fâcheux.
BÉJARD, homme qui fait le nécessaire.
QUATRE NÉCESSAIRES.

La scène est à Versailles, dans l'anti-chambre du Roi.

L'IMPROMPTU DE VERSAILLES.

SCÈNE I.

MOLIÈRE, BRÉCOURT, LA GRANGE, DU CROISY, Mesdemoiselles DU PARC, BÉJART, DE BRIE, MOLIÈRE, DU CROISY, HERVÉ.

MOLIÈRE *seul, parlant à ses camarades qui sont derrière le théâtre.*

Allons donc, messieurs et mesdames, vous moquez-vous avec votre longueur, et ne voulez-vous pas tous venir ici? La peste soit des gens! Holà, ho, monsieur de Brécourt.

BRÉCOURT *derrière le théâtre.*

Quoi?

MOLIÈRE.

Monsieur de la Grange.

LA GRANGE *derrière le théâtre.*

Qu'est-ce?

MOLIÈRE.

Monsieur du Croisy.

DU CROISY *derrière le théâtre.*

Plaît-il?

MOLIÈRE.

Mademoiselle du Parc.

Mademoiselle DU PARC *derrière le théâtre.*

Hé bien ?

MOLIÈRE.

Mademoiselle Béjart.

Mademoiselle BÉJART *derrière le théâtre.*

Qu'y a-t-il ?

MOLIÈRE.

Mademoiselle de Brie.

Mademoiselle DE BRIE *derrière le théâtre.*

Que veut-on ?

MOLIÈRE.

Mademoiselle du Croisy.

Mademoiselle DU CROISY *derrière le théâtre.*

Qu'est-ce que c'est ?

MOLIÈRE.

Mademoiselle Hervé.

Mademoiselle HERVÉ *derrière le théâtre.*

On y va.

MOLIÈRE.

Je crois que je deviendrai fou avec ces gens-ci. Hé !

(*Brécourt, la Grange, du Croisy entrent.*)

Têtebleu, messieurs, me voulez-vous faire enrager aujourd'hui ?

BRÉCOURT.

Que voulez-vous qu'on fasse ? Nous ne savons pas nos rôles ; et c'est nous faire enrager vous-même, que de nous obliger à jouer de la sorte.

MOLIÈRE.

Ah ! les étranges animaux à conduire que des comédiens !

(*Mesdemoiselles Béjart, du Parc, de Brie, Molière, du Croisy et Hervé arrivent.*)

Mademoiselle BÉJART.

Hé bien, nous voilà. Que prétendez-vous faire ?

Mademoiselle DU PARC.

Quelle est votre pensée ?

Mademoiselle DE BRIE.

De quoi est-il question ?

SCÈNE I.

MOLIÈRE.

De grace, mettons-nous ici; et puisque nous voilà tous habillés, et que le roi ne doit venir de deux heures, employons ce tems à répéter notre affaire, et voir la manière dont il faut jouer les choses.

LA GRANGE.

Le moyen de jouer ce qu'on ne sait pas?

Mademoiselle DU PARC.

Pour moi, je vous déclare que je ne me souviens pas d'un mot de mon personnage.

Mademoiselle DE BRIE.

Je sais bien qu'il me faudra souffler le mien d'un bout à l'autre.

Mademoiselle BÉJART.

Et moi, je me prépare fort à tenir mon rôle à la main.

Mademoiselle MOLIÈRE.

Et moi aussi.

Mademoiselle HERVÉ.

Pour moi, je n'ai pas grand'chose à dire.

Mademoiselle DU CROISY.

Ni moi non plus; mais, avec cela, je ne répondrois pas de ne point manquer.

DU CROISY.

J'en voudrois être quitte pour dix pistoles.

BRÉCOURT.

Et moi, pour vingt bons coups de fouet, je vous assure.

MOLIÈRE.

Vous voilà tous bien malades d'avoir un méchant rôle à jouer! Et que feriez-vous donc si vous étiez à ma place?

Mademoiselle BÉJART.

Qui, vous? Vous n'êtes pas à plaindre; car, ayant fait la pièce, vous n'avez pas peur d'y manquer.

MOLIÈRE.

Et n'ai-je à craindre que le manquement de mémoire? Ne comptez-vous pour rien l'inquiétude d'un succès qui ne regarde que moi seul? Et pensez-vous que ce soit une petite affaire, que d'exposer quelque chose de comique devant une assemblée comme celle-ci; que d'entreprendre de faire rire des personnes qui nous impriment le respect, et ne rient que quand elles veulent? Est-il auteur qui ne doive trembler lorsqu'il vient à cette épreuve? Et n'est-ce pas à moi de dire que je voudrois en être quitte pour toutes les choses du monde?

Mademoiselle BÉJART.

Si cela vous faisoit troubler, vous prendriez mieux vos précautions, et n'auriez pas entrepris en huit jours ce que vous avez fait.

MOLIÈRE.

Le moyen de m'en défendre, quand un roi me l'a commandé?

Mademoiselle BÉJART.

Le moyen? Une respectueuse excuse fondée sur l'impossibilité de la chose, dans le peu de tems qu'on vous donne; et tout autre, en votre place, ménageroit mieux sa réputation, et se seroit bien gardé de se commettre, comme vous faites. Où en serez-vous, je vous prie, si l'affaire réussit mal, et quel avantage pensez-vous qu'en prendront tous vos ennemis?

Mademoiselle DE BRIE.

En effet. Il falloit s'excuser avec respect envers le roi, ou demander du tems davantage.

MOLIÈRE.

Mon Dieu! mademoiselle, les rois n'aiment rien tant qu'une prompte obéissance, et ne se plaisent point du tout à trouver des obstacles. Les choses ne sont bonnes que dans le tems qu'ils les souhaitent; et leur en vouloir reculer le divertissement, est en ôter pour eux toute la grace. Ils veulent des plaisirs qui ne se fassent point attendre, et les moins préparés leur sont toujours les plus agréables. Nous ne devons jamais nous regarder dans ce qu'ils desirent de nous; nous ne sommes que pour leur plaire; et lorsqu'ils nous ordonnent quelque chose, c'est à nous à profiter vîte de l'envie où ils sont. Il vaut mieux s'acquitter mal de ce qu'ils nous demandent, que de ne s'en acquitter pas assez tôt; et si l'on a la honte de n'avoir pas bien réussi, on a toujours la gloire d'avoir obéi vite à leurs commandemens. Mais songeons à répéter, s'il vous plait.

SCÈNE I.

Mademoiselle BÉJART.

Comment prétendez-vous que nous fassions, si nous ne savons pas nos rôles ?

MOLIÈRE.

Vous les saurez, vous dis-je ; et, quand même vous ne les sauriez pas tout-à-fait, pouvez-vous pas y suppléer de votre esprit, puisque c'est de la prose, et que vous savez votre sujet ?

Mademoiselle BÉJART.

Je suis votre servante. La prose est pis encore que les vers.

Mademoiselle MOLIÈRE.

Voulez-vous que je vous dise ? vous deviez faire une comédie où vous auriez joué tout seul.

MOLIÈRE.

Taisez-vous, ma femme, vous êtes une bête.

Mademoiselle MOLIÈRE.

Grand merci, monsieur mon mari. Voilà ce que c'est ! Le mariage change bien les gens, et vous ne m'auriez pas dit cela il y a dix-huit mois.

MOLIÈRE.

Taisez-vous, je vous prie.

Mademoiselle MOLIÈRE.

C'est une chose étrange, qu'une petite cérémonie soit capable de nous ôter toutes nos belles qualités ; et qu'un mari et un galant regardent la même personne avec des yeux si différens.

MOLIÈRE.

Que de discours !

Mademoiselle MOLIÈRE.

Ma foi, si je faisois une comédie, je la ferois sur ce sujet. Je justifierois les femmes de bien des choses dont on les accuse ; et je ferois craindre aux maris la différence qu'il y a de leurs manières brusques aux civilités des galans.

MOLIÈRE.

Hai ! Laissons cela. Il n'est pas question de causer maintenant, nous avons autre chose à faire.

Mademoiselle BÉJART.

Mais, puisqu'on vous a commandé de travailler * sur le sujet de la critique qu'on a faite contre vous, que n'avez-vous fait cette comédie des comédiens ** dont vous nous avez parlé il y a long-tems ? C'étoit une affaire toute trouvée, et qui venoit fort bien à la chose, et d'autant mieux, qu'ayant entrepris de vous peindre, ils vous ouvroient l'occasion de les peindre aussi, et que cela auroit pu s'appeler leur portrait, à bien plus juste titre que tout ce qu'ils ont fait ne peut être appelé le vôtre. Car vouloir contrefaire un comédien dans un rôle comique, ce n'est pas le peindre lui-même, c'est peindre d'après lui les personnages qu'il représente, et se servir des mêmes traits et des mêmes couleurs qu'il est obligé d'employer aux différens tableaux des caractères ridicules qu'il imite d'après nature ; mais contrefaire un comédien dans des rôles sérieux, c'est le peindre par des défauts qui sont entièrement de lui, puisque ces sortes de personnages ne veulent ni les gestes, ni les tons de voix ridicules dans lesquels on le reconnoît.

MOLIÈRE.

Il est vrai ; mais j'ai mes raisons pour ne le pas faire, et je n'ai pas cru, entre nous, que la chose en valût la peine ; et puis il falloit plus de tems pour exécuter cette idée. Comme leurs jours de comédie sont les mêmes que les nôtres, à peine ai-je été les voir trois ou quatre fois depuis que nous sommes à Paris ; je n'ai attrapé de leur manière de réciter, que ce qui m'a d'abord sauté aux yeux, et j'aurois eu besoin de les étudier davantage pour faire des portraits bien ressemblans.

* *Mais, puisqu'on vous a commandé de travailler*, etc. Il falloit que l'ordre qu'avoit donné Louis XIV à Molière de se venger, fût bien positif, pour qu'il osât l'annoncer dans cette scène et dans la seconde, lorsqu'en parlant de sa comédie, il fait dire à un marquis fâcheux, *c'est le roi qui vous l'a fait faire ?* et qu'il répond : *oui, monsieur*.

** Il paroît aussi dans cette première scène que Molière avoit eu le projet de faire une *comédie des comédiens*. Le canevas qu'il en présente sur la réquisition de ses camarades, annonce que ce ne doit être qu'une parodie des faux talens qu'on applaudissoit à l'hôtel de Bourgogne.

SCENE I.

Mademoiselle DU PARC.

Pour moi, j'en ai reconnu quelques-uns dans votre bouche.

Mademoiselle DE BRIE.

Je n'ai jamais ouï parler de cela.

MOLIÈRE.

C'est une idée qui m'avoit passé une fois par la tête, et que j'ai laissée la comme une bagatelle, une badinerie, qui peut-être n'auroit pas fait rire.

Mademoiselle BRIE.

Dites-la moi un peu, puisque vous l'avez dite aux autres.

MOLIÈRE.

Nous n'avons pas le tems maintenant.

Mademoiselle DE BRIE.

Seulement deux mots.

MOLIÈRE.

J'avois songé une comédie, où il y auroit eu un poëte, que j'aurois représenté moi-même, qui seroit venu pour offrir une pièce à une troupe de comédiens nouvellement arrivés de campagne Avez-vous, auroit-il dit, des acteurs et des actrices qui soient capables de bien faire valoir un ouvrage? car ma pièce est une pièce.... Hé, monsieur, auroient répondu les comédiens, nous avons des hommes et des femmes qui ont été trouvés raisonnables partout où nous avons passé. Et qui fait les rois parmi vous? Voilà un acteur qui s'en démêle par fois. Qui? ce jeune homme bien fait? Vous moquez-vous? Il faut un roi qui soit gros et gras comme quatre. Un roi, morbleu, qui soit entripaillé comme il faut. Un roi d'une vaste circonférence, et qui puisse remplir un trône de la belle manière. La belle chose qu'un roi d'une taille galante! Voilà déjà un grand défaut; mais que je l'entende un peu réciter une douzaine de vers. Là-dessus le comédien auroit récité, par exemple, quelques vers du roi de Nicomède,

Te le dirai-je, Araspe, il m'a trop bien servi,
Augmentant mon pouvoir....

le plus naturellement qu'il lui auroit été possible. Et le poëte: Comment? vous appelez cela réciter? C'est se railler; il faut dire les choses avec emphase. Écoutez-moi.

(*Il contrefait Monfleury, comédien de l'hôtel de Bourgogne.*)

Te le dirai-je, Araspe.... etc.

Voyez-vous cette posture? Remarquez bien cela. Là, appuyez comme il faut sur le dernier vers. Voilà ce qui attire l'approbation, et fait faire le brouhaha. Mais, monsieur, auroit répondu le comédien, il me semble qu'un roi qui s'entretient tout seul avec son capitaine des gardes, parle un peu plus humainement, et ne prend guère ce ton de démoniaque. Vous ne savez ce que c'est. Allez-vous-en réciter comme vous faites, vous verrez si vous ferez faire aucun ah! Voyons un peu une scène d'amant et d'amante. Là-dessus une comédienne et un comédien auroient fait une scène ensemble, qui est celle de Camille et de Curiace,

Iras-tu, ma chère ame, et ce funeste honneur
Te plaît-il aux dépens de tout notre bonheur?
Hélas! je vois trop bien.... etc.

tout de même que l'autre, et le plus naturellement qu'ils auroient pu. Et le poëte aussitôt : Vous vous moquez, vous ne faites rien qui vaille, et voici comme il faut réciter cela.

(*Il imite mademoiselle de Beauchâteau, comédienne de l'hôtel de Bourgogne.*)

Iras-tu, ma chère ame....
Non, je te connois mieux.... etc.

Voyez-vous comme cela est naturel et passionné? Admirez ce visage riant qu'elle conserve dans les plus grandes afflictions. Enfin, voilà l'idée; et il auroit parcouru de même tous les acteurs et toutes les actrices.

Mademoiselle DE BRIE.

Je trouve cette idée assez plaisante, et j'en ai reconnu là dès le premier vers. Continuez, je vous prie.

MOLIÈRE *imitant Beauchâteau, comédien de l'hôtel de Bourgogne, dans les stances du Cid.*

Percé jusques au fond du cœur, etc.

Et celui-ci, le reconnoîtrez-vous bien dans Pompée de Sertorius?

(*Il contrefait Auteroche, comédien de l'hôtel de Bourgogne.*)

L'inimitié qui règne entre les deux partis,
N'y rend pas de l'honneur, etc.

Mademoiselle DE BRIE.

Je le reconnois un peu, je pense.

SCÈNE I.
MOLIÈRE.

Et celui-ci?
(*Imitant de Villiers, comédien de l'hôtel de Bourgogne.*)
Seigneur, Polybe est mort, etc.

Mademoiselle DE BRIE.

Oui, je sais qui c'est; mais il y en a quelques-uns d'entr'eux, je crois, que vous auriez peine à contrefaire.

MOLIÈRE.

Mon Dieu, il n'y en a point qu'on ne pût attraper par quelque endroit, si je les avois bien étudiés! Mais vous me faites perdre un tems qui nous est cher. Songeons à nous, de grace,
(*à la Grange.*)
et ne nous amusons pas davantage à discourir. Vous, prenez garde à bien représenter avec moi votre rôle de marquis.

Mademoiselle MOLIÈRE.

Toujours des marquis?

MOLIÈRE.

Oui, toujours des marquis. Que diable voulez-vous qu'on prenne pour un caractère agréable de théâtre? Le marquis aujourd'hui est le plaisant de la comédie; et, comme dans toutes les comédies anciennes, où voit toujours un valet bouffon qui fait rire les auditeurs, de même dans toutes nos pièces de maintenant, il faut toujours un marquis ridicule qui divertisse la compagnie.

Mademoiselle BÉJART.

Il est vrai, on ne sauroit s'en passer.

MOLIÈRE.

Pour vous, mademoiselle....

Mademoiselle DU PARC.

Mon Dieu! pour moi je m'acquitterai fort mal de mon personnage, et je ne sais pas pourquoi vous m'avez donné ce rôle de façonnière.

MOLIÈRE.

Mon Dieu, mademoiselle! voilà comme vous disiez, lorsque l'on vous donna celui de la Critique de l'École des Femmes; cependant vous vous en êtes acquittée à merveille, et tout le monde est demeuré d'accord qu'on ne peut pas mieux faire que vous avez fait. Croyez-moi, celui-ci sera de même, et vous le jouerez mieux que vous ne pensez.

Mademoiselle DU PARC.

Comment cela se pourroit-il faire ? Car il n'y a point de personne au monde qui soit moins façonnière que moi.

MOLIÈRE.

C'est vrai; et c'est en quoi vous faites mieux voir que vous êtes une excellente comédienne, de bien représenter un personnage qui est si contraire à votre humeur. Tâchez donc de bien prendre, tous, le caractere de vos rôles, et de vous figurer que vous êtes ce que vous représentez.

(*à du Croisy.*)

Vous faites le poëte, vous, et vous devez vous remplir de ce personnage, marquer cet air pédant qui se conserve parmi le commerce du beau monde, ce ton de voix sentencieux, et cette exactitude de prononciation qui appuie sur toutes les syllabes, et ne laisse échapper aucune lettre de la plus sévère orthographe.

(*à Brécourt*)

Pour vous, vous faites un honnête homme de cour, comme vous avez déjà fait dans la Critique de l'École des Femmes, c'est-à-dire, que vous devez prendre un air posé, un ton de voix naturel, et gesticuler le moins qu'il vous sera possible.

(*à la Grange.*)

Pour vous, je n'ai rien a vous dire [*].

(*à mademoiselle Béjart.*)

Vous, vous représentez une de ces femmes qui, pourvu qu'elles ne fassent point l'amour, croyent que tout le reste leur est permis; de ces femmes qui se retranchent toujours fièrement sur leur pruderie, regardent un chacun de haut en bas, et veulent que toutes les plus belles qualités que possedent les

---

[*] *Pour vous, je n'ai rien à vous dire.* C'est à son camarade et à son ami la Grange, qui depuis fut son éditeur, et qui lui succéda dans son emploi d'orateur de la troupe, qu'il adresse cette phrase. Elle fait assez sentir quel cas il faisoit de ses talens, puisqu'il est le seul qui ne lui paroisse pas avoir besoin de ses avis. Il lui en donne cependant un à la troisième scène.

autres, ne soient rien en comparaison d'un misérable honneur dont personne ne se soucie. Ayez toujours ce caractère devant les yeux, pour en bien faire les grimaces.

(*à mademoiselle de Brie.*)

Pour vous, vous faites une de ces femmes qui pensent être les plus vertueuses personnes du monde, pourvu qu'elles sauvent les apparences; de ces femmes qui croyent que le péché n'est que dans le scandale, qui veulent conduire doucement les affaires qu'elles ont, sur le pied d'attachement honnête, et appellent amis ce que les autres nomment galans. Entrez bien dans ce caractère.

(*à mademoiselle Molière.*)

Vous, vous faites le même personnage que dans la Critique, et je n'ai rien à vous dire non plus qu'à mademoiselle du Parc.

(*à mademoiselle du Croisy.*)

Pour vous, vous représentez une de ces personnes qui prêtent doucement des charités à tout le monde; de ces femmes qui donnent toujours le petit coup de langue en passant, et seroient bien fâchées d'avoir souffert qu'on eût dit du bien du prochain. Je crois que vous ne vous acquitterez pas mal de ce rôle.

(*à mademoiselle Hervé.*)

Et pour vous, vous êtes la soubrette de la précieuse qui se mêle de tems en tems dans la conversation, et attrappe, comme elle peut, tous les termes de sa maîtresse. Je vous dis us vos caractères, afin que vous vous les imprimiez fortement dans l'esprit. Commençons maintenant à répéter, et voyons comme cela ira. Ah, voici justement un fâcheux! Il ne nous falloit plus que cela.

SCÈNE II.*

LA THORILLIERE, MOLIÈRE, BRÉCOURT, LA GRANGE, DU CROISY, Mesdemoiselles DU PARC, BÉJART, DE BRIE, MOLIERE, DU CROISY, HERVÉ.

LA THORILLIÈRE.

Bonjour, monsieur Molière.

MOLIÈRE.

(à part.)

Monsieur, votre serviteur. La peste soit de l'homme.

LA THORILLIÈRE.

Comment vous en va ?

MOLIÈRE.

(aux actrices.)

Fort bien, pour vous servir. Mesdemoiselles, ne....

LA THORILLIÈRE.

Je viens d'un lieu où j'ai bien dit du bien de vous.

MOLIÈRE.

(à part.)   (aux acteurs.)

Je vous suis obligé. Que le diable t'emporte ! Ayez un peu soin ...

LA THORILLIÈRE.

Vous jouez une pièce nouvelle aujourd'hui ?

MOLIÈRE.

(aux actrices.)

Oui, monsieur. N'oubliez pas....

---

* Cette scène a été copiée par Baron, dans le prologue de sa comédie du Coquet trompé, scene dixième, presque mot à mot. Sûr que l'Impromptu de Versailles ne reparoitroit plus au théâtre, il ne se fit aucun scrupule de ce plagiat, qui n'a pas plus été relevé que celui de la cinquième scene du second acte de Mélicerte, dont il a fait la huitième scene de sa pièce des Enlèvemens.

SCÈNE II.
LA THORILLIÈRE.

C'est le roi qui vous l'a fait faire ?

MOLIÈRE.

(*aux acteurs.*)

Oui, monsieur. De grace, songez....

LA THORILLIÈRE.

Comment l'appelez-vous ?

MOLIÈRE.

Oui, monsieur.

LA THORILLIÈRE.

Je vous demande comment vous la nommez.

MOLIÈRE.

(*aux actrices.*)

Ah, ma foi, je ne sais ! Il faut, s'il vous plaît, que vous....

LA THORILLIÈRE.

Comment serez-vous habillés ?

MOLIÈRE.

(*aux acteurs.*)

Comme vous voyez. Je vous prie.....

LA THORILLIÈRE.

Quand commencez-vous ?

MOLIÈRE.

(*à part.*)

Quand le roi sera venu. Au diantre le questionneur.

LA THORILLIÈRE.

Quand croyez vous qu'il vienne ?

MOLIÈRE.

La peste m'étouffe, monsieur, si je le sais.

LA THORILLIÈRE.

Savez-vous point *....

---

* *Savez-vous point ?* On diroit aujourd'hui *ne savez-vous point ?* Cela prouve bien que le retranchement de la particule *ne* dans les vers, étoit moins une licence qu'un usage en pareil cas.

MOLIÈRE.

Tenez, monsieur, je suis le plus ignorant homme du monde. Je ne sais rien de tout ce que vous pourrez me demander, je

(*à part.*)

vous jure. J'enrage. Ce bourreau vient avec un air tranquille vous faire des questions, et ne se soucie pas qu'on ait en tête d'autres affaires.

LA THORILLIÈRE.

Mesdemoiselles, votre serviteur.

MOLIÈRE.

Ah, bon! le voilà d'un autre côté.

LA THORILLIÈRE *à mademoiselle du Croisy.*

Vous voilà belle comme un petit ange. Jouez-vous toutes deux aujourd'hui? (*en regardant mademoiselle Hervé.*)

Mademoiselle DU CROISY.

Oui, monsieur.

LA THORILLIÈRE.

Sans vous, la comédie ne vaudroit pas grand'chose.

MOLIÈRE *bas aux actrices.*

Vous ne voulez pas faire en aller cet homme-là?

Mademoiselle DE BRIE *à la Thorillière.*

Monsieur, nous avons ici quelque chose à répéter ensemble.

LA THORILLIÈRE.

Ah, parbleu, je ne veux pas vous empêcher; vous n'avez qu'à poursuivre!

Mademoiselle DE BRIE.

Mais....

LA THORILLIÈRE.

Non, non, je serois fâché d'incommoder personne. Faites librement ce que vous avez à faire.

Mademoiselle DE BRIE.

Oui ; mais....

LA THORILLIÈRE.

Je suis homme sans cérémonie, vous dis-je, et vous pouvez répéter ce qu'il vous plaira.

MOLIÈRE.

Monsieur, ces demoiselles ont peine à vous dire qu'elles souhaiteroient fort que personne ne fût ici pendant cette répétition.

SCÈNE III.
LA THORILLIÈRE.
Pourquoi? Il n'y a point de danger pour moi.
MOLIÈRE.
Monsieur, c'est une coutume qu'elles observent, et vous aurez plus de plaisir quand les choses vous surprendront.
LA THORILLIÈRE.
Je m'en vais donc dire que vous êtes prêt?
MOLIÈRE.
Point du tout, monsieur, ne vous hâtez pas, de grace.

SCÈNE III.

MOLIÈRE, BRÉCOURT, LA GRANGE, DU CROISY, Mesdemoiselles DU PARC, BÉJART, DE BRIE, MOLIÈRE, DU CROISY, HERVÉ.

MOLIÈRE.

Au! que le monde est plein d'impertinens! Or sus, commençons. Figurez-vous donc premièrement que la scène est dans l'antichambre du roi; car c'est un lieu où il se passe tous les jours des choses assez plaisantes. Il est aisé de faire venir là toutes les personnes qu'on veut, et on peut trouver des raisons même pour y autoriser la venue des femmes que j'introduis. La comédie s'ouvre par deux marquis qui se rencontrent.

(à la Grange.)

Souvenez-vous bien, vous, de venir, comme je vous ai dit, là, avec cet air qu'on nomme le bel air, peignant votre perruque, et grondant une petite chanson entre vos dents *. La, la, la, la, la, la, la. Rangez-vous donc, vous autres, car il faut du terrain à deux marquis, et ils ne sont pas gens à tenir leur personne dans un petit espace.

(à la Grange.)

Allons, parlez.

---

* *Et grondant une petite chanson entre vos dents.* On n'écriroit point aujourd'hui *gronder une chanson*. Ce verbe, lorsqu'il est actif, a un autre sens, et ne se dit point des choses, mais des personnes.

LA GRANGE.

Bonjour, marquis.

MOLIÈRE.

Mon Dieu, ce n'est point là le ton d'un marquis ; il faut le prendre un peu plus haut ; et la plupart de ces messieurs affectent une manière de parler particulière pour se distinguer du commun : *Bonjour, marquis.* Recommencez donc.

LA GRANGE.

Bonjour, marquis.

MOLIÈRE.

Ah, marquis, ton serviteur !

LA GRANGE.

Que fais-tu là ?

MOLIÈRE.

Parbleu, tu vois ; j'attends que tous ces messieurs ayent débouché la porte, pour présenter là mon visage.

LA GRANGE.

Têtebleu, quelle foule ! Je n'ai garde de m'y aller frotter, et j'aime bien mieux entrer des derniers.

MOLIÈRE.

Il y a là vingt gens * *qui sont fort assurés de n'entrer point ; et qui ne laissent pas de se presser, et d'occuper toutes les avenues de la porte.*

LA GRANGE.

Crions nos deux noms à l'huissier, afin qu'il nous appelle.

MOLIERE.

Cela est bon pour toi ; mais pour moi, je ne veux pas être joué par Molière.

LA GRANGE.

Je pense pourtant, marquis, que c'est toi qu'il joue dans la Critique.

MOLIÈRE.

Moi? Je suis ton valet ; c'est toi-même en propre personne.

---

* *Il y a là vingt gens....* Aucun nombre déterminé ne se joint au mot *gens.* On dit, il y a six hommes, dix hommes, et non pas six gens, dix gens ; et si l'on dit mille gens, le mot mille est pris comme indéfini ; car, suivant le P. Bouhours, s'il y avoit numériquement mille gens, il faudroit dire mille personnes.

SCÈNE III.
LA GRANGE.
Ah! ma foi, tu es bon de m'appliquer ton personnage!
MOLIÈRE.
Parbleu, je te trouve plaisant de me donner ce qui t'appartient.
LA GRANGE *riant.*
Ah, ah, ah! Cela est drôle.
MOLIÈRE *riant.*
Ah, ah, ah! Cela est bouffon.
LA GRANGE.
Quoi, tu veux soutenir que ce n'est pas toi qu'on joue dans le marquis de la Critique!
MOLIÈRE.
Il est vrai, c'est moi. Détestable, morbleu, détestable, tarte à la crême. C'est moi, c'est moi assurément, c'est moi.
LA GRANGE.
Oui, parbleu, c'est toi, tu n'as que faire de railler; et, si tu veux, nous gagerons, et verrons qui a raison des deux.
MOLIÈRE.
Et que veux-tu gager encore?
LA GRANGE.
Je gage cent pistoles que c'est toi.
MOLIÈRE.
Et moi, cent pistoles que c'est toi.
LA GRANGE.
Cent pistoles comptant.
MOLIÈRE.
Comptant. Quatre-vingt-dix pistoles sur Amyntas, et dix pistoles comptant.
LA GRANGE.
Je le veux.
MOLIÈRE.
Cela est fait.
LA GRANGE.
Ton argent court grand risque.
MOLIÈRE.
Le tien est bien aventuré.

LA GRANGE.

A qui nous en rapporter ?

MOLIÈRE à *Brécourt.*

Voici un homme qui nous jugera, chevalier.

BRÉCOURT.

Quoi ?

MOLIÈRE.

Bon. Voilà l'autre qui prend le ton de marquis ; vous ai-je pas dit que vous faites un rôle où l'on doit parler naturellement ?

BRÉCOURT.

Il est vrai.

MOLIÈRE.

Allons donc ! Chevalier.

BRÉCOURT.

Quoi ?

MOLIÈRE.

Juge-nous un peu sur une gageure que nous avons faite.

BRÉCOURT.

Et quelle ?

MOLIÈRE.

Nous disputons qui est le marquis de la Critique de Molière ; il gage que c'est moi, et moi je gage que c'est lui.

BRÉCOURT.

Et moi, je juge que ce n'est ni l'un ni l'autre*. Vous êtes fous tous deux, de vouloir vous appliquer ces sortes de choses ; et voilà de quoi j'ouïs l'autre jour se plaindre Molière, parlant à des personnes qui le chargeoient de même chose que vous. Il disoit que rien ne lui donnoit du déplaisir, comme d'être accusé de regarder quelqu'un dans les portraits qu'il fait ; que son dessein est de peindre les mœurs sans vouloir toucher aux personnes, et que tous les personnages qu'il représente sont des personnages en

---

* Molière, dans cette scène, se défend des personnalités dont on l'accusoit. Il ne voit rien de plus affligeant, dit-il, que ces imputations légères et injustes. C'est d'après cette apologie qu'il fait de son art et de lui-même, que nous l'avons défendu de ce trait qu'on a cru applicable à Thomas Corneille, dans l'*École des Femmes.*

SCÈNE III.

l'air, et des fantômes proprement, qu'il habille à sa fantaisie pour réjouir les spectateurs ; qu'il seroit bien fâché d'y avoir jamais marqué qui que ce soit ; et que si quelque chose étoit capable de le dégouter de faire des comédies, c'étoit les ressemblances qu'on y vouloit toujours trouver, et dont ses ennemis tâchoient malicieusement d'appuyer la pensée, pour lui rendre de mauvais offices auprès de certaines personnes à qui il n'a jamais pensé. En effet, je trouve qu'il a raison : car pourquoi vouloir, je vous prie, appliquer tous ses gestes et toutes ses paroles, et chercher à lui faire des affaires en disant hautement : il joue un tel, lorsque ce sont des choses qui peuvent convenir à cent personnes ? Comme l'affaire de la comédie est de représenter en général tous les défauts des hommes, et principalement des hommes de notre siècle, il est impossible à Molière de faire aucun caractère qui ne rencontre quelqu'un dans le monde ; et s'il faut qu'on l'accuse d'avoir songé à toutes les personnes où l'on peut trouver des défauts qu'il peint, il faut, sans doute, qu'il ne fasse plus de comédies.

MOLIÈRE.

Ma foi, chevalier, tu veux justifier Molière, et épargner notre ami que voilà.

LA GRANGE.

Point du tout. C'est toi qu'il épargne ; et nous trouverons d'autres juges.

MOLIÈRE.

Soit. Mais dis-moi, chevalier, crois-tu pas que ton Molière est épuisé maintenant, et qu'il ne trouvera plus de matière pour....

BRÉCOURT.

Plus de matière ? Hé, mon pauvre marquis, nous lui en fournirons toujours assez, et nous ne prenons guère le chemin de nous rendre sages pour tout ce qu'il fait et tout ce qu'il dit.

MOLIÈRE.

Attendez Il faut remarquer davantage tout cet endroit. Écoutez-le moi dire un peu.... et qu'il ne trouvera plus de matière pour.... Plus de matière ? Hé, mon pauvre marquis, nous lui en fournirons toujours assez, et nous ne prenons guère le chemin de nous rendre sages pour tout ce qu'il fait et tout ce qu'il dit. Crois-tu qu'il ait épuisé dans ses comédies tout le ridicule des hommes? et, sans sortir de la cour, n'a-t-il pas encore vingt caractères de gens où il n'a point touché*? N'a-t-il pas, par exemple, ceux qui se font les plus grandes amitiés du monde, et qui, le dos tourné, font galanterie de se déchirer l'un l'autre? N'a-t-il pas ces adulateurs à outrance, ces flatteurs insipides qui n'assaisonnent d'aucun sel les louanges qu'ils donnent, et dont toutes les flatteries ont une douceur fade qui fait mal au cœur à ceux qui les écoutent? N'a-t-il pas ces lâches courtisans de la faveur, ces perfides adorateurs de la fortune qui vous encensent dans la prospérité, et vous accablent dans la disgrace? N'a-t-il pas ceux qui sont toujours mécontens de la cour, ces suivans inutiles, ces incommodes assidus, ces gens, dis-je, qui, pour services, ne peuvent compter que des importunités, et qui veulent qu'on les récompense d'avoir obsédé le prince dix ans durant? N'a-t-il pas ceux qui caressent également tout le monde, qui promènent leurs civilités à droite et à gauche, et courent à tous ceux qu'ils voient, avec les mêmes embrassades et les mêmes protestations d'amitiés? Monsieur, votre très-humble serviteur. Monsieur, je suis tout à votre service. Tenez-moi des vôtres, mon cher. Faites état de moi, monsieur, comme du plus chaud de vos amis. Monsieur, je suis ravi de vous embrasser. Ah, monsieur, je ne vous voyois pas! Faites-moi la grace de m'employer; soyez persuadé que je suis entièrement à vous. Vous êtes l'homme du monde que je révère le plus. Il n'y a personne que j'honore à l'égal de vous. Je vous conjure de le croire. Je vous supplie de n'en point douter. Serviteur. Très-humble valet. Va, va, marquis, Moliere aura toujours plus de sujets qu'il n'en voudra; et tout ce qu'il a touché jusqu'ici, n'est rien que bagatelle, au prix de ce qui reste. Voilà à-peu-près comme cela doit être joué.

* N'a-t-il pas encore vingt caractères de gens où il n'a pas touché?

1.º Il faudroit écrire aujourd'hui *auxquels*, au lieu de *où*, parce que malgré la rudesse dont Vaugelas accuse le pronom *lequel*, il ne peut être remplacé par *où*, adverbe de lieu.

2.º Dans la liste des caracteres qu'annonce ici Moliere, il ne s'en trouve aucun qui lui ait servi de sujet de comédie, ce qui prouve qu'il étoit bien loin d'être épuisé lorsqu'on le perdit.

SCENE III.

BRÉCOURT.

C'est assez.

MOLIÈRE.

Poursuivez.

BRÉCOURT.

Voici Climène et Élise.

MOLIÈRE.
(à mesdemoiselles du Parc et Molière.)

Là-dessus, vous arriverez toutes deux.
(à mademoiselle du Parc.)

Prenez bien garde, vous, à vous déhancher comme il faut, et à faire bien des façons. Cela vous contraindra un peu; mais qu'y faire? Il faut par fois se faire violence.

Mademoiselle MOLIERE.

Certes, madame, je vous ai reconnue de loin, et j'ai bien vu à votre air que ce ne pouvoit être une autre que vous.

Mademoiselle DU PARC.

Vous voyez. Je viens attendre ici la sortie d'un homme avec qui j'ai une affaire à démeler.

Mademoiselle MOLIERE.

Et moi de même.

MOLIÈRE.

Mesdames, voilà des coffres qui vous serviront de fauteuils.

Mademoiselle DU PARC.

Allons, madame, prenez place s'il vous plaît.

Mademoiselle MOLIERE.

Après vous, madame.

MOLIÈRE.

Bon. Après ces petites cérémonies muettes, chacun prendra place, et parlera assis, hors les marquis, qui tantôt se leveront, et tantôt s'asseoiront*, suivant leur inquiétude naturelle. Parbleu, chevalier, tu devrois faire prendre médecine à tes canons.

BRÉCOURT.

Comment ?

---

* *Et tantôt s'asseoiront.* On écriroit aujourd'hui *s'asseiront* ou *s'assiéront*.

MOLIÈRE.

Ils se portent fort mal.

BRÉCOURT.

Serviteur à la turlupinade.

Mademoiselle MOLIERE.

Mon Dieu, madame, que je vous trouve le teint d'une blancheur éblouissante, et les lèvres d'une couleur de feu surprenante!

Mademoiselle DU PARC.

Ah, que dites-vous là, madame! Ne me regardez point, je suis du dernier laid aujourd'hui.

Mademoiselle MOLIÈRE.

Hé, madame, levez un peu votre coiffe!

Mademoiselle DU PARC.

Fi. Je suis épouvantable, vous dis-je, et je me fais peur à moi-même.

Mademoiselle MOLIERE.

Vous êtes si belle.

Mademoiselle DU PARC.

Point, point.

Mademoiselle MOLIERE.

Montrez-vous.

Mademoiselle DU PARC.

Ah, fi donc, je vous prie.

Mademoiselle MOLIERE.

De grace.

Mademoiselle DU PARC.

Mon Dieu, non!

Mademoiselle MOLIERE.

Si fait.

Mademoiselle DU PARC.

Vous me désespérez.

Mademoiselle MOLIERE.

Un moment.

Mademoiselle DU PARC.

Hai.

Mademoiselle MOLIERE.

Résolument vous vous montrerez. On ne peut point se passer de vous voir.

SCÈNE III.

Mademoiselle DU PARC.

Mon Dieu, que vous êtes une étrange personne! Vous voulez furieusement ce que vous voulez.

Mademoiselle MOLIERE.

Ah, madame, vous n'avez aucun désavantage à paroître au grand jour, je vous jure! Les méchantes gens, qui assuroient que vous mettiez quelque chose! Vraiment, je les démentirai bien maintenant.

Mademoiselle DU PARC.

Hélas, je ne sais pas seulement ce qu'on appelle mettre quelque chose! Mais où vont ces dames?

Mademoiselle DE BRIE.

Vous voulez bien, mesdames, que nous vous donnions en passant la plus agréable nouvelle du monde. Voilà monsieur Lysidas qui vient de nous avertir qu'on a fait une pièce contre Molière, que les grands comédiens vont jouer.

MOLIERE.

Il est vrai, on me l'a voulu lire. C'est un nommé Br... Brou... Brossaut qui l'a faite.

DU CROISY.

Monsieur, elle est affichée sous le nom de Boursaut; mais, à vous dire le secret, bien des gens ont mis la main à cet ouvrage, et l'on en doit concevoir une assez haute attente. Comme tous les auteurs et tous les comédiens regardent Molière comme leur plus grand ennemi, nous nous sommes tous unis pour le desservir. Chacun de nous a donné un coup de pinceau à son portrait; mais nous nous sommes bien gardés d'y mettre nos noms; il lui auroit été trop glorieux de succomber, aux yeux du monde, sous les efforts de tout le parnasse; et, pour rendre sa défaite plus ignominieuse, nous avons voulu choisir tout exprès un auteur sans réputation*.

---

* C'est dans cette longue scène que Boursaut fut nommé et traité d'*auteur sans réputation*. Voilà ce que se permit Molière, qui, suivant les Mémoires littéraires de M. Palissot, *abusa un peu de la vengeance*. Mais Boursaut, qui n'avoit encore que 25 ans, et qui n'avoit fait que quelques comédies détestables, avoit-il de la réputation? Notre auteur pouvoit-il moins dire contre un homme qui cherchoit à ternir la sienne, que de lui

Mademoiselle DU PARC.

Pour moi, je vous avoue que j'en ai toutes les joies imaginables.

MOLIERE.

Et moi aussi. Par la sang-bleu, le railleur sera raillé; il aura sur les doigts, ma foi.

Mademoiselle DU PARC.

Cela lui apprendra à vouloir satiriser tout. Comment? Cet impertinent ne veut pas que les femmes ayent de l'esprit? Il condamne toutes nos expressions élevées, et prétend que nous parlions toujours terre à terre?

Mademoiselle DE BRIE.

Le langage n'est rien; mais il censure tous nos attachemens, quelque innocens qu'ils puissent être; et, de la façon qu'il en parle, c'est être criminelle que d'avoir du mérite.

Mademoiselle DU CROISY.

Cela est insupportable. Il n'y a pas une femme qui puisse plus rien faire. Que ne laisse-t-il en repos nos maris, sans leur ouvrir les yeux, et leur faire prendre garde à des choses dont ils ne s'avisent pas.

Mademoiselle BÉJART.

Passe pour tout cela; mais il satirise même les femmes de bien, et ce méchant plaisant leur donne le titre d'honnêtes diablesses.

Mademoiselle MOLIERE.

C'est un impertinent. Il faut qu'il en ait tout le saoul.

DU CROISY.

La représentation de cette comédie, madame, aura besoin d'être appuyée, et les comédiens de l'hôtel....

Mademoiselle DU PARC.

Mon Dieu, qu'ils n'appréhendent rien! je leur garantis le succès de leur pièce, corps pour corps.

Mademoiselle MOLIERE.

Vous avez raison, madame. Trop de gens sont intéressés à la trouver belle. Je vous laisse à penser si tous ceux qui se croyent

reprocher de n'en avoir aucune, lorsqu'en effet il n'en avoit point? Il est si différent d'inquiéter la vanité, ou de blesser le véritable honneur d'un citoyen, qu'on ne peut trop s'étonner de voir tous les jours confondre ces deux choses.

SCÈNE III.

satirisés par Molière, ne prendront point l'occasion de se venger de lui en applaudissant à cette comédie.

BRÉCOURT ironiquement.

Sans doute ; et pour moi, je réponds de douze marquis, de six précieuses, de vingt coquettes, et de trente cocus, qui ne manqueront pas d'y battre des mains.

Mademoiselle MOLIÈRE.

En effet. Pourquoi aller offenser toutes ces personnes-là, et particulièrement les cocus, qui sont les meilleures gens du monde ?

MOLIÈRE.

Par la sang-bleu, on m'a dit qu'on va le dauber, lui, et toutes ses comédies, de la belle manière, et que les comédiens et les auteurs, depuis le cèdre jusqu'à l'hyssope, sont diablement animés contre lui.

Mademoiselle MOLIÈRE.

Cela lui sied fort bien. Pourquoi fait-il de méchantes pièces que tout Paris va voir, et où il peint si bien les gens, que chacun s'y connoît ? Que ne fait-il des comédies comme celles de monsieur Lysidas ? Il n'auroit personne contre lui, et tous les auteurs en diroient du bien. Il est vrai que de semblables comédies n'ont pas ce grand concours de monde ; mais, en revanche, elles sont toujours bien écrites ; personne n'écrit contre elles, et tous ceux qui les voient, meurent d'envie de les trouver belles.

DU CROISY.

Il est vrai que j'ai l'avantage de ne me point faire d'ennemis ; et que tous mes ouvrages ont l'approbation des savans.

Mademoiselle MOLIÈRE.

Vous faites bien d'être content de vous. Cela vaut mieux que tous les applaudissemens du public, et que tout l'argent qu'on sauroit gagner aux pièces de Molière. Que vous importe qu'il vienne du monde à vos comédies, pourvu qu'elles soient approuvées par messieurs vos confrères ?

LA GRANGE.

Mais quand jouera-t-on le portrait du peintre ?

DU CROISY.

Je ne sais ; mais je me prépare fort à paroître des premiers sur les rangs, pour citer, voilà qui est beau.

MOLIÈRE.

Et moi de même, parbleu.

LA GRANGE.

Et moi aussi, Dieu me sauve.

Mademoiselle DU PARC.

Pour moi, j'y paierai de ma personne comme il faut; et je réponds d'une bravoure d'approbation, qui mettra en déroute tous les jugemens ennemis. C'est bien la moindre chose que nous devions faire, que d'épauler de nos louanges le vengeur de nos intérêts.

Mademoiselle MOLIERE.

C'est fort bien dit.

Mademoiselle DE BRIE.

Et ce qu'il nous faut faire toutes.

Mademoiselle BÉJART.

Assurément.

Mademoiselle DU CROISY.

Sans doute.

Mademoiselle HERVÉ.

Point de quartier à ce contrefaiseur de gens.

MOLIERE.

Ma foi, chevalier, mon ami, il faudra que ton Molière se cache.

BRÉCOURT.

Qui, lui? Je te promets, marquis, qu'il fait dessein d'aller sur le théâtre rire, avec tous les autres, du portrait qu'on a fait de lui.

MOLIERE.

Parbleu, ce sera donc du bout des dents qu'il rira.

BRÉCOURT.

Va, va, peut-être qu'il y trouvera plus de sujets de rire que tu ne penses. On m'a montré la pièce; et comme tout ce qu'il y a d'agréable, sont effectivement les idées qui ont été prises de Molière, la joie que cela pourra donner n'aura pas lieu de lui déplaire, sans doute ; car, pour l'endroit où l'on s'efforce de le noircir, je suis le plus trompé du monde, si cela est approuvé de personne ; et quant à tous les gens qu'ils ont tâché d'animer contre lui, sur ce qu'il fait, dit-on, des portraits trop ressemblans, outre que cela est de fort mauvaise grace, je ne vois rien de plus ridicule et de plus mal pris ; et je n'avois pas cru jusqu'ici que ce

SCÈNE III.

fût un sujet de blâme pour un comédien que de peindre trop bien les hommes.

LA GRANGE.
Les comédiens m'ont dit qu'ils l'attendoient sur la réponse, et que....

BRÉCOURT.
Sur la réponse ? Ma foi, je le trouverois un grand fou, s'il se mettoit en peine de répondre à leurs invectives. Tout le monde sait assez de quel motif elles peuvent partir ; et la meilleure réponse qu'il leur puisse faire, c'est une comédie qui réussisse comme toutes les autres. Voilà le vrai moyen de se venger d'eux comme il faut ; et, de l'humeur dont je les connois, je suis fort assuré qu'une pièce nouvelle qui leur enlevera le monde, les fâchera bien plus que toutes les satires qu'on pourroit faire de leurs personnes.

MOLIERE.
Mais, chevalier....

Mademoiselle BÉJART.
(*à Molière.*)

Souffrez que j'interrompe pour un peu la répétition. Voulez-vous que je vous die ? Si j'avois été en votre place, j'aurois poussé les choses autrement. Tout le monde attend de vous une réponse vigoureuse ; et, après la manière dont on m'a dit que vous étiez traité dans cette comédie, vous étiez en droit de tout dire contre les comédiens, et vous deviez n'en épargner aucun.

MOLIÈRE.
J'enrage de vous ouïr parler de la sorte ; et voilà votre manie à vous autres femmes. Vous voudriez que je prisse feu d'abord contre eux, et qu'à leur exemple j'allasse éclater promptement en invectives et en injures. Le bel honneur que j'en pourrois tirer, et le grand dépit que je leur ferois ! Ne se sont-ils pas préparés de bonne volonté à ces sortes de choses ? Et, lorsqu'ils ont délibéré s'ils joueroient le portrait du peintre, sur la crainte d'une riposte, quelques-uns d'entr'eux n'ont-ils pas répondu : Qu'il nous rende toutes les injures qu'il voudra, pourvu que nous gagnions de l'argent ? N'est-ce pas là la marque d'une ame fort sensible à la honte ; et ne me vengerois-je pas bien d'eux, en leur donnant ce qu'ils veulent bien recevoir ?

Mademoiselle DE BRIE.

Ils se sont fort plaint, toutefois, de trois ou quatre mots que vous avez dits d'eux dans la Critique, et dans vos Précieuses.

MOLIÈRE.

Il est vrai, ces trois ou quatre mots sont fort offensans, et ils ont grande raison de les citer. Allez, allez, ce n'est pas cela. Le plus grand mal que je leur aie fait, c'est que j'ai eu le bonheur de plaire un peu plus qu'ils n'auroient voulu; et tout leur procédé, depuis que nous sommes venus à Paris, a trop marqué ce qui les touche : mais laissons-les faire tant qu'ils voudront, toutes leurs entreprises ne doivent point m'inquiéter. Ils critiquent mes pièces, tant mieux; et Dieu me garde d'en faire jamais qui leur plaisent! Ce seroit une mauvaise affaire pour moi.

Mademoiselle DE BRIE.

Il n'y a pas grand plaisir pourtant à voir déchirer ses ouvrages.

MOLIÈRE.

Et qu'est-ce que cela me fait? N'ai-je pas obtenu de ma comédie tout ce que je voulois en obtenir, puisqu'elle a eu le bonheur d'agréer aux augustes personnes à qui particulièrement je m'efforce de plaire? N'ai-je pas lieu d'être satisfait de sa destinée, et toutes leurs censures ne viennent-elles pas trop tard? Est-ce moi, je vous prie, que cela regarde maintenant; et lorsqu'on attaque une pièce qui a eu du succès, n'est-ce pas attaquer plutôt le jugement de ceux qui l'ont approuvée, que l'art de celui qui l'a faite?

Mademoiselle DE BRIE.

Ma foi, j'aurois joué ce petit Monsieur l'auteur, qui se mêle d'écrire contre des gens qui ne songent pas à lui.

MOLIÈRE.

Vous êtes folle. Le beau sujet à divertir la cour que monsieur Boursaut! Je voudrois bien savoir de quelle façon on pourroit l'ajuster pour le rendre plaisant; et si, quand on le berneroit sur le théâtre, il seroit assez heureux pour faire rire le monde. Ce lui seroit trop d'honneur que d'être joué devant une auguste assemblée; il ne demanderoit pas mieux; et il m'attaque de gaieté de cœur, pour se faire connoître, de quelque façon que ce soit. C'est un homme qui n'a rien à perdre, et les comédiens

SCENE III.

ne me l'ont déchaîné, que pour m'engager à une sotte guerre, et me détourner, par cet artifice, des autres ouvrages que j'ai à faire; et cependant vous êtes assez simples pour donner toutes dans ce panneau. Mais enfin, j'en ferai ma déclaration publiquement. Je ne prétends faire aucune réponse à toutes leurs critiques et leurs contre-critiques. Qu'ils disent tous les maux du monde de mes pièces, j'en suis d'accord. Qu'ils s'en saisissent après nous; qu'ils les retournent comme un habit pour les mettre sur le théâtre, et tâchent à profiter de quelque agrément qu'on y trouve, et d'un peu de bonheur que j'ai, j'y consens; ils en ont besoin, et je serai bien aise de contribuer à les faire subsister, pourvu qu'ils se contentent de ce que je puis leur accorder avec bienséance. La courtoisie doit avoir des bornes; et il y a des choses qui ne font rire, ni les spectateurs, ni celui dont on parle. Je leur abandonne de bon cœur mes ouvrages, ma figure, mes gestes, mes paroles, mon ton de voix, et ma façon de réciter, pour en faire et dire tout ce qu'il leur plaira, s'ils en peuvent tirer quelque avantage. Je ne m'oppose point à toutes ces choses, et je serai ravi que cela puisse réjouir le monde; mais en leur abandonnant tout cela, ils me doivent faire la grace de me laisser le reste, et de ne point toucher à des matières de la nature de celles sur lesquelles on m'a dit qu'ils m'attaquoient dans leurs comédies. C'est de quoi je prierai civilement cet honnête monsieur qui se mêle d'écrire pour eux, et voilà toute la réponse qu'ils auront de moi*.

* Les principes de Molière étoient bien loin de cette erreur, et c'est dans cette scène principalement qu'il pose les bornes de la critique théâtrale, lorsqu'en parlant de la haine qu'avoient pour lui les comédiens de l'Hôtel, il dit : *Je leur abandonne de bon cœur mes ouvrages, ma figure, mes gestes.... pour en faire tout ce qu'il leur plaira.... Mais en leur abandonnant tout cela, ils me doivent faire la grace de me laisser le reste, et de ne point toucher à des matières de la nature de celles sur lesquelles on m'a dit qu'ils m'attaquoient dans leurs comédies. C'est de quoi je prierai civilement cet honnête monsieur qui se mêle d'écrire pour eux.*

Molière ne parle ici que d'après la pièce de Boursaut; cependant comme elle se trouve dans le recueil de cet auteur, et qu'on n'y voit aucun trait injurieux personnel, et qui touche à *des matières de la nature* de celles qu'interdit Molière à ses en-

Mademoiselle BÉJART.

Mais enfin....

MOLIÈRE.

Mais enfin, vous me feriez devenir fou. Ne parlons point de cela davantage ; nous nous amusons à faire des discours, au lieu de répéter notre comédie. Où en étions-nous ? Je ne m'en souviens plus.

Mademoiselle DE BRIE.

Vous en étiez à l'endroit....

MOLIÈRE.

Mon Dieu ! j'entends du bruit ; c'est le roi qui arrive assurément ; et je vois bien que nous n'aurons pas le tems de passer outre. Voilà ce que c'est de s'amuser. Oh bien, faites donc, pour le reste, du mieux qu'il vous sera possible.

Mademoiselle BÉJART.

Par ma foi, la frayeur me prend, et je ne saurois aller jouer mon rôle, si je ne le répète tout entier.

MOLIÈRE.

Comment, vous ne sauriez aller jouer votre rôle ?

Mademoiselle BÉJART.

Non.

Mademoiselle DU PARC.

Ni moi, le mien.

Mademoiselle DE BRIE.

Ni moi non plus.

Mademoiselle MOLIERE.

Ni moi.

Mademoiselle HERVÉ.

Ni moi.

Mademoiselle DU CROISY.

Ni moi.

MOLIÈRE.

Que pensez-vous donc faire ? Vous moquez-vous toutes de moi ?

---

nemis, il faut que le *Portrait du Peintre* n'ait pas été imprimé tel qu'il avoit été offert sur le théâtre ; la crainte d'offenser Louis XIV, qui, dans cette affaire-ci, s'étoit déclaré le protecteur de Molière, suffisoit pour opérer ce changement.

SCÈNE IV.

BÉJART, MOLIÈRE, LA GRANGE, DU CROISY, Mesdemoiselles DU PARC, BÉJART, DE BRIE, MOLIÈRE, DU CROISY, HERVÉ.

BÉJART.

Messieurs, je viens vous avertir que le roi est venu, et qu'il attend que vous commenciez.

MOLIÈRE.

Ah, monsieur, vous me voyez dans la plus grande peine du monde ; je suis désespéré à l'heure que je vous parle ! Voici des femmes qui s'effrayent, et qui disent qu'il leur faut répéter leurs rôles, avant que d'aller commencer. Nous demandons, de grace, encore un moment. Le roi a de la bonté, et il sait que la chose a été précipitée.

SCÈNE V.

MOLIÈRE et les mêmes acteurs, à l'exception de Béjart.

MOLIÈRE.

Hé, de grace, tâchez de vous remettre, prenez courage, je vous prie.

Mademoiselle DU PARC.

Vous devez vous aller excuser.

MOLIÈRE.

Comment m'excuser ?

SCÈNE VI.

MOLIÈRE *et les mêmes acteurs*, UN NÉCESSAIRE.

UN NÉCESSAIRE.

Messieurs, commencez donc.

MOLIÈRE.

Tout-à-l'heure, monsieur. Je crois que je perdrai l'esprit de cette affaire-ci, et....

SCÈNE VII.

MOLIÈRE *et les mêmes acteurs*, UN SECOND NÉCESSAIRE.

LE SECOND NÉCESSAIRE.

Messieurs, commencez donc.

MOLIÈRE.
(à ses camarades.)

Dans un moment, monsieur. Hé quoi donc ! Voulez-vous que j'aie l'affront....

SCÈNE VIII.

MOLIÈRE *et les mêmes acteurs*, UN TROISIÈME NÉCESSAIRE.

LE TROISIÈME NÉCESSAIRE.

Messieurs, commencez donc.

SCÈNE X.
MOLIÈRE.

Oui, monsieur, nous y allons. Hé, que de gens se font de fête, et viennent dire, commencez donc, à qui le roi ne l'a pas commandé !

SCÈNE IX.

MOLIÈRE *et les mêmes acteurs*, UN QUATRIÈME NÉCESSAIRE.

LE QUATRIÈME NÉCESSAIRE.

Messieurs, commencez donc.

MOLIÈRE.
(*à ses camarades.*)

Voilà qui est fait, monsieur. Quoi donc, recevrai-je la confusion ?...

SCÈNE X ET DERNIÈRE.

BÉJART, MOLIÈRE, *et les mêmes acteurs.*

MOLIÈRE.

Monsieur, vous venez pour nous dire de commencer, mais....

BÉJART.

Non, messieurs, je viens pour vous dire qu'on a dit au roi l'embarras où vous vous trouviez, et que, par une bonté toute particulière, il remet votre nouvelle comédie à une autre fois, et se contente pour aujourd'hui, de la première que vous pourrez donner.

MOLIÈRE.

Ah, monsieur, vous me redonnez la vie ! Le roi nous fait la plus grande grace du monde de nous donner du tems, pour ce qu'il a souhaité ; et nous allons tous le remercier des extrêmes bontés qu'il nous fait paroître.

FIN.

LA PRINCESSE

D'ÉLIDE,

COMÉDIE - BALLET.

AVERTISSEMENT.

On n'a pas cru devoir suivre l'ordre des anciennes éditions pour l'impression de la *Princesse d'Elide*. Cette pièce étoit confondue parmi tous les détails des fêtes qui furent données à Versailles en 1664, depuis le 7 mai, jusques et compris le 13 du même mois. Sans priver le public de ces détails qui peuvent être amusans et curieux, on s'est contenté de mettre le tout dans un meilleur ordre. On a aussi changé le titre général de *Plaisirs de l'Isle enchantée*, avec d'autant plus de raison que ce titre ne convient qu'aux trois premières journées, qui seules sont comprises dans ce sujet ; les quatre autres n'y ont aucun rapport, et on y a substitué celui de *Fêtes de Versailles* en 1664.

AVERTISSEMENT

DE L'ÉDITEUR

SUR

LA PRINCESSE D'ÉLIDE.

Cette Comédie-Ballet en cinq actes, avec un Prologue et des Intermèdes, fut jouée pour la première fois à Versailles, le 8 Mai, et sur le théâtre du Palais-Royal, le 9 Octobre 1664.

La superbe fête que Louis XIV, dans son nouveau palais de Versailles, donna à la Reine, sa mère, et à Marie-Thérèse, son épouse, sous le titre *des Plaisirs de l'Isle enchantée*, offrit pendant sept jours tout ce que la magnificence et le bon goût du Prince, le génie et les talens de tous ceux qui le servoient, pouvoient enfanter de plus merveilleux et de plus varié.

L'Italien *Vigarani*, un des plus ingénieux décorateurs et des plus surprenans machinistes qu'on ait vu ; le célèbre Lulli, qui annonça dans cette fête les charmes de sa mélodie ; le président de Périgny, chargé des vers consacrés aux éloges des Reines ; Benserade, si connu par son double talent de lier la louange du personnage dramatique avec celle de l'acteur; Molière enfin, le célèbre Molière, qui fit les honneurs de la seconde journée par *la Princesse d'Élide*, et ceux de la sixième par un essai des trois premiers actes du *Tartufe*; tout cela rendit cette fête une des plus étonnantes que l'Europe ait jamais vues.

Louis XIV n'avoit donné à Molière que très-peu de tems pour le spectacle qu'il lui demandoit, et tous les sujets n'étant pas propres à des fêtes aussi augustes, notre auteur chercha des secours ailleurs que dans ses propres idées.

Ce fut d'*Agostino Moreto*, auteur espagnol très-estimé, qu'il emprunta la fable de *la Princesse d'Élide*, et ce fut une galanterie fine de la part de Molière, de présenter à deux Reines, espagnoles de naissance, l'imitation d'un des meilleurs ouvrages du théâtre de leur nation.

Nous avons déjà dit que Molière étoit incapable d'une imitation servile, et ce fut en homme de génie qu'il évita les fautes et qu'il augmenta les beautés de son original. Cependant, il faut en convenir, le genre sérieux et galant ne fut jamais bien propre au génie de Molière.

La pièce espagnole qui a pour titre *El Desden con El Desden*, dédain pour dédain, est en trois actes, et Molière porta la sienne à cinq, pour en multiplier les divertissemens.

Il fut si pressé, qu'il ne put mettre en vers que le premier acte, et la moitié de la première scène du second; le reste fut dialogué rapidement en prose, et il y a quelques scènes dans les derniers actes où l'on s'aperçoit que Molière écrivit avec une précipitation qui ne permet de traiter les choses, ni avec l'étendue, ni avec la délicatesse qu'elles demanderoient.

M. Louis Riccoboni, dans ses observations sur Molière, au chapitre de l'imitation s'étend beaucoup sur la façon ingénieuse dont Molière enchérit sur son original. Nous croyons devoir y renvoyer le lecteur, pour n'être pas trop long sur un ouvrage qui ne nuisit point à la réputation de Molière, mais qui ne l'augmenta point.

Nous observerons seulement, à l'égard du Prologue et des Intermèdes, que le génie le plus marqué ne dispense personne de tomber dans l'insipidité de ce genre, et que Molière, égal, à cet égard, à nos rimeurs lyriques, écrivit dans son Prologue, que

> Dans l'âge où l'on est aimable,
> Rien n'est si beau que d'aimer.

Et dans le cinquième Intermède, que

> Quelque fort qu'on s'en défende,
> Il y faut venir un jour,
> Qu'il n'est rien qui ne se rende
> Aux doux charmes de l'amour.

Ce sont ces petites maximes plates dont un opéra ne peut se garantir, qui donnèrent de l'humeur à Despréaux contre un genre qui, d'ailleurs, offrit par la suite de grandes beautés sous la plume de Quinault. L'exemple de Molière auroit dû, auprès de cet austère censeur, servir d'excuse pour l'auteur d'*Alceste* et d'*Armide*.

Quelqu'un a mis en vers les quatre actes en prose de *la Princesse d'Élide*, mais les ouvrages les plus foibles des grands hommes gagnent bien rarement à passer par d'autres mains.

Au mois de Juillet 1718, on joua au théâtre Italien une pièce intitulée *les Amours à la chasse*, qui étoit *une mauvaise imitation de la Princesse d'Élide*, à ce que disent les Lettres historiques sur les spectacles de Paris, 1719. Cette pièce étoit précédée du *Défiant*, et l'une et l'autre étoient de M. Coypel.

Cette comédie de Molière, ainsi que sa *Psyché*, furent traduites au commencement de ce siècle par Riccoboni, qui les fit jouer en Italie avant de venir en France.

ACTEURS.

ACTEURS DU PROLOGUE.

L'AURORE.
LYCISCAS, valet de chiens.
TROIS VALETS DE CHIENS, chantans.
VALETS DE CHIENS, dansans.

ACTEURS DE LA COMÉDIE.

IPHITAS, Prince d'Élide, père de la Princesse.
LA PRINCESSE D'ÉLIDE.
EURIALE, Prince d'Ithaque.
ARISTOMÈNE, Prince de Messène.
THÉOCLE, Prince de Pyle.
AGLANTE, cousine de la Princesse.
CINTHIE, cousine de la Princesse.
ARBATE, gouverneur du Prince d'Ithaque.
PHILIS, suivante de la Princesse.
MORON, plaisant de la Princesse.
LYCAS, suivant d'Iphitas.

ACTEURS DES INTERMÈDES.

PREMIER INTERMÈDE.

MORON.
CHASSEURS, dansans.

SECOND INTERMÈDE.

PHILIS.
MORON.
UN SATYRE, chantant.
SATYRES, dansans.

TROISIÈME INTERMÈDE.

PHILIS.
TIRCIS, berger chantant.
MORON.

QUATRIÈME INTERMÈDE.

LA PRINCESSE.
PHILIS.
CLIMÈNE.

CINQUIÈME INTERMÈDE.

BERGERS et BERGÈRES, chantans.
BERGERS et BERGÈRES, dansans.

La scène est en Élide.

LA PRINCESSE D'ÉLIDE.

PROLOGUE.

SCÈNE I.

L'AURORE, LYCISCAS, *et plusieurs autres* VALETS DE CHIENS *endormis et couchés sur l'herbe.*

L'AURORE *chante.*

Quand l'amour à vos yeux offre un choix agréable,
Jeunes beautés, laissez-vous enflammer;
Moquez-vous d'affecter cet orgueil indomptable,
Dont on vous dit qu'il est beau de s'armer.
Dans l'âge où l'on est aimable,
Rien n'est si beau que d'aimer.
Soupirez librement pour un amant fidèle;
Et bravez ceux qui voudront vous blâmer.
Un cœur tendre est aimable, et le nom de cruelle
N'est pas un nom à se faire estimer;
Dans le tems où l'on est belle,
Rien n'est si beau que d'aimer.

PROLOGUE.
SCÈNE II.

LYCISCAS, *et plusieurs* VALETS DE CHIENS *endormis*, TROIS VALETS DE CHIENS *chantans, réveillés par le récit de l'Aurore.*

TOUS TROIS ENSEMBLE *chantent.*

Holà, holà. Debout, debout, debout.
Pour la chasse ordonnée, il faut préparer tout ;
Holà, ho, debout, vite debout.

PREMIER.

Jusqu'aux plus sombres lieux le jour se communique,

DEUXIÈME.

L'air sur les fleurs en perles se résout.

TROISIÈME.

Les rossignols commencent leur musique,
Et leurs petits concerts retentissent partout.

TOUS TROIS ENSEMBLE.

Sus, sus, debout, vite debout.

(*à Lyciscas endormi.*)

Qu'est ceci, Lyciscas ? Quoi, tu ronfles encore ;
Toi, qui promettois tant de devancer l'Aurore ?
Allons, debout, vite debout.
Pour la chasse ordonnée, il faut préparer tout ;
Debout, vite debout, dépêchons, ho, debout.

LYCISCAS *en s'éveillant.*

Par là, morbleu, vous êtes de grands braillards, vous autres, et vous avez la gueule ouverte de grand matin.

TOUS TROIS ENSEMBLE.

Ne vois-tu par le jour qui se répand partout ?
Allons debout, Lyciscas, debout.

LYCISCAS.

Hé, laissez-moi dormir encore un peu, je vous conjure !

TOUS TROIS ENSEMBLE.

Non, non, debout, Lyciscas, debout.

LYCISCAS.

Je ne vous demande plus qu'un petit quart-d'heure.

TOUS TROIS ENSEMBLE.

Point, point, debout, vite debout.

SCÈNE II.
LYCISCAS.
Hé, je vous prie !
TOUS TROIS ENSEMBLE.
Debout.
LYCISCAS.
Un moment
TOUS TROIS ENSEMBLE.
Debout.
LYCISCAS.
De grace.
TOUS TROIS ENSEMBLE.
Debout.
LYCISCAS.
Hé !
TOUS TROIS ENSEMBLE.
Debout.
LYCISCAS.
Je....
TOUS TROIS ENSEMBLE.
Debout.
LYCISCAS.
J'aurai fait incontinent.
TOUS TROIS ENSEMBLE.
Non, non. Debout, Lyciscas, debout.
Pour la chasse ordonnée, il faut préparer tout.
Vite debout, dépêchons, debout.
LYCISCAS.
Hé bien, laissez-moi, je vais me lever ! Vous êtes d'étranges gens de me tourmenter comme cela, vous serez cause que je ne me porterai pas bien de la journée ; car, voyez-vous, le sommeil est nécessaire à l'homme ; et lorsqu'on ne dort pas sa réfection, il arrive... que... on est...

(Il se rendort.)

PREMIER.
Lyciscas.
DEUXIÈME.
Lyciscas.
TROISIÈME.
Lyciscas.
TOUS TROIS ENSEMBLE.
Lyciscas.
LYCISCAS.
Diables soient les brailleurs ! Je voudrois que vous eussiez la gueule pleine de bouillie bien chaude.

PROLOGUE.

TOUS TROIS ENSEMBLE.
Debout, debout.
Vîte debout, dépêchons, debout.
LYCISCAS.
Ah, quelle fatigue de ne pas dormir son saoul!
PREMIER.
Holà, ho.
DEUXIÈME.
Holà, ho.
TROISIÈME.
Ho! ho.
TOUS TROIS ENSEMBLE.
Ho! ho.
LYCISCAS.

Ho, ho! La peste soit des gens avec leurs chiens de hurlemens! Je me donne au diable, si je ne vous assomme. Mais voyez un peu quel diable d'enthousiasme il leur prend, de me venir chanter aux oreilles comme cela. Je...

TOUS TROIS ENSEMBLE.
Debout.
LYCISCAS.
Encore?
TOUS TROIS ENSEMBLE.
Debout.
LYCISCAS.
Que le diable vous emporte!
TOUS TROIS ENSEMBLE.
Debout.
LYCISCAS *en se levant*.

Quoi, toujours? A-t-on jamais vu une pareille furie de chanter? Par la sang-bleu, j'enrage. Puisque me voilà éveillé, il faut que j'éveille les autres, et que je les tourmente comme on m'a fait. Allons ho, messieurs, debout, debout, vîte; c'est trop dormir. Je vais faire un bruit du diable partout.

(*Il crie de toute sa force*.)

Debout, debout, debout. Allons vîte, ho, ho, ho, debout, debout. Pour la chasse ordonnée, il faut préparer tout; debout, debout, Lyciscas debout. Ho, ho, ho, ho, ho.

(*Plusieurs cors et trompes de chasse se font entendre; les valets de chiens que Lyciscas a réveillés dansent une entrée.*)

LA PRINCESSE D'ÉLIDE.

ACTE PREMIER.

SCÈNE I.

EURIALE, ARBATE.

ARBATE.

Ce silence rêveur, dont la sombre habitude
Vous fait à tous momens chercher la solitude ;
Ces longs soupirs que laisse échapper votre cœur,
Et ces fixes regards si chargés de langueur,
Disent beaucoup, sans doute, à des gens de mon âge;
Et je pense, Seigneur, entendre ce langage :
Mais, sans votre congé, de peur de trop risquer,
Je n'ose m'enhardir jusques à l'expliquer.

EURIALE.

Explique, explique, Arbate, avec toute licence
Ces soupirs, ces regards, et ce morne silence.
Je te permets ici de dire que l'amour
M'a rangé sous ses lois, et me brave à son tour ;
Et je consens encor que tu me fasses honte
Des foiblesses d'un cœur qui souffre qu'on le dompte.

ARBATE.

Moi, vous blâmer, Seigneur, des tendres mouvemens
Où je vois qu'aujourd'hui penchent vos sentimens ?
Le chagrin des vieux jours ne peut aigrir mon ame

Contre les doux transports de l'amoureuse flamme;
Et bien que mon sort touche à ses derniers soleils,
Je dirai que l'amour sied bien à vos pareils :
Que ce tribut qu'on rend aux traits d'un beau visage,
De la beauté d'une ame est un clair témoignage,
Et qu'il est mal aisé que, sans être amoureux,
Un jeune prince soit et grand et généreux.
C'est une qualité que j'aime en un monarque ;
La tendresse du cœur est une grande marque
Que d'un prince à votre âge on peut tout présumer,
Dès qu'on voit que son ame est capable d'aimer.
Oui, cette passion, de toutes la plus belle,
Traîne dans un esprit cent vertus après elle ;
Aux nobles actions elle pousse les cœurs,
Et tous les grands héros ont senti ses ardeurs.
Devant mes yeux, Seigneur, a passé votre enfance,
Et j'ai de vos vertus vu fleurir l'espérance ;
Mes regards observoient en vous des qualités
Où je reconnoissois le sang dont vous sortez ;
J'y découvrois un fond d'esprit et de lumière ;
Je vous trouvois bien fait, l'air grand et l'ame fière ;
Votre cœur, votre adresse, éclatoient chaque jour :
Mais je m'inquiétois de ne point voir d'amour ;
Et puisque les langueurs d'une plaie invincible
Nous montrent que votre ame à ses traits est sensible,
Je triomphe, et mon cœur, d'alégresse rempli,
Vous regarde à présent comme un prince accompli.

EURIALE.

Si de l'amour un tems j'ai bravé la puissance,
Hélas, mon cher Arbate, il en prend bien vengeance !
Et, sachant dans quels maux mon cœur s'est abîmé,
Toi-même tu voudrois qu'il n'eût jamais aimé.
Car enfin, vois le sort où mon astre me guide :
J'aime, j'aime ardemment la princesse d'Elide,
Et tu sais que l'orgueil, sous des traits si charmans,
Arme contre l'amour ses jeunes sentimens,
Et comment elle fuit, en cette illustre fête,
Cette foule d'amans qui briguent sa conquête.
Ah ! qu'il est bien peu vrai que ce qu'on doit aimer,

ACTE I. SCÈNE I.

Aussitôt qu'on le voit, prend droit de nous charmer
Et qu'un premier coup-d'œil allume en nous les flammes
Où le ciel, en naissant, a destiné nos ames !
A mon retour d'Argos je passai dans ces lieux,
Et ce passage offrit la princesse à mes yeux ;
Je vis tous les appas dont elle est revêtue,
Mais de l'œil dont on voit une belle statue.
Leur brillante jeunesse observée à loisir
Ne porta dans mon ame aucun secret desir,
Et d'Ithaque en repos je revis le rivage,
Sans m'en être en deux ans rappelé nulle image.
Un bruit vient cependant à répandre à ma cour
Le célèbre mépris qu'elle fait de l'amour ;
On publie en tous lieux que son ame hautaine
Garde pour l'hyménée une invincible haine,
Et qu'un arc à la main, sur l'épaule un carquois,
Comme une autre Diane elle hante les bois,
N'aime rien que la chasse, et de toute la Grèce
Fait soupirer en vain l'héroïque jeunesse.
Admire nos esprits, et la fatalité.
Ce que n'avoient point fait sa vue et sa beauté,
Le bruit de ses fiertés en mon ame fit naître
Un transport inconnu dont je ne fus point maître :
Ce dédain si fameux eut des charmes secrets
A me faire avec soin rappeler tous ses traits ;
Et mon esprit jetant de nouveaux yeux sur elle,
M'en refit une image et si noble et si belle,
Me peignit tant de gloire et de telles douceurs
A pouvoir triompher de toutes ses froideurs,
Que mon cœur, aux brillans d'une telle victoire,
Vit de sa liberté s'évanouir la gloire ;
Contre une telle amorce il eut beau s'indigner,
Sa douceur sur mes sens prit tel droit de régner,
Qu'entraîné par l'effort d'une occulte puissance,
J'ai d'Ithaque en ces lieux fait voile en diligence,
Et je couvre un effet de mes vœux enflammés,
Du desir de paroître à ces jeux renommés,
Où l'illustre Iphitas, père de la princesse,
Assemble la plupart des princes de la Grèce.

ARBATE.

Mais à quoi bon, Seigneur, les soins que vous prenez ?
Et pourquoi ce secret où vous vous obstinez ?
Vous aimez, dites-vous, cette illustre princesse,
Et venez à ses yeux signaler votre adresse ;
Et nuls empressemens, paroles ni soupirs,
Ne l'ont instruite encor de vos brûlans desirs ?
Pour moi, je n'entends rien à cette politique
Qui ne veut point souffrir que votre cœur s'explique ;
Et je ne sais quel fruit peut prétendre un amour
Qui fuit tous les moyens de se produire au jour.

EURIALE.

Et que ferai-je, Arbate, en déclarant ma peine,
Qu'attirer les dédains de cette ame hautaine,
Et me jeter au rang de ces princes soumis,
Que le titre d'amans lui peint en ennemis ?
Tu vois les souverains de Messène et de Pyle
Lui faire de leurs cœurs un hommage inutile,
Et de l'éclat pompeux des plus hautes vertus,
En appuyer en vain les respects assidus :
Ce rebut de leurs soins, sous un triste silence,
Retient de mon amour toute la violence :
Je me tiens condamné dans ces rivaux fameux,
Et je lis mon arrêt au mépris qu'on fait d'eux.

ARBATE.

Et c'est dans ce mépris, et dans cette humeur fière,
Que votre ame à ses vœux doit voir plus de lumière,
Puisque le sort vous donne à conquérir un cœur
Que défend seulement une simple froideur,
Et qui n'oppose point à l'ardeur qui vous presse
De quelqu'attachement l'invincible tendresse.
Un cœur préoccupé résiste puissamment ;
Mais quand une ame est libre, on la force aisément ;
Et toute la fierté de son indifférence
N'a rien dont ne triomphe un peu de patience.
Ne lui cachez donc plus le pouvoir de ses yeux,
Faites de votre flamme un éclat glorieux ;
Et, bien loin de trembler de l'exemple des autres,
Du rebut de leurs vœux enflez l'espoir des vôtres.

ACTE I. SCÈNE I.

Peut-être pour toucher ses sévères appas,
Aurez-vous des secrets que ces princes n'ont pas;
Et, si de ses fiertés l'impérieux caprice
Ne vous fait éprouver un destin plus propice,
Au moins est-ce un bonheur en ces extrémités,
Que de voir avec soi ses rivaux rebutés.

EURIALE.

J'aime à te voir presser cet aveu de ma flamme;
Combattant mes raisons, tu chatouilles mon ame;
Et, parce que j'ai dit, je voulois pressentir
Si de ce que j'ai fait tu pourrois m'applaudir :
Car enfin, puisqu'il faut t'en faire confidence,
On doit à la princesse expliquer mon silence;
Et peut-être, au moment que je t'en parle ici,
Le secret de mon cœur, Arbate, est éclairci.
Cette chasse, où, pour fuir la foule qui l'adore,
Tu sais qu'elle est allée au lever de l'aurore,
Est le tems que Moron, pour déclarer mon feu,
A pris.

ARBATE.

Moron, Seigneur?

EURIALE.

Ce choix t'étonne un peu,
Par son titre de fou tu crois le bien connoître;
Mais sache qu'il l'est moins qu'il ne le veut paroître;
Et que, malgré l'emploi qu'il exerce aujourd'hui,
Il a plus de bon sens que tel qui rit de lui.
La princesse se plaît à ses bouffonneries :
Il s'en est fait aimer par cent plaisanteries,
Et peut, dans cet accès, dire et persuader
Ce que d'autres que lui n'oseroient hasarder;
Je le vois propre enfin à ce que j'en souhaite;
Il a pour moi, dit-il, une amitié parfaite,
Et veut, dans mes états ayant reçu le jour,
Contre tous mes rivaux appuyer mon amour.
Quelque argent mis en main pour soutenir ce zèle...

SCÈNE II.

EURIALE, ARBATE, MORON.

MORON *derrière le théâtre.*

Au secours ! sauvez-moi de la bête cruelle.
    EURIALE.
Je pense ouïr sa voix.
    MORON *derrière le théâtre.*
      A moi, de grace ; à moi.
    EURIALE.
C'est lui-même. Où court-il avec un tel effroi ?
    MORON *entrant sans voir personne.*
Où pourrai-je éviter ce sanglier redoutable ?
Grands Dieux ! préservez-moi de sa dent effroyable !
Je vous promets, pourvu qu'il ne m'attrape pas,
Quatre livres d'encens, et deux veaux des plus gras.
 (*Rencontrant Euriale, que dans sa frayeur il prend pour le*
    sanglier qu'il évite.)
Ah ! je suis mort.
    EURIALE.
  Qu'as-tu ?
    MORON.
      Je vous croyois la bête,
Dont à me diffamer j'ai vu la gueule prête,
Seigneur, et je ne puis revenir de ma peur.
    EURIALE.
Qu'est-ce ?
    MORON.
   Oh, que la princesse est d'une étrange humeur !
Et qu'à suivre la chasse et ses extravagances,
Il nous faut essuyer de sottes complaisances !
Quel diable de plaisir trouvent tous les chasseurs
De se voir exposés à mille et mille peurs ?
Encore si c'étoit qu'on ne fût qu'à la chasse
Des lièvres, des lapins et des jeunes daims, passe ;
Ce sont des animaux d'un naturel fort doux,
Et qui prennent toujours la fuite devant nous.

ACTE I. SCÈNE II.

Mais aller attaquer de ces bêtes vilaines,
Qui n'ont aucun respect pour les faces humaines,
Et qui courent les gens qui les veulent courir ;
C'est un sot passe-tems que je ne puis souffrir.

EURIALE.
Dis-nous donc ce que c'est ?

MORON.
                    Le pénible exercice
Où de notre princesse a volé le caprice !
J'en aurois bien juré qu'elle auroit fait le tour,
Et, la course des chars se faisant en ce jour,
Il falloit affecter ce contre-tems de chasse
Pour mépriser ces jeux avec meilleure grace,
Et faire voir... Mais chut. Achevons mon récit,
Et reprenons le fil de ce que j'avois dit.
Qu'ai-je dit ?

EURIALE.
        Tu parlois d'exercice pénible.

MORON.
Ah, oui. Succombant donc à ce travail horrible,
Car en chasseur fameux j'étois enharnaché,
Et dès le point du jour je m'étois découché ;
Je me suis écarté de tous en galant homme,
Et trouvant un lieu propre à dormir d'un bon somme,
J'essayois ma posture, et m'ajustant bientôt,
Prenois déjà mon ton pour ronfler comme il faut,
Lorsqu'un murmure affreux m'a fait lever la vue,
Et j'ai, d'un vieux buisson de la forêt touffue,
Vu sortir un sanglier d'une énorme grandeur
Pour....

EURIALE.
Qu'est-ce ?

MORON.
           Ce n'est rien. N'ayez point de frayeur,
Mais laissez-moi passer entre vous deux, pour cause,
Je serai mieux en main pour vous conter la chose.
J'ai donc vu ce sanglier, qui par nos gens chassé,
Avoit, d'un air affreux, tout son poil hérissé ;
Ses deux yeux flamboyans ne lançoient que menace,

Et sa gueule faisoit une laide grimace,
Qui, parmi de l'écume, à qui l'osoit presser,
Montroit de certains crocs... je vous laisse à penser.
A ce terrible aspect j'ai ramassé mes armes ;
Mais le faux animal, sans en prendre d'alarmes,
Est venu droit à moi, qui ne lui disois mot.

ARBATE.

Et tu l'as de pied ferme attendu ?

MORON.

Quelque sot...
J'ai jeté tout par terre et couru comme quatre.

ARBATE.

Fuir devant un sanglier, ayant de quoi l'abattre!
Ce trait, Moron, n'est pas généreux....

MORON.

J'y consens ;
Il n'est pas généreux, mais il est de bon sens.

ARBATE.

Mais, par quelques exploits si l'on ne s'éternise...

MORON.

Je suis votre valet. J'aime mieux que l'on dise :
C'est ici qu'en fuyant, sans se faire prier,
Moron sauva ses jours des fureurs d'un sanglier,
Que si l'on y disoit : voilà l'illustre place
Où le brave Moron d'une héroïque audace,
Affrontant d'un sanglier l'impétueux effort,
Par un coup de ses dents vit terminer son sort.

EURIALE.

Fort bien.

MORON.

Oui. J'aime mieux, n'en déplaise à la gloire,
Vivre au monde deux jours, que mille ans dans l'histoire.

EURIALE.

En effet, ton trépas fâcheroit tes amis ;
Mais, si de ta frayeur ton esprit est remis,
Puis-je te demander si du feu qui me brûle...

MORON.

Il ne faut pas, seigneur, que je vous dissimule ;
Je n'ai rien fait encore, et n'ai point rencontré

ACTE I, SCÈNE III.

De tems pour lui parler qui fût selon mon gré.
L'office de bouffon a des prérogatives,
Mais souvent on rabat nos libres tentatives.
Le discours de vos feux est un peu délicat,
Et c'est chez la princesse un affaire d'état.
Vous savez de quel titre elle se glorifie,
Et qu'elle a dans la tête une philosophie
Qui déclare la guerre au conjugal lien,
Et vous traite l'amour de déité de rien.
Pour n'effaroucher point son humeur de tigresse,
Il me faut manier la chose avec adresse;
Car on doit regarder comme l'on parle aux grands,
Et vous êtes par fois d'assez fâcheuses gens.
Laissez-moi doucement conduire cette trame.
Je me sens là pour vous un zèle tout de flamme;
Vous êtes né mon prince, et quelques autres nœuds
Pourroient contribuer au bien que je vous veux.
Ma mère, dans son tems, passoit pour assez belle,
Et naturellement n'étoit pas fort cruelle;
Feu votre père alors, ce prince généreux,
Sur la galanterie étoit fort dangereux;
Et je sais qu'Elpénor qu'on appeloit mon père,
A cause qu'il étoit le mari de ma mère,
Comptoit pour grand honneur aux pasteurs d'aujourd'hui,
Que le prince autrefois étoit venu chez lui,
Et que, durant ce tems, il avoit l'avantage
De se voir salué de tous ceux du village.
Baste. Quoi qu'il en soit, je veux par mes travaux...
Mais voici la princesse et deux de nos rivaux.

SCENE III.

LA PRINCESSE, AGLANTE, CINTHIE, ARISTOMÈNE, THÉOCLE, EURIALE, PHILIS, ARBATE, MORON.

ARISTOMÈNE.

Reprochez-vous, madame, à vos justes alarmes
Ce péril dont tous deux avons sauvé vos charmes?
J'aurois pensé, pour moi, qu'abattre sous nos coups

Ce sanglier qui portoit sa fureur jusqu'à vous,
Etoit une aventure, ignorant votre chasse,
Dont à nos bons destins nous dussions rendre grace ;
Mais à cette froideur, je connois clairement
Que je dois concevoir un autre sentiment,
Et quereller du sort la fatale puissance
Qui me fait avoir part à ce qui vous offense.

THÉOCLE;

Pour moi, je tiens, madame, à sensible bonheur,
L'action où pour vous a volé tout mon cœur,
Et ne puis consentir, malgré votre murmure,
A quereller le sort d'une telle aventure.
D'un objet odieux je sais que tout déplaît ;
Mais, dut votre courroux être plus grand qu'il n'est,
C'est extrême plaisir, quand l'amour est extrême,
De pouvoir d'un péril affranchir ce qu'on aime.

LA PRINCESSE.

Et pensez-vous, Seigneur, puisqu'il me faut parler,
Qu'il eût eu, ce péril, de quoi tant m'ébranler ?
Que l'arc et que le dard, pour moi si pleins de charmes,
Ne soient entre mes mains que d'inutiles armes,
Et que je fasse enfin mes plus fréquens emplois
De parcourir nos monts, nos plaines et nos bois,
Pour n'oser en chassant, concevoir l'espérance
De suffire moi seule à ma propre défense?
Certes, avec le tems, j'aurois bien profité
De ces soins assidus dont je fais vanité,
S'il falloit que mon bras, dans une telle quête,
Ne pût pas triompher d'une chétive bête.
Du moins si pour prétendre à de sensibles coups,
Le commun de mon sexe est trop mal avec vous,
D'un étage plus haut accordez-moi la gloire,
Et me faites tous deux cette grace de croire,
Seigneurs, que, quelque fût le sanglier d'aujourd'hui
J'en ai mis bas, sans vous, de plus méchans que lui.

THEOCLE.

Mais Madame....

LA PRINCESSE.

Hé bien, soit. Je vois que votre envie

ACTE I. SCÈNE IV.

Est de persuader que je vous dois le vie ;
J'y consens. Oui, sans vous, c'étoit fait de mes jours.
Je rends de tout mon cœur grace à ce grand secours ;
Et je vais de ce pas au prince, pour lui dire
Les bontés que pour moi votre amour vous inspire.

SCÈNE IV.

EURIALE, ARBATE, MORON.

MORON.

Hé, a-t-on jamais vu de plus farouche esprit ?
De ce vilain sanglier l'heureux trépas l'aigrit.
Oh ! comme volontiers j'aurois d'un beau salaire
Récompensé tantôt qui m'en eût su défaire !

ARBATE *à Euriale.*

Je vous vois tout pensif, seigneur, de ses dédains ;
Mais ils n'ont rien qui doive empêcher vos desseins.
Son heure doit venir, et c'est à vous, possible,
Qu'est réservé l'honneur de la rendre sensible.

MORON.

Il faut qu'avant la course elle apprenne vos feux.
Et je...

EURIALE.

Non, ce n'est plus, Moron, ce que je veux ;
Garde-toi de rien dire, et me laisse un peu faire ;
J'ai résolu de prendre un chemin tout contraire.
Je vois trop que son cœur s'obstine à dédaigner
Tous ces profonds respects qui pensent la gagner ;
Et le Dieu qui m'engage à soupirer pour elle,
M'inspire pour la vaincre une adresse nouvelle.
Oui, c'est lui d'où me vient ce soudain mouvement,
Et j'en attends de lui l'heureux événement.

ARBATE.

Peut-on savoir, seigneur, par où votre espérance...

EURIALE.

Tu le vas voir. Allons ; et garde le silence.

MORON.

Jusqu'au revoir.

PREMIER INTERMÈDE.

SCÈNE I.

MORON.

Pour moi, je reste ici, et j'ai une petite conversation à faire avec ces arbres et ces rochers.

Bois, prés, fontaines, fleurs, qui voyez mon teint blême,
Si vous ne le savez, je vous apprends que j'aime.
      Philis est l'objet charmant
      Qui tient mon cœur à l'attache,
      Et je devins son amant
      La voyant traire une vache.
Ses doigts tous pleins de lait, et plus blancs mille fois,
Pressoient les bouts du pis, d'une grace admirable.
      Ouf! cette idée est capable
      De me réduire aux abois.
      Ah, Philis, Philis, Philis!

SCÈNE II.

MORON, UN ÉCHO.

L'ÉCHO.

Philis.

MORON.

Ah!

L'ÉCHO.

Ah!

MORON.

Hem.

L'ÉCHO.

Hem.

I. INTERMÈDE. SCÈNE II.

MORON.

Ah! Ah!

L'ÉCHO.

Ah!

MORON.

Hi! Hi!

L'ÉCHO.

Hi.

MORON.

Oh.

L'ÉCHO.

Oh.

MORON.

Oh.

L'ÉCHO.

Oh.

MORON.

Voilà un écho qui est bouffon.

L'ÉCHO.

On.

MORON.

Hon.

L'ÉCHO.

Hon.

MORON.

Ah !

L'ÉCHO.

Ah !

MORON.

Hu.

L'ÉCHO.

Hu.

MORON.

Voilà un écho qui est bouffon.

SCÈNE III.

MORON, *apercevant un ours qui vient à lui.*

Ah, monsieur l'ours, je suis votre serviteur de tout mon

cœur. De grace, épargnez-moi. Je vous assure que je ne vaux rien du tout à manger, je n'ai que la peau et les os, et je vois de certaines gens là-bas qui seroient bien mieux votre affaire. Hé, hé, hé! monseigneur, tout doux, s'il vous plaît.

(*Il caresse l'ours, et tremble de frayeur.*)

La, la, la, la. Ah! monseigneur, que votre altesse est jolie et bien faite! Elle a tout-à-fait l'air galant et la taille la plus mignonne du monde. Ah! beau poil, belle tête, beaux yeux brillans et bien fendus! Ah! beau petit nez! Belle petite bouche! Petites quenottes jolies! Ah! belle gorge! Belles petites menotes! petits ongles bien faits!

(*L'ours se lève sur ses pattes de derrière.*)

A l'aide! au secours! je suis mort! Miséricorde! Pauvre Moron! Ah, mon Dieu! Hé, vîte, à moi, je suis perdu.

(*Moron monte sur un arbre.*)

SCÈNE IV.

MORON, CHASSEURS.

MORON, *monté sur un arbre, aux chasseurs.*

Hé, messieurs, ayez pitié de moi.

(*Les chasseurs combattent l'ours.*)

Bon, messieurs, tuez-moi ce vilain animal-là. O ciel, daigne les assister! Bon. Le voilà qui fuit. Le voilà qui s'arrête, et qui se jette sur eux. Bon, en voilà un qui vient de lui donner un coup dans la gueule. Les voilà tous à l'entour de lui. Courage, ferme, allons, mes amis. Bon, poussez fort, encore. Ah, le voilà qui est à terre, c'en est fait, il est mort! Descendons maintenant pour lui donner cent coups.

(*Moron descend de l'arbre.*)

Serviteur, messieurs, je vous rends grace de m'avoir délivré de cette bête. Maintenant que vous l'avez tué, je m'en vais l'achever, et en triompher avec vous.

(*Moron donne mille coups à l'ours qui est mort.*)

ENTRÉE DE BALLET.

Les chasseurs dansent pour témoigner leur joie d'avoir remporté la victoire.

ACTE II.

SCÈNE I.

LA PRINCESSE, AGLANTE, CINTHIE, PHILIS.

LA PRINCESSE.

Oui, j'aime à demeurer dans ces paisibles lieux ;
On n'y découvre rien qui n'enchante les yeux ;
Et de tous nos palais la savante structure
Cède aux simples beautés qu'y forme la nature.
Ces arbres, ces rochers, cette eau, ces gazons frais,
Ont pour moi des appas à ne lasser jamais.

AGLANTE.

Je chéris comme vous ces retraites tranquilles,
Où l'on se vient sauver de l'embarras des villes.
De mille objets charmans ces lieux sont embellis ;
Et ce qui doit surprendre, est qu'aux portes d'Elis
La douce passion de fuir la multitude
Rencontre une si belle et vaste solitude.
Mais, à vous dire vrai, dans ces jours éclatans
Vos retraites ici me semblent hors de tems,
Et c'est fort maltraiter l'appareil magnifique
Que chaque prince a fait pour la fête publique.
Ce spectacle pompeux de la course des chars
Devoit bien mériter l'honneur de vos regards.

LA PRINCESSE.

Quel droit ont-ils chacun d'y vouloir ma présence,
Et que dois-je après tout, à leur magnificence ?
Ce sont soins que produit l'ardeur de m'acquérir,
Et mon cœur est le prix qu'ils veulent tous courir.
Mais, quelque espoir qui flatte un projet de la sorte,
Je me tromperai fort, si pas un d'eux l'emporte.

CINTHIE.

Jusques à quand ce cœur veut-il s'effaroucher
Des innocens desseins qu'on a de le toucher,
Et regarder les soins que pour vous on se donne,
Comme autant d'attentats contre votre personne ?
Je sais qu'en défendant le parti de l'amour,
On s'expose chez vous à faire mal sa cour ;
Mais ce que par le sang j'ai l'honneur de vous être,
S'oppose aux duretés que vous faites paroître,
Et je ne puis nourrir d'un flatteur entretien
Vos résolutions de n'aimer jamais rien.
Est-il rien de plus beau que l'innocente flamme
Qu'un mérite éclatant allume dans une ame !
Et seroit-ce un bonheur de respirer le jour,
Si d'entre les mortels on bannissoit l'amour ?
Non, non, tous les plaisirs se goûtent à le suivre ;
Et, vivre sans aimer, n'est pas proprement vivre.

AVIS.

Le dessein de l'auteur étoit de traiter toute la comédie en vers. Mais un commandement du Roi qui pressa cette affaire, l'obligea d'achever le reste en prose, et de passer légèrement sur plusieurs scènes, qu'il auroit étendues davantage, s'il avoit eu plus de loisir.

AGLANTE.

Pour moi, je tiens que cette passion est la plus agréable affaire de la vie ; qu'il est nécessaire d'aimer pour vivre heureusement, et que tous les plaisirs sont fades, s'il ne s'y mêle un peu d'amour.

ACTE II. SCÈNE I.

LA PRINCESSE.

Pouvez-vous bien toutes deux, étant ce que vous êtes, prononcer ces paroles ? et ne devez-vous pas rougir d'appuyer une passion qui n'est qu'erreur, que foiblesse et qu'emportement, et dont tous les désordres ont tant de répugnance avec la gloire de notre sexe ? J'en prétends soutenir l'honneur jusqu'au dernier moment de ma vie, et ne veux point du tout me commettre à ces gens qui font les esclaves auprès de nous, pour devenir un jour nos tyrans. Toutes ces larmes, tous ces soupirs, tous ces hommages, tous ces respects, sont des embûches qu'on tend à notre cœur, et qui souvent l'engagent à commettre des lâchetés. Pour moi, quand je regarde certains exemples, et les bassesses épouvantables où cette passion ravale les personnes sur qui elle étend sa puissance, je sens tout mon cœur qui s'émeut ; et je ne puis souffrir qu'une ame, qui fait profession d'un peu de fierté, ne trouve pas une honte horrible à de telles foiblesses.

CINTHIE.

Hé ! madame, il est de certaines foiblesses qui ne sont point honteuses, et qu'il est beau même d'avoir dans les plus hauts degrés de gloire. J'espère que vous changerez un jour de pensée ; et, s'il plaît au ciel, nous verrons votre cœur avant qu'il soit peu...

LA PRINCESSE.

Arrêtez. N'achevez pas ce souhait étrange. J'ai une horreur trop invincible pour ces sortes d'abaissemens ; et, si jamais j'étois capable d'y descendre, je serois personne, sans doute, à ne me le point pardonner.

AGLANTE.

Prenez garde, madame. L'amour sait se venger des mépris que l'on fait de lui, et peut-être....

LA PRINCESSE.

Non, non. Je brave tous ses traits ; et le grand pouvoir qu'on lui donne n'est rien qu'une chimère, et qu'une excuse des foibles cœurs, qui le font invincible pour autoriser leur foiblesse.

CINTHIE.

Mais enfin, toute la terre reconnoît sa puissance, et vous voyez que les dieux mêmes sont assujettis à son empire. On nous fait voir que Jupiter n'a pas aimé pour une fois, et que Diane même, dont vous affectez tant l'exemple, n'a pas rougi de pousser des soupirs d'amour.

LA PRINCESSE.

Les creyances publiques sont toujours mêlées d'erreur. Les dieux ne sont point faits comme les fait le vulgaire ; et c'est leur manquer de respect que de leur attribuer les foiblesses des hommes.

SCÈNE II.

LA PRINCESSE, AGLANTE, CINTHIE, PHILIS, MORON.

AGLANTE.

Viens, approche, Moron, viens nous aider à défendre l'amour contre les sentimens de la princesse.

LA PRINCESSE.

Voilà votre parti fortifié d'un grand défenseur.

MORON.

Ma foi, madame, je crois qu'après mon exemple il n'y a plus rien à dire, et qu'il ne faut plus mettre en doute le pouvoir de l'amour. J'ai bravé ses armes assez long-tems, et fait de mon drôle comme un autre ; mais enfin ma fierté a baissé l'oreille,

(*Il montre Philis.*)

et vous avez une traîtresse qui m'a rendu plus doux qu'un agneau. Après cela on ne doit plus faire aucun scrupule d'aimer; et, puisque j'ai bien passé par là, il peut bien y en passer d'autres.

CINTHIE.

Quoi, Moron se mêle d'aimer ?

MORON.

Fort bien.

CINTHIE.

Et de vouloir être aimé ?

MORON.

Et pourquoi non ? Est-ce qu'on n'est pas assez bien fait pour cela ? Je pense que ce visage est assez passable, et que, pour le bel air, Dieu merci, nous ne le cédons à personne.

CINTHIE.

Sans doute, on auroit tort....

SCÈNE III.

LA PRINCESSE, AGLANTE, CINTHIE, PHILIS, MORON, LYCAS.

LYCAS.

Madame, le prince votre père vient vous trouver ici, et conduit avec lui les princes de Pyle et d'Ithaque, et celui de Messène.

LA PRINCESSE.

O ciel! que prétend-il faire en me les amenant? Auroit-il résolu ma perte, et voudroit-il bien me forcer au choix de quelqu'un d'eux?

SCÈNE IV.

IPHITAS, EURIALE, ARISTOMENE, THÉOCLE, LA PRINCESSE, AGLANTE, CINTHIE, PHILIS, MORON.

LA PRINCESSE à *Iphitas*.

Seigneur, je vous demande la licence de prévenir par deux paroles la déclaration des pensées que vous pouvez avoir. Il y a deux vérités, seigneur, aussi constantes l'une que l'autre, et dont je puis vous assurer également; l'une, que vous avez un absolu pouvoir sur moi, et que vous ne sauriez m'ordonner rien où je ne réponde aussitôt par une obéissance aveugle; l'autre, que je regarde l'hyménée ainsi que le trépas, et qu'il m'est impossible de forcer cette aversion naturelle. Me donner un mari, et me donner la mort, c'est une même chose; mais votre volonté va la première, et mon obéissance m'est bien plus chère que ma vie. Après cela, parlez, seigneur, prononcez librement ce que vous voulez.

IPHITAS.

Ma fille, tu as tort de prendre de telles alarmes, et je me plains de toi, qui peux mettre dans ta pensée que je sois assez mauvais père pour vouloir faire violence à tes sentimens, et me servir tyranniquement de la puissance que le ciel me donne sur toi. Je souhaite, à la vérité, que ton cœur puisse aimer quelqu'un. Tous mes vœux seroient satisfaits, si cela pouvoit arriver : et je n'ai proposé les fêtes et les jeux que je fais célébrer ici, qu'afin d'y pouvoir attirer tout ce que la Grèce a d'illustre; et que parmi cette noble jeunesse, tu puisses enfin rencontrer où arrêter tes yeux et déterminer tes pensées. Je ne demande, dis-je, au ciel autre bonheur que celui de te voir un époux. J'ai, pour obtenir cette grace, fait encore ce matin un sacrifice à Vénus; et, si je sais bien expliquer le langage des dieux, elle m'a promis un miracle. Mais, quoi qu'il en soit, je veux en user avec toi en père qui chérit sa fille. Si tu trouves où attacher tes vœux, ton choix sera le mien, et je ne considérerai ni intérêt d'état, ni avantages d'alliance; si ton cœur demeure insensible, je n'entreprendrai point de le forcer : mais au moins sois complaisante aux civilités qu'on te rend, et ne m'oblige point à faire les excuses de ta froideur. Traite ces princes avec l'estime que tu leur dois, reçois avec reconnoissance les témoignages de leur zèle, et viens voir cette course où leur adresse va paroître.

THÉOCLE à la Princesse.

Tout le monde va faire des efforts pour remporter le prix de cette course. Mais, à vous dire vrai, j'ai peu d'ardeur pour la victoire, puisque ce n'est pas votre cœur qu'on y doit disputer.

ARISTOMÈNE.

Pour moi, madame, vous êtes le seul prix que je me propose partout. C'est vous que je crois disputer dans ces combats d'adresse, et je n'aspire maintenant à remporter l'honneur de cette course, que pour obtenir un degré de gloire qui m'approche de votre cœur.

EURIALE.

Pour moi, madame, je n'y vais point du tout avec cette pensée. Comme j'ai fait toute ma vie profession de ne rien aimer, tous les soins que je prends ne vont point où tendent les autres. Je n'ai aucune prétention sur votre cœur, et le seul honneur de la course est tout l'avantage où j'aspire.

SCÈNE V.

LA PRINCESSE, AGLANTE, CINTHIE, PHILIS, MORON.

LA PRINCESSE.

D'où sort cette fierté où l'on ne s'attendoit point? Princesses, que dites-vous de ce jeune prince? Avez-vous remarqué de quel ton il l'a pris?

AGLANTE.

Il est vrai que cela est un peu fier.

MORON *à part*.

Ah! quelle brave botte il vient là de lui porter!

LA PRINCESSE.

Ne trouvez-vous pas qu'il y auroit plaisir d'abaisser son orgueil, et de soumettre un peu ce cœur qui tranche tant du brave?

CINTHIE.

Comme vous êtes accoutumée à ne jamais recevoir que des hommages et des adorations de tout le monde, un compliment pareil au sien doit vous surprendre, à la vérité.

LA PRINCESSE.

Je vous avoue que cela m'a donné de l'émotion, et que je souhaiterois fort de trouver les moyens de châtier cette hauteur. Je n'avois pas beaucoup d'envie de me trouver à cette course, mais j'y veux aller exprès, et employer toute chose pour lui donner de l'amour.

CINTHIE.

Prenez garde, madame. L'entreprise est périlleuse; et, lorsqu'on veut donner de l'amour, on court risque d'en recevoir.

LA PRINCESSE.

Ah, n'appréhendez rien, je vous prie! Allons, je vous réponds de moi.

SECOND INTERMÈDE.

SCÈNE I.

PHILIS, MORON.

MORON.

Philis, demeure ici.

PHILIS.

Non, laisse-moi suivre les autres.

MORON.

Ah, cruelle, si c'étoit Tircis qui t'en priât, tu demeurerois bien vîte.

PHILIS.

Cela se pourroit faire, et je demeure d'accord que je trouve bien mieux mon compte avec l'un qu'avec l'autre; car il me divertit avec sa voix, et toi, tu m'étourdis de ton caquet. Lorsque tu chanteras aussi bien que lui, je te promets de t'écouter.

MORON.

Hé, demeure un peu !

PHILIS.

Je ne saurois.

MORON.

De grace.

PHILIS.

Point, te dis-je.

MORON *retenant Philis*.

Je ne te laisserai point aller...

PHILIS.

Ah, que de façons !

MORON.

Je ne te demande qu'un moment à être avec toi.

PHILIS.

Hé bien, oui, j'y demeurerai, pourvu que tu me promettes une chose.

MORON.

Et quelle?

PHILIS.

De ne me parler point du tout.

MORON.

Hé, Philis.

PHILIS.

A moins que de cela, je ne demeurerai point avec toi.

MORON.

Veux-tu me....

PHILIS.

Laisse-moi aller.

MORON.

Hé bien, oui, demeure. Je ne te dirai mot.

PHILIS.

Prends-y bien garde au moins, car, à la moindre parole, je prends la fuite.

MORON.

Soit.

(*Après avoir fait une scène de gestes.*)

Ah, Philis!... Hé....

SCÈNE II.

MORON seul.

ELLE s'enfuit, et je ne saurois l'attraper. Voilà ce que c'est. Si je savois chanter, j'en ferois bien mieux mes affaires. La plupart des femmes aujourd'hui se laissent prendre par les oreilles; elles sont cause que tout le monde se mêle de musique, et l'on ne réussit auprès d'elles que par les petites chansons, et les petits vers qu'on leur fait entendre. Il faut que j'apprenne à chanter pour faire comme les autres. Bon. Voici justement mon homme.

SCÈNE III.

UN SATYRE, MORON.

LE SATYRE *chante*.

La, la, la.

MORON.

Ah, Satyre, mon ami, tu sais bien ce que tu m'as promis, il y a long-tems. Apprends-moi à chanter, je te prie.

LE SATYRE *en chantant*.

Je le veux. Mais auparavant, écoute une chanson que je viens de faire.

MORON *bas à part*.

Il est si accoutumé à chanter, qu'il ne sauroit parler d'autre
(*haut*.)
façon. Allons, chante, j'écoute.

LE SATYRE *chante*.

Je portois....

MORON.

Une chanson, dis-tu?

LE SATYRE.

Je port....

MORON.

Une chanson à chanter?

LE SATYRE.

Je port....

MORON.

Chanson amoureuse? Peste!

LE SATYRE.

 Je portois dans une cage
 Deux moineaux que j'avois pris,
 Lorsque la jeune Cloris
 Fit, dans un sombre bocage,
 Briller, à mes yeux surpris,
 Les fleurs de son beau visage.
Hélas, dis-je aux moineaux, en recevant les coups
De ses yeux si savans à faire des conquêtes,
 Consolez-vous, pauvres petites bêtes,
Celui qui vous a pris est bien plus pris que vous.

II. INTERMÈDE. SCÈNE III.

Moron demande au Satyre une chanson plus passionnée, et le prie de lui dire celle qu'il lui avoit ouï chanter quelques jours auparavant.

LE SATYRE *chante.*

Dans vos chants si doux
Chantez à ma belle,
Oiseaux, chantez tous
Ma peine mortelle.
Mais, si la cruelle
Se met en courroux
Au récit fidèle
Des maux que je sens pour elle,
Oiseaux, taisez-vous.

MORON.

Ah, qu'elle est belle ! Apprends-la moi.

LE SATYRE.

La, la, la, la.

MORON.

La, la, la, la.

LE SATYRE.

Fa, fa, fa, fa.

MORON.

Fat, toi-même.

ENTRÉE DE BALLET.

Le Satyre en colère menace Moron, et plusieurs Satyres dansent une entrée plaisante.

ACTE III.

SCÈNE I.

LA PRINCESSE, AGLANTE, CINTHIE, PHILIS.

CINTHIE.

Il est vrai, madame, que ce jeune prince a fait voir une adresse non commune, et que l'air dont il a paru, a quelque chose de surprenant. Il sort vainqueur de cette course. Mais je doute fort qu'il en sorte avec le même cœur qu'il y a porté ; car enfin vous lui avez tiré des traits dont il est difficile de se défendre ; et, sans parler de tout le reste, la grace de votre danse et la douceur de votre voix ont eu des charmes aujourd'hui à toucher les plus insensibles.

LA PRINCESSE.

Le voici qui s'entretient avec Moron ; nous saurons un peu de quoi il lui parle. Ne rompons point encore leur entretien, et prenons cette route pour revenir à leur rencontre.

SCÈNE II.

EURIALE, ARBATE, MORON.

EURIALE.

Ah, Moron, je te l'avoue ! J'ai été enchanté, et jamais tant de charmes n'ont frappé tout ensemble mes yeux et mes oreilles. Elle est adorable en tout tems, il est vrai ; mais ce moment l'a emporté sur tous les autres, et des graces nouvelles ont redoublé l'éclat de ses beautés. Jamais son visage ne s'est paré de plus vives couleurs, ni ses yeux ne se sont armés de traits plus vifs et plus perçans. La douceur de sa voix a voulu se faire paroître dans un air tout charmant qu'elle a daigné chanter; et les sons merveilleux qu'elle formoit, passoient jusqu'au fond de mon ame, et tenoient tous mes sens dans un ravissement à ne pouvoir en revenir. Elle a fait éclater ensuite une disposition toute divine, et ses pieds amoureux sur l'émail d'un tendre gazon, traçoient d'aimables caractères qui m'enlevoient hors de moi-même, et m'attachoient par des nœuds invincibles aux doux et justes mouvemens dont tout son corps suivoit les mouvemens de l'harmonie. Enfin, jamais ame n'a eu de plus puissantes émotions que la mienne, et j'ai pensé plus de vingt fois oublier ma résolution pour me jeter à ses pieds, et lui faire un aveu sincère de l'ardeur que je sens pour elle.

MORON.

Donnez-vous-en bien garde, seigneur, si vous m'en voulez croire. Vous avez trouvé la meilleure invention du monde, et je me trompe fort si elle ne vous réussit. Les femmes sont des animaux d'un naturel bizarre; nous les gâtons par nos douceurs; et je crois tout de bon que nous les verrions nous courir, sans tous ces respects et ces soumissions où les hommes les acoquinent.

ARBATE.

Seigneur, voici la princesse qui s'est un peu éloignée de sa suite.

MORON.

Demeurez ferme, au moins, dans le chemin que vous avez pris. Je m'en vais voir ce qu'elle me dira. Cependant promenez-vous ici dans ces petites routes, sans faire aucun semblant d'avoir envie de la joindre; et, si vous l'abordez, demeurez avec elle le moins qu'il vous sera possible.

SCÈNE III.
LA PRINCESSE, MORON.

LA PRINCESSE.

Tu as donc familiarité, Moron, avec le prince d'Ithaque?

MORON.

Ah, madame, il y a long-tems que nous nous connoissons!

LA PRINCESSE.

D'où vient qu'il n'est pas venu jusqu'ici, et qu'il a pris cette autre route quand il m'a vue?

MORON.

C'est un homme bizarre, qui ne se plaît qu'à entretenir ses pensées.

LA PRINCESSE.

Étois-tu tantôt au compliment qu'il m'a fait?

MORON.

Oui, madame, j'y étois; et je l'ai trouvé un peu impertinent, n'en déplaise à sa principauté.

LA PRINCESSE.

Pour moi, je le confesse, Moron, cette fuite m'a choquée, et j'ai toutes les envies du monde de l'engager pour rabattre un peu son orgueil.

MORON.

Ma foi, madame, vous ne feriez pas mal, il le mériteroit bien ; mais, à vous dire vrai, je doute fort que vous y puissiez réussir.

LA PRINCESSE.

Comment?

MORON.

Comment? C'est le plus orgueilleux petit vilain que vous ayiez jamais vu. Il lui semble qu'il n'y a personne au monde qui le mérite, et que la terre n'est pas digne de le porter.

LA PRINCESSE.

Mais encore, ne t'a-t-il point parlé de moi?

MORON.

Lui? Non.

ACTE III. SCÈNE IV.

LA PRINCESSE.

Il ne t'a rien dit de ma voix et de ma danse?

MORON.

Pas le moindre mot.

LA PRINCESSE.

Certes, ce mépris est choquant, et je ne puis souffrir cette hauteur étrange de ne rien estimer.

MORON.

Il n'estime et n'aime que lui.

LA PRINCESSE.

Il n'y a rien que je ne fasse pour le soumettre comme il faut.

MORON.

Nous n'avons point de marbre dans nos montagnes qui soit plus dur et plus insensible que lui.

LA PRINCESSE.

Le voilà.

MORON.

Voyez-vous comme il passe, sans prendre garde à vous?

LA PRINCESSE.

De grace, Moron, va le faire aviser que je suis ici, et l'oblige à me venir aborder.

SCÈNE IV.

LA PRINCESSE, EURIALE, ARBATE, MORON.

MORON *allant au-devant d'Euriale, et lui parlant bas.*

Seigneur, je vous donne avis que tout va bien. La princesse souhaite que vous l'abordiez : mais songez bien à continuer votre rôle ; et, de peur de l'oublier, ne soyez pas long-tems avec elle.

LA PRINCESSE.

Vous êtes bien solitaire, seigneur; et c'est une humeur bien extraordinaire que la vôtre, de renoncer ainsi à notre sexe, et de fuir à votre âge cette galanterie dont se piquent tous vos pareils.

EURIALE.

Cette humeur, madame, n'est pas si extraordinaire qu'on n'en trouvât des exemples sans aller loin d'ici, et vous ne sauriez condamner la résolution que j'ai prise de n'aimer jamais rien, sans condamner aussi vos sentimens.

LA PRINCESSE.

Il y a grande différence; et ce qui sied bien à un sexe, ne sied pas bien à l'autre. Il est beau qu'une femme soit insensible, et conserve son cœur exempt des flammes de l'amour; mais ce qui est vertu en elle, devient un crime dans un homme; et comme la beauté est le partage de notre sexe, vous ne sauriez ne nous point aimer, sans nous dérober les hommages qui nous sont dûs, et commettre une offense dont nous devons toutes nous ressentir.

EURIALE.

Je ne vois pas, madame, que celles qui ne veulent point aimer, doivent prendre aucun intérêt à ces sortes d'offenses.

LA PRINCESSE.

Ce n'est pas une raison, Seigneur; et, sans vouloir aimer, on est toujours bien aise d'être aimée.

EURIALE.

Pour moi, je ne suis pas de même; et dans le dessein où je suis de ne rien aimer, je serois fâché d'être aimé.

LA PRINCESSE.

Et la raison?

EURIALE.

C'est qu'on a obligation à ceux qui nous aiment, et que je serois fâché d'être ingrat.

LA PRINCESSE.

Si bien donc que, pour fuir l'ingratitude, vous aimeriez qui vous aimeroit.

EURIALE.

Moi, madame? Point du tout. Je dis bien que je serois fâché d'être ingrat; mais je me résoudrois plutôt de l'être, que d'aimer.

LA PRINCESSE.

Telle personne vous aimeroit peut-être, que votre cœur...

EURIALE.

Non, madame. Rien n'est capable de toucher mon cœur. Ma

liberté est la seule maîtresse à qui je consacre mes vœux ; et quand le ciel emploieroit ses soins à composer une beauté parfaite ; quand il assembleroit en elle tous les dons les plus merveilleux et du corps et de l'ame ; enfin, quand il exposeroit à mes yeux un miracle d'esprit, d'adresse et de beauté, et que cette personne m'aimeroit avec toutes les tendresses imaginables, je vous l'avoue franchement, je ne l'aimerois pas.

LA PRINCESSE *à part.*

A-t-on jamais rien vu de tel ?

MORON *à la Princesse.*

Peste soit du petit brutal ! J'aurois bien envie de lui bailler un coup de poing.

LA PRINCESSE *à part.*

Cet orgueil me confond ; et j'ai un tel dépit, que je ne me sens pas.

MORON *bas au Prince.*

Bon. Courage, seigneur. Voilà qui va le mieux du monde.

EURIALE *bas à Moron.*

Ah, Moron, je n'en puis plus ! et je me suis fait des efforts étranges.

LA PRINCESSE *à Euriale.*

C'est avoir une insensibilité bien grande, que de parler comme vous faites.

EURIALE.

Le ciel ne m'a pas fait d'une autre humeur. Mais, madame, j'interromps votre promenade, et mon respect doit m'avertir que vous aimez la solitude.

SCÈNE V.

LA PRINCESSE, MORON.

MORON.

Il ne vous en doit rien, madame, en dureté de cœur.

LA PRINCESSE.

Je donnerois volontiers tout ce que j'ai au monde, pour avoir l'avantage d'en triompher.

MORON.

Je le crois.

LA PRINCESSE.

Ne pourrois-tu pas, Moron, me servir dans un tel dessein ?

MORON.

Vous savez bien, madame, que je suis tout à votre service.

LA PRINCESSE.

Parle-lui de moi dans tes entretiens ; vante-lui adroitement ma personne, et les avantages de ma naissance ; et tâche d'ébranler ses sentimens par la douceur de quelque espoir. Je te permets de dire tout ce tu voudras pour tâcher à me l'engager.

MORON.

Laissez-moi faire.

LA PRINCESSE.

C'est une chose qui me tient au cœur. Je souhaite ardemment qu'il m'aime.

MORON.

Il est bien fait, oui, ce petit pendard là ; il a bon air, bonne physionomie ; et je crois qu'il seroit assez le fait d'une jeune princesse.

LA PRINCESSE.

Enfin, tu peux tout espérer de moi, si tu trouves moyen d'enflammer pour moi son cœur.

MORON.

Il n'y a rien qui ne se puisse faire. Mais, madame, s'il venoit à vous aimer, que feriez-vous, s'il vous plaît ?

LA PRINCESSE.

Ah, ce seroit lors que je prendrois plaisir à triompher pleinement de sa vanité, à punir son mépris par mes froideurs, et à exercer sur lui toutes les cruautés que je pourrois imaginer.

MORON.

Il ne se rendra jamais.

LA PRINCESSE.

Ah ! Moron, il faut faire ensorte qu'il se rende.

MORON.

Non. Il n'en fera rien. Je le connois, ma peine seroit inutile.

LA PRINCESSE.

Si faut-il pourtant tenter toute chose, et éprouver si son ame est entièrement insensible. Allons. Je veux lui parler, et suivre une pensée qui vient de me venir.

TROISIÈME INTERMÈDE.

SCÈNE I.
PHILIS, TIRCIS.

PHILIS.

Viens, Tircis. Laissons-les aller, et me dis un peu ton martyre de la façon que tu sais faire. Il y a long-tems que tes yeux me parlent ; mais je suis plus aise d'ouïr ta voix.

TIRCIS *chante.*

Tu m'écoutes, hélas, dans ma triste langueur !
Mais je n'en suis pas mieux, ô beauté sans pareille !
  Et je touche ton oreille,
  Sans que je touche ton cœur.

PHILIS.

Va, va, c'est déjà quelque chose que de toucher l'oreille, et le tems amène tout. Chante-moi cependant quelque plainte nouvelle que tu ayes composée pour moi.

SCÈNE II.
MORON, PHILIS, TIRCIS.

MORON.

Au, ah, je vous y prends, cruelle ! Vous vous écartez des autres pour ouïr mon rival !

PHILIS.

Oui, je m'écarte pour cela. Je te le dis encore, je me plais avec lui, et l'on écoute volontiers les amans lorsqu'ils se plaignent aussi agréablement qu'il fait. Que ne chantes-tu comme lui ? Je prendrois plaisir à t'écouter.

MORON.
Si je ne sais chanter, je sais faire autre chose ; et quand....
PHILIS.
Tais-toi. Je veux l'entendre. Dis, Tircis, ce que tu voudras.
MORON.
Ah, cruelle !...
PHILIS.
Silence, dis-je, ou je me mettrai en colère.
TIRCIS *chante*.
Arbres épais, et vous, prés émaillés,
La beauté dont l'hiver vous avoit dépouillés,
Par le printems vous est rendue.
Vous reprenez tous vos appas ;
Mais mon ame ne reprend pas
La joie, hélas, que j'ai perdue !
MORON.
Morbleu, que n'ai-je de la voix ! Ah, nature marâtre ! Pourquoi ne m'as-tu pas donné de quoi chanter comme à un autre ?
PHILIS.
En vérité, Tircis, il ne se peut rien de plus agréable, et tu l'emportes sur tous les rivaux que tu as.
MORON.
Mais pourquoi est-ce que je ne puis pas chanter ? N'ai-je pas un estomac, un gosier, une langue comme un autre ? Oui, oui, allons. Je veux chanter aussi, et te montrer que l'amour fait faire toutes choses. Voici une chanson que j'ai faite pour toi.
PHILIS.
Oui, dis. Je veux bien t'écouter pour la rareté du fait.
MORON.
Courage, Moron. Il n'y a qu'à avoir de la hardiesse.
(*Il chante.*)
Ton extrême rigueur
S'acharne sur mon cœur.
Ah, Philis, je trépasse ;
Daigne me secourir,
En seras-tu plus grasse
De m'avoir fait mourir ?
Vivat, Moron.

III. INTERMÈDE. SCÈNE II.

PHILIS.

Voilà qui est le mieux du monde. Mais, Moron, je souhaiterois bien d'avoir la gloire que quelque amant fût mort pour moi. C'est un avantage dont je n'ai pas encore joui, et je trouve que j'aimerois de tout mon cœur une personne qui m'aimeroit assez pour se donner la mort.

MORON.

Tu aimerois une personne qui se tueroit pour toi ?

PHILIS.

Oui.

MORON.

Il ne faut que cela pour te plaire ?

PHILIS.

Non.

MORON.

Voilà qui est fait. Je veux te montrer que je me sais tuer quand je veux.

TIRCIS *chante*.

Ah, quelle douceur extrême,
De mourir pour ce qu'on aime !

MORON *à Tircis*.

C'est un plaisir que vous aurez quand vous voudrez.

TIRCIS *chante*.

Courage, Moron. Meurs promptement
En généreux amant.

MORON *à Tircis*.

Je vous prie de vous mêler de vos affaires, et de me laisser tuer à ma fantaisie. Allons. Je vais faire honte à tous les amans.

(*à Philis*.)

Tiens, je ne suis pas homme à faire tant de façons. Vois ce poignard. Prends bien garde comme je vais me percer le cœur. Je suis votre serviteur. Quelque niais....

PHILIS.

Allons, Tircis. Viens-t-en me redire à l'écho ce que tu m'as chanté.

ACTE IV.

SCÈNE I.

LA PRINCESSE, EURIALE, MORON.

LA PRINCESSE.

Prince, comme jusqu'ici nous avons fait paroître une conformité de sentimens, et que le ciel a semblé mettre en nous, mêmes attachemens pour notre liberté, et même aversion pour l'amour, je suis bien aise de vous ouvrir mon cœur, et de vous faire confidence d'un changement dont vous serez surpris. J'ai toujours regardé l'hymen comme une chose affreuse, et j'avois fait serment d'abandonner plutôt la vie, que de me résoudre jamais à perdre cette liberté, pour qui j'avois des tendresses si grandes; mais enfin, un moment a dissipé toutes ces résolutions. Le mérite d'un prince m'a frappé aujourd'hui les yeux; et mon ame tout d'un coup, comme par un miracle, est devenue sensible aux traits de cette passion que j'avois toujours méprisée. J'ai trouvé d'abord des raisons pour autoriser ce changement, et je puis l'appuyer de ma volonté de répondre aux ardentes sollicitations d'un père, et aux vœux de tout un Etat; mais, à vous dire vrai, je suis en peine du jugement que vous ferez de moi, et je voudrois savoir si vous condamnerez, ou non, le dessein que j'ai de me donner un époux.

EURIALE.

Vous pourriez faire un tel choix, madame, que je l'approuverois sans doute.

LA PRINCESSE.

Qui croyez-vous, à votre avis, que je veuille choisir?

EURIALE.

Si j'étois dans votre cœur, je pourrois vous le dire; mais, comme je n'y suis pas, je n'ai garde de vous répondre.

ACTE IV. SCÈNE I.

LA PRINCESSE.

Devinez pour voir, et nommez quelqu'un.

EURIALE.

J'aurois trop peur de me tromper.

LA PRINCESSE.

Mais encore, pour qui souhaiteriez-vous que je me déclarasse ?

EURIALE.

Je sais bien, à vous dire vrai, pour qui je le souhaiterois ; mais, avant que de m'expliquer, je dois savoir votre pensée.

LA PRINCESSE

Hé bien, prince, je veux bien vous la découvrir. Je suis sûre que vous allez approuver mon choix ; et, pour ne vous point tenir en suspens davantage, le prince de Messène est celui de qui le mérite s'est attiré mes vœux.

EURIALE *à part*.

O ciel !

LA PRINCESSE *bas à Moron*.

Mon invention a réussi, Moron. Le voilà qui se trouble.

MORON *à la Princesse*.

Bon, madame. (*au Prince.*) Courage, seigneur. (*à la Princesse.*) Il en tient. (*au Prince.*) Ne vous défaites pas.

LA PRINCESSE *à Euriale*.

Ne trouvez-vous pas que j'ai raison, et que ce prince a tout le mérite qu'on peut avoir ?

MORON *bas au Prince*.

Remettez-vous et songez à répondre.

LA PRINCESSE.

D'où vient, prince, que vous ne dites mot, et semblez interdit ?

EURIALE.

Je le suis, à la vérité ; et j'admire, madame, comme le ciel a pu former deux ames aussi semblables en tout que les nôtres, deux ames en qui l'on ait vu une plus grande conformité de sentimens, qui aient fait éclater dans le même tems une résolution à braver les traits de l'amour, et qui, dans le même moment, aient fait paroître une égale facilité à perdre le nom d'insensibles. Car enfin, madame, puisque votre exemple m'autorise, je ne feindrai point de vous dire que l'amour aujourd'hui s'est rendu maître de mon cœur, qu'une des princesses vos cousines, l'aimable et belle Aglante, a renversé d'un coup-d'œil tous les projets de ma fierté. Je suis ravi, madame, que par cette égalité de défaite, nous n'ayons rien à nous reprocher l'un à l'autre; et je ne doute point que, comme je vous loue infiniment de votre choix, vous n'approuviez aussi le mien. Il faut que ce miracle éclate aux yeux de tout le monde, et nous ne devons point différer à nous rendre tous deux contens. Pour moi, madame, je vous sollicite de vos suffrages, pour obtenir celle que je souhaite, et vous trouverez bon que j'aille de ce pas en faire la demande au prince vôtre père.

MORON *bas à Euriale.*

Ah digne, ah brave cœur !

SCÈNE II.

LA PRINCESSE, MORON.

LA PRINCESSE.

Ah, Moron, je n'en puis plus; et ce coup, que je n'attendois pas, triomphe absolument de toute ma fermeté.

MORON.

Il est vrai que ce coup est surprenant ; et j'avois cru d'abord que votre stratagème avoit fait son effet.

LA PRINCESSE.

Ah, ce m'est un dépit à me désespérer, qu'une autre ait l'avantage de soumettre ce cœur que je voulois soumettre.

SCÈNE III.

LA PRINCESSE, AGLANTE, MORON.

LA PRINCESSE.

Princesse, j'ai à vous prier d'une chose qu'il faut absolument que vous m'accordiez. Le prince d'Ithaque vous aime, et veut vous demander au prince mon père.

AGLANTE.

Le prince d'Ithaque, madame ?

LA PRINCESSE.

Oui. Il vient de m'en assurer lui-même, et m'a demandé mon suffrage pour vous obtenir ; mais je vous conjure de rejeter cette proposition, et de ne point prêter l'oreille à tout ce qu'il pourra vous dire.

AGLANTE.

Mais, madame, s'il étoit vrai que ce prince m'aimât effectivement, pourquoi, n'ayant aucun dessein de vous engager, ne voudriez-vous pas souffrir....

LA PRINCESSE.

Non, Aglante. Je vous le demande. Faites-moi ce plaisir, je vous prie, et trouvez bon que, n'ayant pu avoir l'avantage de le soumettre, je lui dérobe la joie de vous obtenir.

AGLANTE.

Madame, il faut vous obéir ; mais je croirois que la conquête d'un tel cœur ne seroit pas une victoire à dédaigner.

LA PRINCESSE.

Non, non ; il n'aura pas la joie de me braver entièrement.

SCÈNE IV.

LA PRINCESSE, ARISTOMÈNE, AGLANTE, MORON.

ARISTOMÈNE.

Madame, je viens à vos pieds rendre grace à l'amour de mes heureux destins, et vous témoigner, avec mes transports, le ressentiment où je suis des bontés surprenantes dont vous daignez favoriser le plus soumis de vos captifs.

LA PRINCESSE.

Comment ?

ARISTOMÈNE.

Le prince d'Ithaque, madame, vient de m'assurer, tout-à-l'heure, que votre cœur avoit eu la bonté de s'expliquer en ma faveur, sur ce célèbre choix qu'attend toute la Grèce.

LA PRINCESSE.

Il vous a dit qu'il tenoit cela de ma bouche ?

ARISTOMÈNE.

Oui, madame.

LA PRINCESSE.

C'est un étourdi; et vous êtes un peu trop crédule, prince, d'ajouter foi si promptement à ce qu'il vous a dit. Une pareille nouvelle mériteroit bien, ce me semble, qu'on en doutât un peu de tems; et c'est tout ce que vous pourriez faire de la croire, si je vous l'avois dite moi-même.

ARISTOMÈNE.

Madame, si j'ai été trop prompt à me persuader....

LA PRINCESSE.

De grace, prince, brisons-la ce discours, et, si vous voulez m'obliger, souffrez que je puisse jouir de deux momens de solitude.

SCÈNE V.

LA PRINCESSE, AGLANTE, MORON.

LA PRINCESSE.

Ah, qu'en cette aventure, le ciel me traite avec une rigueur étrange! Au moins, princesse, souvenez-vous de la prière que je vous ai faite.

AGLANTE.

Je vous l'ai dit déjà, madame, il faut vous obéir.

SCÈNE VI.

LA PRINCESSE, MORON.

MORON.

Mais, madame, s'il vous aimoit, vous n'en voudriez point; et cependant vous ne voulez pas qu'il soit à une autre. C'est faire justement comme le chien du jardinier.

LA PRINCESSE.

Non, je ne puis souffrir qu'il soit heureux avec une autre; et, si la chose étoit, je crois que j'en mourrois de déplaisir.

MORON.

Ma foi, madame, avouons la dette. Vous voudriez qu'il fût à vous; et, dans toutes vos actions, il est aisé de voir que vous aimez un peu ce jeune prince.

ACTE IV. SCÈNE VII.

LA PRINCESSE.

Moi, je l'aime ? O ciel ! Je l'aime ? Avez-vous l'insolence de prononcer ces paroles ? Sortez de ma vue, impudent, et ne vous présentez jamais devant moi.

MORON.

Madame....

LA PRINCESSE.

Retirez-vous d'ici, vous dis-je, ou je vous en ferai retirer d'une autre manière.

MORON *bas à part.*

Ma foi, son cœur en a sa provision, et....

(*Il rencontre un regard de la Princesse, qui l'oblige à se retirer.*)

SCÈNE VII.

LA PRINCESSE *seule.*

De quelle émotion inconnue sens-je mon cœur atteint ? Et quelle inquiétude secrette est venue troubler tout d'un coup la tranquillité de mon ame ? Ne seroit-ce point aussi ce qu'on vient de me dire ? et sans en rien savoir, n'aimerois-je point ce jeune prince ? Ah, si cela étoit, je serois personne à me désespérer ! mais il est impossible que cela soit, et je vois bien que je ne puis pas l'aimer. Quoi, je serois capable de cette lâcheté ? J'ai vu toute la terre à mes pieds avec la plus grande insensibilité du monde ; les respects, les hommages et les soumissions n'ont jamais pu toucher mon ame, et la fierté et le dédain en auroient triomphé ? J'ai méprisé tous ceux qui m'ont aimée, et j'aimerois le seul qui me méprise ? Non, non, je sais bien que je ne l'aime pas. Il n'y a pas de raison à cela. Mais si ce n'est pas de l'amour, que ce que je sens maintenant, qu'est-ce donc que ce peut être ? Et d'où vient ce poison qui me court par toutes les veines, et ne me laisse point en repos avec moi-même ? Sors de mon cœur, qui que tu sois, ennemi qui te caches. Attaque-moi visiblement, et deviens à mes yeux la plus affreuse bête de tous nos bois, afin que mon dard et mes flèches me puissent défaire de toi.

QUATRIÈME INTERMÈDE.

SCÈNE I.

LA PRINCESSE.

O vous, admirables personnes, qui, par la douceur de vos chants, avez l'art d'adoucir les plus fâcheuses inquiétudes, approchez-vous d'ici, de grace ; et tâchez de charmer, avec votre musique, le chagrin où je suis.

SCÈNE II.

LA PRINCESSE, CLIMÈNE, PHILIS.

CLIMÈNE *chante*.

Chère Philis, dis-moi, que crois-tu de l'amour ?

PHILIS *chante*.

Toi-même, qu'en crois-tu, ma compagne fidelle ?

CLIMÈNE.

On m'a dit que sa flamme est pire qu'un vautour,
Et qu'on souffre, en aimant, une peine cruelle.

PHILIS.

On m'a dit qu'il n'est point de passion plus belle,
Et que ne pas aimer, c'est renoncer au jour.

CLIMÈNE.

A qui des deux donnerons-nous victoire ?

PHILIS.

Qu'en croirons-nous, ou le mal, ou le bien ?

TOUTES DEUX ENSEMBLE.

Aimons, c'est le vrai moyen
De savoir ce qu'on en doit croire.

PHILIS.

Cloris vante partout l'amour et ses ardeurs.

CLIMÈNE.
Amarante pour lui verse en tous lieux des larmes.
PHILIS.
Si de tant de tourmens il accable les cœurs,
D'où vient qu'on aime à lui rendre les armes?
CLIMÈNE.
Si sa flamme, Philis, est si pleine de charmes,
Pourquoi nous défend-ton d'en goûter les douceurs?
PHILIS.
A qui des deux donnerons-nous victoire?
CLIMÈNE.
Qu'en croirons-nous, ou le mal, ou le bien?
TOUTES DEUX ENSEMBLE.
Aimons, c'est le vrai moyen
De savoir ce qu'on en doit croire.
LA PRINCESSE.

Achevez seules, si vous voulez. Je ne saurois demeurer en repos; et, quelques douceurs qu'aient vos chants, ils ne font que redoubler mon inquiétude.

ACTE V.

SCÈNE I.

IPHITAS, EURIALE, AGLANTE, CINTHIE, MORON.

MORON à *Iphitas.*

Oui, seigneur, ce n'est point raillerie, j'en suis ce qu'on appelle disgracié. Il m'a fallu tirer mes chausses au plus vîte, et jamais vous n'avez vu un emportement plus brusque que le sien.

IPHITAS à *Euriale.*

Ah, prince, que je devrai de graces à ce stratagême amoureux, s'il faut qu'il ait trouvé le secret de toucher son cœur !

EURIALE.

Quelque chose, seigneur, que l'on vienne de vous en dire, je n'ose encore, pour moi, me flatter de ce doux espoir : mais enfin, si ce n'est pas à moi trop de témérité que d'oser aspirer à l'honneur de votre alliance, si ma personne et mes états....

IPHITAS.

Prince, n'entrons point dans ces complimens. Je trouve en vous de quoi remplir tous les souhaits d'un père ; et, si vous avez le cœur de ma fille, il ne vous manque rien.

SCÈNE II.

LA PRINCESSE, IPHITAS, EURIALE, AGLANTE, CINTHIE, MORON.

LA PRINCESSE.

O ciel, que vois-je ici ?

IPHITAS à *Euriale.*

Oui, l'honneur de votre alliance m'est d'un prix très-considérable, et je souscris aisément de tous mes suffrages à la demande que vous me faites.

LA PRINCESSE à *Iphitas.*

Seigneur, je me jette à vos pieds pour vous demander une grace. Vous m'avez toujours témoigné une tendresse extrême, et je crois vous devoir bien plus par les bontés que vous m'avez fait voir, que par le jour que vous m'avez donné. Mais, si jamais vous avez eu de l'amitié pour moi, je vous en demande aujourd'hui la plus sensible preuve que vous me puissiez accorder ; c'est de n'écouter point, seigneur, la demande de ce prince, et de ne pas souffrir que la princesse Aglante soit unie avec lui.

IPHITAS.

Et par quelle raison, ma fille, voudrois-tu t'opposer à cette union ?

LA PRINCESSE.

Par la raison que je hais ce prince, et que je veux, si je puis, traverser ses desseins.

ACTE V. SCÈNE II.

IPHITAS.

Tu le hais, ma fille?

LA PRINCESSE.

Oui, et de tout mon cœur, je vous l'avoue.

IPHITAS.

Et que t'a-t-il fait?

LA PRINCESSE.

Il m'a méprisée.

IPHITAS.

Et comment?

LA PRINCESSE.

Il ne m'a pas trouvée assez bien faite pour m'adresser ses vœux.

IPHITAS.

Et quelle offense te fait cela? Tu ne veux accepter personne.

LA PRINCESSE.

N'importe. Il me devoit aimer comme les autres, et me laisser au moins la gloire de le refuser. Sa déclaration me fait un affront; et ce m'est une honte sensible, qu'à mes yeux, et au milieu de votre cour, il ait recherché une autre que moi.

IPHITAS.

Mais quel intérêt dois-tu prendre à lui?

LA PRINCESSE.

J'en prends, seigneur, à me venger de son mépris; et comme je sais bien qu'il aime Aglante avec beaucoup d'ardeur, je veux empêcher, s'il vous plaît, qu'il soit heureux avec elle.

IPHITAS.

Cela te tient donc bien au cœur?

LA PRINCESSE.

Oui, seigneur, sans doute; et, s'il obtient ce qu'il demande, vous me verrez expirer à vos yeux.

IPHITAS.

Va, va, ma fille, avoue franchement la chose. Le mérite de ce prince t'a fait ouvrir les yeux, et tu l'aimes enfin, quoi que tu puisses dire.

LA PRINCESSE.

Moi, seigneur?

IPHITAS.

Oui, tu l'aimes.

LA PRINCESSE.

Je l'aime, dites-vous, et vous m'imputez cette lâcheté? O ciel, quelle est mon infortune! Puis-je bien, sans mourir, entendre ces paroles? et faut-il que je sois si malheureuse, qu'on me soupçonne de l'aimer? Ah, si c'étoit un autre que vous, seigneur, qui me tînt ce discours, je ne sais pas ce que je ne ferois point!

IPHITAS.

Hé bien, oui, tu ne l'aimes pas. Tu le hais, j'y consens, et je veux bien, pour te contenter, qu'il n'épouse pas la princesse Aglante.

LA PRINCESSE.

Ah, seigneur, vous me donnez la vie!

IPHITAS.

Mais, afin d'empêcher qu'il ne puisse être jamais à elle, il faut que tu le prennes pour toi.

LA PRINCESSE.

Vous vous moquez, seigneur, et ce n'est pas ce qu'il demande.

EURIALE.

Pardonnez-moi, madame, je suis assez téméraire pour cela, et je prends à témoin le prince votre père, si ce n'est pas vous que j'ai demandée. C'est trop vous tenir dans l'erreur, il faut lever le masque, et, dussiez-vous vous en prévaloir contre moi, découvrir à vos yeux les véritables sentimens de mon cœur; je n'ai jamais aimé que vous, et jamais je n'aimerai que vous. C'est vous, madame, qui m'avez enlevé cette qualité d'insensible que j'avois toujours affectée; et tout ce que j'ai pu vous dire, n'a été qu'une feinte qu'un mouvement secret m'a inspirée, et que je n'ai suivie qu'avec toutes les violences imaginables. Il falloit qu'elle cessât bientôt, sans doute, et je m'étonne seulement qu'elle ait pu durer la moitié d'un jour; car enfin, je mourois, je brûlois dans l'ame, quand je vous déguisois mes sentimens, et jamais cœur n'a souffert une contrainte égale à la mienne. Que si cette feinte, madame, a quelque chose qui vous offense, je suis tout prêt de mourir pour vous en venger; vous n'avez qu'à parler, et ma main, sur-le-champ, fera gloire d'exécuter l'arrêt que vous prononcerez.

ACTE V. SCÈNE III.

LA PRINCESSE.

Non, non, prince, je ne vous sais pas mauvais gré de m'avoir abusée; et tout ce que vous m'avez dit, je l'aime bien mieux une feinte, que non pas une vérité.

IPHITAS.

Si bien donc, ma fille, que tu veux bien accepter ce prince pour époux?

LA PRINCESSE.

Seigneur, je ne sais pas encore ce que je veux. Donnez-moi le tems d'y songer, je vous prie, et m'épargnez un peu la confusion où je suis.

IPHITAS.

Vous jugez, prince, ce que cela veut dire, et vous vous pouvez fonder là-dessus.

EURIALE.

Je l'attendrai tant qu'il vous plaira, madame, cet arrêt de ma destinée; et, s'il me condame à la mort, je le suivrai sans murmure.

IPHITAS.

Viens, Moron. C'est ici un jour de paix, et je te remets en grace avec la princesse.

MORON.

Seigneur, je serai meilleur courtisan une autre fois, et je me garderai bien de dire ce que je pense.

SCÈNE III.

ARISTOMÈNE, THÉOCLE, IPHITAS, LA PRINCESSE, EURIALE, AGLANTE, CINTHIE, MORON.

IPHITAS *aux princes de Messène et de Pyle.*

Je crains bien, princes, que le choix de ma fille ne soit pas en votre faveur; mais voilà deux princesses qui peuvent bien vous consoler de ce petit malheur.

ARISTOMÈNE.

Seigneur, nous savons prendre notre parti; et si ces aimables princesses n'ont point trop de mépris pour des cœurs qu'on a rebutés, nous pouvons revenir par elles à l'honneur de votre alliance.

SCÈNE IV ET DERNIÈRE.

IPHITAS, LA PRINCESSE, AGLANTE, CINTHIE, PHILIS, EURIALE, ARISTOMÈNE, THÉOCLE, MORON.

PHILIS *à Iphitas.*

Seigneur, la déesse Vénus vient d'annoncer partout le changement du cœur de la princesse. Tous les pasteurs et toutes les bergères en témoignent leur joie par des danses et des chansons; et, si ce n'est point un spectacle que vous méprisiez, vous allez voir l'alégresse publique se répandre jusqu'ici.

CINQUIEME INTERMEDE.

BERGERS ET BERGÈRES.

QUATRE BERGERS ET DEUX BERGÈRES, *alternativement avec le chœur.*

Usez mieux, ô beautés fières,
Du pouvoir de tout charmer;
Aimez, aimables bergères,
Nos cœurs sont faits pour aimer.
Quelque fort qu'on s'en défende,
Il y faut venir un jour;
Il n'est rien qui ne se rende
Aux doux charmes de l'amour.

Songez de bonne heure à suivre
Le plaisir de s'enflammer;
Un cœur ne commence à vivre,
Que du jour qu'il sait aimer.
Quelque fort qu'on s'en défende,
Il y faut venir un jour;
Il n'est rien qui ne se rende
Aux doux charmes de l'amour.

ENTRÉE DE BALLET.

Quatre Bergers et quatre Bergères dansent sur le chant du chœur.

FIN.

LES FÊTES DE VERSAILLES,
EN 1664.

Le roi voulant donner aux reines et à toute sa cour le plaisir de quelques fêtes peu communes, dans un lieu orné de tous les agrémens qui peuvent faire admirer une maison de campagne, choisit Versailles, à quatre lieues de Paris. C'est un château qu'on peut nommer un palais enchanté, tant les ajustemens de l'art ont bien secondé les soins que la nature a pris pour le rendre parfait. Il charme de toutes manières, tout y rit dehors et dedans ; l'or et le marbre y disputent de beauté et d'éclat ; et, quoiqu'il n'y ait pas cette grande étendue qui se remarque en quelques autres palais de Sa Majesté, toutes choses y sont si polies, si bien entendues et si bien achevées, que rien ne les peut égaler. Sa symétrie, la richesse de ses meubles, la beauté de ses promenades, et le nombre infini de ses fleurs, comme de ses orangers, rendent les environs de ce lieu digne de sa rareté singulière. La diversité des bêtes contenues dans les deux parcs et dans la ménagerie, où plusieurs cours en étoiles sont accompagnées de viviers pour les animaux aquatiques, avec de grands bâtimens, joignent le plaisir avec la magnificence, et en font une maison accomplie.

PREMIÈRE JOURNÉE.

LES PLAISIRS
DE
L'ISLE ENCHANTÉE.

Ce fut en ce beau lieu, où toute la cour se rendit le cinquième mai, que le roi traita plus de six cents personnes, jusqu'au quatorzième, outre une infinité de gens nécessaires à la danse et à la comédie, et d'artisans de toutes sortes venus de Paris ; si bien que cela paroissoit une petite armée.

Le ciel même sembla favoriser les desseins de Sa Majesté, puisqu'en une saison presque toujours pluvieuse, on en fut quitte pour un peu de vent, qui sembla n'avoir augmenté, qu'afin de faire voir que la prévoyance et la puissance du roi étoient à l'épreuve des plus grandes incommodités. De hautes toiles, des bâtimens de bois faits presque en un instant, et un nombre prodigieux de flambeaux de cire blanche, pour suppléer à plus de quatre mille bougies chaque journée, résistèrent à ce vent, qui, partout ailleurs, eût rendu ces divertissemens comme impossibles à achever.

M. de Vigarani, gentilhomme Modénois, fort savant en toutes ces choses, inventa et proposa celles-ci ; et le roi commanda au duc de Saint-Aignan, qui se trouva lors en fonction de premier gentilhomme de sa chambre, et qui avoit déjà donné plusieurs sujets de ballets fort agréables, de faire un dessin où elles fussent toutes comprises avec liaison et avec ordre, de sorte qu'elles ne pouvoient manquer de bien réussir.

Il prit pour sujet le palais d'Alcine, qui donna lieu au titre des Plaisirs de l'Isle enchantée ; puisque, selon l'Arioste, le brave Roger et plusieurs autres bons chevaliers y furent retenus par les doubles charmes de la beauté, quoiqu'empruntée, et du savoir de cette magicienne, et en furent délivrés après beaucoup de tems consommé dans les délices, par la bague qui détruisoit les enchantemens. C'étoit celle d'Angélique, que Mélisse, sous la forme du vieux Atlas, mit enfin au doigt de Roger.

On fit donc en peu de jours orner un rond, où quatre grandes allées aboutissent entre de hautes palissades, de quatre portiques de trente-cinq pieds d'élévation et de vingt-deux en quarré d'ouverture, et de plusieurs festons enrichis d'or et de diverses peintures, avec les armes de Sa Majesté.

Toute la cour s'y étant placée le septième, il entra dans la place sur les six heures du soir un héraut d'armes, représenté par M. des Barbins, vêtu d'un habit à l'antique, couleur de feu en broderie en argent, et fort bien monté.

Il étoit suivi de trois pages. Celui du roi, (M. d'Artagnan) marchoit à la tête des deux autres, fort richement habillé de couleur de feu, livrée de Sa Majesté, portant sa lance et son écu, dans lequel brilloit un soleil de pierreries, avec ces mots:

Nec cesso, nec erro.

faisant allusion à l'attachement de Sa Majesté aux affaires de son État, et à la manière avec laquelle il agit. Ce qui étoit encore représenté par ces quatre vers du président de Périgni, auteur de la même devise:

Ce n'est pas sans raison que la terre et les cieux
Ont tant d'étonnement pour un objet si rare,
Qui, dans son cours pénible, autant que glorieux,
Jamais ne se repose, et jamais ne s'égare.

Les deux autres pages étoient aux ducs de Saint-Aignan et de Noailles; le premier, maréchal de camp, et l'autre, juge des courses.

Celui du duc de Saint-Aignan portoit l'écu de sa devise, et étoit habillé de sa livrée de toile d'argent enrichie d'or, avec des plumes incarnates et noires, et les rubans de même. Sa devise étoit un timbre d'horloge, avec ces mots:

De mis golpes mi Ruido.

Le page du duc de Noailles étoit vêtu de couleur de feu, argent et noir, et le reste de la livrée semblable. La devise qu'il portoit dans son écu étoit un aigle, avec ces mots:

Fidelis et audax.

Quatre trompettes et deux timbaliers marchoient après ces pages, habillés de satin couleur de feu et argent, leurs plumes de la même livrée, et les caparaçons de leurs chevaux couverts d'une pareille broderie, avec des soleils d'or fort éclatans aux banderolles des trompettes, et aux couvertures des timbales.

Le duc de Saint-Aignan, maréchal de camp, marchoit après eux, armé à la Grecque, d'une cuirasse de toile d'argent, couverte de petites écailles d'or, aussi bien que son bas de soie; et son casque étoit orné d'un dragon et d'un grand nombre de plumes blanches, mêlées d'incarnat et de noir. Il montoit un cheval blanc, bardé de même, et représentoit Guidon le sauvage.

Pour le duc de Saint-Aignan, représentant Guidon le sauvage.

Les combats que j'ai faits en l'Isle dangereuse,
Quand de tant de guerriers je demeurai vainqueur,
Suivis d'une épreuve amoureuse,
Ont signalé ma force aussi bien que mon cœur.
La vigueur qui fait mon estime,
Soit qu'elle embrasse un parti légitime,
Ou qu'elle vienne à s'échapper,
Fait dire pour ma gloire, aux deux bouts de la terre,
Qu'on n'en voit point, en toute guerre,
Ni plus souvent, ni mieux frapper.

Pour le même.

Seul contre dix guerriers, seul contre dix pucelles,
C'est avoir sur les bras deux étranges querelles.
Qui sort à son honneur de ce double combat,
Doit être, ce me semble, un terrible soldat.

Huit trompettes et deux timbaliers, vêtus comme les premiers, marchoient après le maréchal de camp.

Le roi, représentant Roger, les suivoit, montant un des plus beaux chevaux du monde, dont le harnois, couleur de feu, éclatoit d'or, d'argent et de pierreries.

Sa Majesté étoit armée à la façon des Grecs, comme tous ceux de sa quadrille, et portoit une cuirasse de lames d'argent, couverte d'une riche broderie d'or et de diamans. Son port et toute son action étoient dignes de son rang; son casque, tout couvert de plumes couleur de feu, avoit une grace incomparable; et jamais un air plus libre, ni plus guerrier, n'a mis un mortel au-dessus des autres hommes.

Pour le roi, représentant Roger.

Quelle taille, quel port a ce fier conquérant !
Sa personne éblouit quiconque l'examine.
Et, quoique par son poste il soit déjà si grand,
Quelque chose de plus éclate dans sa mine.
Son front, de ses destins est l'auguste garant,
Par-delà ses aïeux sa vertu l'achemine,
Il fait qu'on les oublie; et de l'air qu'il s'y prend,
Bien loin derrière lui laisse son origine.
De ce cœur généreux c'est l'ordinaire emploi
D'agir plus volontiers pour autrui que pour soi ;
Là principalement sa force est occupée :
Il efface l'éclat des héros anciens,
N'a que l'honneur en vue, et ne tire l'épée
Que pour des intérêts qui ne sont pas les siens.

Le duc de Noailles, juge du camp, sous le nom d'Oger le Danois, marchoit après le roi, portant la couleur de feu et le noir sous une riche broderie d'argent; et ses plumes, aussi bien que tout le reste de son équipage, étoient de cette même livrée.

Pour le duc de Noailles, juge du camp, représentant Oger le Danois.

<blockquote>
Ce paladin s'applique à cette seule affaire,
De servir dignement le plus puissant des rois.
Comme, pour bien juger, il faut savoir bien faire,
Je doute que personne appelle de sa voix.
</blockquote>

Le duc de Guise et le comte d'Armagnac marchoient ensemble après lui. Le premier, portant le nom d'Aquilant le noir, avec un habit de cette couleur en broderie d'or et de jais; ses plumes, son cheval et sa lance assortissoient à sa livrée : et l'autre, représentant Griffon le blanc, portoit sur un habit de toile d'argent plusieurs rubis, et montoit un cheval blanc bardé de la même couleur.

Pour le duc de Guise, représentant Aquilant le noir.

<blockquote>
La nuit a ses beautés, de même que le jour.
Le noir est ma couleur, je l'ai toujours aimée;
Et, si l'obscurité convient à mon amour,
Elle ne s'étend pas jusqu'à ma renommée.
</blockquote>

Pour le comte d'Armagnac, représentant Griffon le blanc.

<blockquote>
Voyez quelle candeur en moi le ciel a mis,
Aussi nulle beauté ne s'en verra trompée;
Et, quand il sera tems d'aller aux ennemis,
C'est où je me ferai tout blanc de mon épée.
</blockquote>

Les ducs de Foix et de Coaslin, qui paroissoient ensuite, étoient vêtus, l'un d'incarnat avec or et argent, et l'autre de vert, blanc et argent. Toute leur livrée et leurs chevaux étoient dignes du reste de leur équipage.

Pour le duc de Foix, représentant Renaud.

Il porte un nom célèbre, il est jeune, il est sage,
A vous dire le vrai, c'est pour aller bien haut ;
Et c'est un grand bonheur que d'avoir, à son âge,
La chaleur nécessaire, et le flegme qu'il faut.

Pour le duc de Coaslin, représentant Dudon.

Trop avant dans la gloire on ne peut s'engager.
J'aurai vaincu sept rois, et, par mon grand courage,
Les verrai tous soumis au pouvoir de Roger,
Que je ne serai pas content de mon ouvrage.

Après eux, marchoient le comte du Lude et le prince de Marsillac ; le premier vêtu d'incarnat et blanc, et l'autre de jaune, blanc et noir, enrichis de broderie d'argent ; leur livrée de même, et fort bien montés.

Pour le comte du Lude, représentant Astolphe.

De tous les paladins qui sont dans l'univers,
Aucun n'a pour l'amour l'ame plus échauffée ;
Entreprenant toujours mille projets divers,
Et toujours enchanté par quelque jeune fée.

Pour le prince de Marsillac, représentant Brandimar.

Mes vœux seront contens, mes souhaits accomplis,
Et ma bonne fortune à son comble arrivée,
Quand vous saurez mon zèle, aimable fleur de lis
Au milieu de mon cœur profondément gravée.

Les marquis de Villequier et de Soyecourt marchoient ensuite. L'un portoit le bleu et argent, et l'autre le bleu, blanc et noir, avec or et argent ; leurs plumes, et les harnois de leurs chevaux étoient de la même couleur, et d'une pareille richesse.

Pour le marquis de Villequier, représentant Richardet.

Personne, comme moi, n'est sorti galamment
D'une intrigue où, sans doute, il falloit quelque adresse;
Personne, à mon avis, plus agréablement
N'est demeuré fidèle en trompant sa maîtresse.

Pour le marquis de Soyecourt, représentant Olivier.

Voici l'honneur du siècle, auprès de qui nous sommes,
Et même les géans, de médiocres hommes;
Et ce franc chevalier, à tout venant tout prêt,
Toujours pour quelque joûte a la lance en arrêt.

Les marquis d'Humières et de la Vallière les suivoient. Le premier portant le couleur de chair et argent, l'autre le gris de lin, blanc et argent, toute leur livrée étant la plus riche et la mieux assortie du monde.

Pour le marquis d'Humières, représentant Ariodant.

Je tremble dans l'accès de l'amoureuse fièvre,
Ailleurs, sans vanité, je ne tremblai jamais,
Et ce charmant objet, l'adorable Genèvre,
Est l'unique vainqueur à qui je me soumets.

Pour le marquis de la Vallière, représentant Zerbin.

Quelque beaux sentimens que la gloire nous donne,
Quand on est amoureux au souverain degré,
Mourir entre les bras d'une belle personne,
Est de toutes les morts la plus douce à mon gré.

M. le Duc marchoit seul, portant pour sa livrée le couleur de feu, blanc et argent. Un grand nombre de diamans étoient attachés sur la magnifique broderie dont sa cuirasse et son bas de soie étoient couverts, son casque et le harnois de son cheval en étant aussi enrichis.

Pour M. le Duc, représentant Roland.
Roland fera bien loin son grand nom retentir,
La gloire deviendra sa fidèle compagne.
Il est sorti d'un sang qui brûle de sortir
Quand il est question de se mettre en campagne ;
   Et pour ne vous en point mentir,
  C'est le pur sang de Charlemagne.

Un char de dix-huit pieds de haut, de vingt-quatre de long, et de quinze de large, paroissoit ensuite, éclatant d'or et de diverses couleurs. Il représentoit celui d'Apollon, en l'honneur duquel se célébroient autrefois les jeux Pythiens, que ces chevaliers s'étoient proposé d'imiter en leurs courses et en leur équipage. Cette divinité brillante de lumière étoit assise au plus haut du char, ayant à ses pieds les quatre âges ou siècles, distingués par de riches habits, et par ce qu'ils portoient à la main.

Le siècle d'or, orné de ce précieux métal, étoit encore paré de diverses fleurs, qui faisoient un des principaux ornemens de cet heureux âge. Ceux d'argent et d'airain avoient aussi leurs marques particulières. Et celui de fer étoit représenté par un guerrier d'un regard terrible, portant d'une main l'épée, et de l'autre le bouclier.

Plusieurs autres grandes figures de relief paroient les côtés du char magnifique. Les monstres célestes ; le serpent Pithon, Daphné, Hyacinthe, et les autres figures qui conviennent à

Apollon, avec un Atlas portant le globe du monde, y étoient aussi relevés d'une agréable sculpture. Le tems, représenté par le sieur Millet, avec sa faulx, ses ailes, et cette vieillesse décrépite dont on le peint toujours accablé, en étoit le conducteur. Quatre chevaux d'une taille et d'une beauté peu communes, couverts de grandes housses semées de soleils d'or, et attelés de front, tiroient cette machine.

Les douze heures du jour, et les douze signes du zodiaque, habillés fort superbement, comme les poëtes les dépeignent, marchoient en deux files aux deux côtés de ce char.

Tous les pages des chevaliers les suivoient deux à deux après celui de M. le Duc, fort proprement vêtus de leurs livrées, avec quantités de plumes, portant les lances de leurs maîtres et les écus de leurs devises.

Le duc de Guise, représentant Aquilant le noir, ayant pour devise un lion qui dort, avec ces mots :
Et quiescente pavescunt.

Le comte d'Armagnac, représentant Griffon le blanc, ayant pour devise une hermine, avec ces mots :
Ex candore decus.

Le duc de Foix, représentant Renaud, ayant pour devise un vaisseau dans la mer, avec ces mots :
Longè levis aura feret.

Le duc de Coaslin, représentant Dudon, ayant

pour devise un soleil, et l'héliotrope ou tournesol, avec ces mots:

Splendor ab obsequio.

Le comte du Lude, représentant Astolphe, ayant pour devise un chiffre en forme de nœud, avec ces mots :

Non sia mai sciolto.

Le prince de Marsillac, représentant Brandimart, ayant pour devise une montre en relief, dont on voyoit tous les ressorts, avec ces mots:

Quieto fuor, commoto dentro.

Le marquis de Villequier, représentant Richardet, ayant pour devise un aigle qui plane devant le soleil, avec ces mots :

Uni militat astro.

Le marquis de Soyecourt, représentant Olivier, ayant pour devise la massue d'Hercule, avec ces mots:

Vix æquat fama labores.

Le marquis d'Humières, représentant Ariodant, ayant pour devise toutes sortes de couronnes, avec ces mots:

No quiero menos.

Le marquis de la Vallière, représentant Zerbin, ayant pour devise un phénix sur un bûcher allumé par le soleil, avec ces mots :

Hoc juvat uri.

M. le Duc, représentant Roland, ayant pour devise un dard entortillé de lauriers, avec ces mots:

Certè ferit.

Vingt pasteurs chargés de diverses pièces de la barrière qui devoit être dressée pour la course de bague, formoient la dernière troupe qui entra dans la lice. Ils portoient des vestes couleur de feu, enrichies d'argent, et des coiffures de même.

Aussitôt que ces troupes furent entrées dans le camp, elles en firent le tour, et après avoir salué les reines, elles se séparèrent, et prirent chacune leur poste. Les pages à la tête, les trompettes et les timbaliers se croisant, s'allèrent poster sur les ailes. Le roi s'avançant au milieu, prit sa place vis-à-vis du haut dais, M. le Duc, proche de Sa Majesté, les ducs de Saint-Aignan et de Noailles à droite et à gauche, les dix chevaliers en haie aux deux côtés du char, leurs pages au même ordre derrière eux, les signes et les heures comme ils étoient entrés.

Lorsqu'on eut fait halte en cet état, un profond silence, causé tout ensemble par l'attention et par le respect, donna le moyen à mademoiselle de Brie, qui représentoit le siècle d'Airain, de commencer ces vers à la louange de la reine, adressés à Apollon, représenté par le sieur la Grange.

LE SIÈCLE D'AIRAIN à *Apollon*.

Brillant père du jour, toi, de qui la puissance,
Par ses divers aspects, nous donna la naissance,
Toi, l'espoir de la terre et l'ornement des cieux,
Toi, le plus nécessaire et le plus beau des dieux,
Toi, dont l'activité, dont la bonté suprême
Se fait voir et sentir en tous lieux par soi-même,
Dis-nous par quel destin, ou par quel nouveau choix,
Tu célèbres tes jeux aux rivages François !

LES FÊTES

APOLLON.

Si ces lieux fortunés ont tout ce qu'eut la Grèce
De gloire, de valeur, de mérite et d'adresse,
Ce n'est pas sans raison qu'on y voit transférés
Ces jeux qu'à mon honneur la terre a consacrés.

J'ai toujours pris plaisir à verser sur la France
De mes plus doux rayons la bénigne influence ;
Mais le charmant objet qu'hymen y fait régner,
Pour elle maintenant me fait tout dédaigner.

Depuis un si long-tems que pour le bien du monde
Je fais l'immense tour de la terre et de l'onde,
Jamais je n'ai rien vu si digne de mes feux,
Jamais un sang si noble, un cœur si généreux,
Jamais tant de lumière avec tant d'innocence,
Jamais tant de jeunesse avec tant de prudence,
Jamais tant de grandeur avec tant de bonté,
Jamais tant de sagesse avec tant de beauté.

Mille climats divers qu'on vit sous la puissance
De tous les demi-dieux dont elle prit naissance,
Cédant à son mérite autant qu'à leur devoir,
Se trouveront un jour unis sous son pouvoir.

Ce qu'eurent de grandeur et la France et l'Espagne ;
Les droits de Charles-Quint, les droits de Charlemagne,
En elle avec leur sang heureusement transmis,
Rendront tout l'univers à son trône soumis.
Mais un titre plus grand, un plus noble partage
Qui l'élève plus haut, qui lui plaît davantage,
Un nom qui tient en soi les plus grands noms unis,
C'est le nom glorieux d'épouse de Louis.

LE SIÈCLE D'ARGENT.

Quel destin fait briller, avec tant d'injustice,
Dans le siècle de fer, un astre si propice ?

LE SIÈCLE D'OR.

Ah ! ne murmure point contre l'ordre des dieux.
Loin de s'enorgueillir d'un don si précieux,
Ce siècle, qui du ciel a mérité la haine,
En devroit augurer sa ruine prochaine,
Et voir qu'une vertu qu'il ne peut suborner,

Vient moins pour l'ennoblir que pour l'exterminer.
 Sitôt qu'elle paroît dans cette heureuse terre,
Vois comme elle en bannit les fureurs de la guerre;
Comme, depuis ce jour, d'infatigables mains
Travaillent sans relâche au bonheur des humains,
Par quels secrets ressorts un héros se prépare
A chasser les horreurs d'un siècle si barbare,
Et me faire revivre avec tous les plaisirs
Qui peuvent contenter les innocens desirs.

LE SIÈCLE DE FER.

Je sais quels ennemis ont entrepris ma perte;
Leurs desseins sont connus, leur trame est découverte;
Mais mon cœur n'en est pas à tel point abttu....

APOLLON.

Contre tant de grandeur, contre tant de vertu,
Tous les monstres d'enfer, unis pour ta défense,
Ne feroient qu'une foible et vaine résistance.
L'univers opprimé de ton joug rigoureux,
Va goûter, par ta fuite, un destin plus heureux.
Il est tems de céder à la loi souveraine
Que t'imposent les vœux de cette auguste reine :
Il est tems de céder aux travaux glorieux
D'un roi favorisé de la terre et des cieux.
Mais ici trop long-tems ce différend m'arrête,
A de plus doux combats cette lice s'apprête,
Allons la faire ouvrir, et ployons des lauriers
Pour couronner le front de nos fameux guerriers.

 Tous ces récits achevés, la course de bague commença, en laquelle, après que le roi eut fait admirer l'adresse et la grace qu'il a en cet exercice, comme en tous les autres, et après plusieurs belles courses de tous les chevaliers, le duc de Guise, les marquis de Soyecourt et de la Vallière demeurèrent à la dispute, dont ce dernier emporta le prix, qui fut une épée d'or enrichie de diamans, avec des boucles de baudrier de grande valeur, que donna la reine mère, et dont elle l'honora de sa main.

La nuit vint cependant à la fin des courses, par la justesse qu'on avoit eue à les commencer ; et un nombre infini de lumières ayant éclairé tout ce beau lieu, l'on vit entrer dans la même place, trente-quatre concertans fort bien vêtus, qui devoient précéder les saisons, et faisoient le plus agréable concert du monde.

Pendant que les saisons se chargeoient de mets délicieux, qu'elles devoient porter, pour servir devant leurs Majestés la magnifique collation qui étoit préparée, les douze signes du zodiaque et les quatre saisons dansèrent dans le rond une des plus belles entrées de ballet qu'on eût encore vue. Le Printems parut ensuite sur un cheval d'Espagne, représenté par mademoiselle du Parc, qui avec le sexe et les avantages d'une femme, faisoit voir l'adresse d'un homme. Son habit étoit vert, en broderie d'argent et en fleurs au naturel.

L'Eté le suivoit, représenté par le sieur du Parc, sur un éléphant couvert d'une riche housse.

L'Automne, aussi avantageusement vêtu, représenté par le sieur la Thorillière, venoit après, monté sur un chameau.

L'Hiver, représenté par le sieur Béjart, suivoit sur un ours.

Leur suite étoit composée de quarante-huit personnes, qui portoient sur leurs têtes de grands bassins pour la collation.

Les douze premiers, couverts de fleurs, portoient, comme des jardiniers, des corbeilles peintes de verd et d'argent, garnies d'un grand nombre de porcelaines, si remplies de confitures et d'autres choses délicieuses de la saison, qu'ils étoient courbés sous cet agréable faix.

Douze autres, comme moissonneurs, vêtus d'habits conformes à cette profession, mais forts riches, portoient des bassins de cette couleur incarnate qu'on remarque au soleil levant, et suivoient l'Été.

Douze, vêtus en vendangeurs, étoient couverts de feuilles de vignes et de grappes de raisins, et portoient, dans des paniers feuille-morte, remplis de petits bassins de cette même couleur, divers autres fruits et confitures, à la suite de l'Automne.

Les douze derniers étoient des vieillards gelés, dont les fourrures et la démarche marquoient la froidure et la foiblesse, portant dans des bassins couverts d'une glace et d'une neige si bien contrefaites, qu'on les eût prises pour la chose même, ce qu'ils devoient contribuer à la collation, et suivoient l'Hiver.

Quatorze concertans de Pan et de Diane précédoient ces deux divinités, avec une agréable harmonie de flûtes et de musettes.

Elles venoient ensuite sur une machine fort ingénieuse, en forme d'une petite montagne ou roche ombragée de plusieurs arbres ; mais ce qui étoit plus surprenant, c'est qu'on la voyoit portée en l'air, sans que l'artifice qui la faisoit mouvoir se pût découvrir à la vue.

Vingt autres personnes les suivoient, portant des viandes de la ménagerie de Pan et de la chasse de Diane.

Dix-huit pages du roi, fort richement vêtus, qui devoient servir les dames à table, faisoient les derniers de cette troupe, laquelle étant rangée, Pan, Diane et les saisons se présentant devant la reine, le Printems lui adressa le premier ces vers :

LE PRINTEMS A LA REINE.

Entre toutes les fleurs nouvellement écloses
    Dont mes jardins sont embellis,
Méprisant les jasmins, les œillets, et les roses,
Pour payer mon tribut, j'ai fait choix de ces lis
Que dès vos premiers ans vous avez tant chéris.
Louis les fait briller du couchant à l'aurore,
Tous l'univers charmé les respecte et les craint ;
Mais leur règne est plus doux et plus puissant encore,
    Quand ils brillent sur votre teint.

L'ÉTÉ.

    Surpris un peu trop promptement,
J'apporte à cette fête un léger ornement :
    Mais avant que ma saison passe,
    Je ferai faire à vos guerriers,
    Dans les campagnes de la Thrace,
    Une ample moisson de lauriers.

L'AUTOMNE.

Le Printems orgueilleux de la beauté des fleurs
    Qui lui tombèrent en partage,
Prétend de cette fête avoir tout l'avantage,
Et nous croit obscurcir par ses vives couleurs ;

DE VERSAILLES, en 1664.

Mais vous vous souviendrez, Princesse sans seconde,
De ce fruit précieux qu'a produit ma saison,
Et qui croît dans votre maison,
Pour faire quelque jour les délices du monde.

L'HIVER.

La neige, les glaçons que j'apporte en ces lieux,
Sont les mets les moins précieux ;
Mais ils sont des plus nécessaires
Dans une fête où mille objets charmans,
De leurs œillades meurtrières,
Font naître tant d'embrâsemens.

DIANE.

Nos bois, nos rochers, nos montagnes,
Tous nos chasseurs, et mes compagnes
Qui m'ont toujours rendu des honneurs souverains,
Depuis que parmi nous ils vous ont vu paroître,
Ne veulent plus me reconnoître ;
Et, chargés de présens, viennent avecque moi,
Vous porter ce tribut pour marque de leur foi.
Les habitans légers de cet heureux bocage,
De tomber dans vos rets font leur sort le plus doux,
Et n'estiment rien davantage
Que l'heur de périr de vos coups.
Amour, dont vous avez la grace et le visage,
A le même secret que vous.

PAN.

Jeune divinité, ne vous étonnez pas,
Lorsque nous vous offrons en ce fameux repas
L'élite de nos bergeries ;
Si nos troupeaux goûtent en paix
Les herbages de nos prairies,
Nous devons ce bonheur à vos divins attraits.

Ces récits achevés, une grande table en forme de croissant, ronde du côté où l'on devoit courir, et garnie de fleurs de celui où elle étoit creuse, vint à se découvrir.

Trente-six violons, très-bien vêtus, parurent derrière sur un petit théâtre, pendant que MM. de la Marche et Parfait, père, frère et fils, contrôleurs généraux, sous les noms de l'abondance, de la joie, de la propreté et de la bonne chère, la firent couvrir par les plaisirs, par les jeux, par les ris et par les délices.

Leurs Majestés s'y mirent en cet ordre, qui prévint tous les embarras qui eussent pu naître pour les rangs. La reine mère étoit au milieu de la table, et avoit à sa main droite:

LE ROI.

Mademoiselle d'Alençon.
Madame la Princesse.
Mademoiselle d'Elbœuf.
Madame de Béthune.
Madame la Duchesse de Créquy.

MONSIEUR.

Madame la Duchesse de Saint-Aignan.
Madame la Maréchale du Plessis.
Madame la Maréchale d'Etampes.
Madame de Gourdon.
Madame de Montespan.
Madame d'Humières.
Mademoiselle de Brancas.
Madame d'Armagnac.
Madame la Comtesse de Soissons.
Madame la Princesse de Bade.
Mademoiselle de Grançay.

De l'autre côté étoient assises,

LA REINE.

Madame de Carignan.
Madame de Flaix.
Madame la Duchesse de Foix.

Madame de Brancas.
Madame de Froullay.
Madame la Duchesse de Navailles.
Mademoiselle d'Ardennes.
Mademoiselle de Coetlogon.
Madame de Crussol.
Madame de Montausier.

MADAME.

Madame la Princesse Bénédictine.
Madame la Duchesse.
Madame de Rouvroy.
Mademoiselle de la Mothe.
Madame de Marsé.
Mademoiselle de la Vallière.
Mademoiselle d'Artigny.
Mademoiselle du Bellay.
Mademoiselle d'Ampièrre.
Mademoiselle de Fiennes.

La somptuosité de cette collation passoit tout ce qu'on en pourroit écrire, tant par l'abondance que par la délicatesse des choses qui y furent servies : elle faisoit aussi le plus bel objet qui pût tomber sous les sens ; puisque, dans la nuit, auprès de la verdure de ces hautes palissades, un nombre infini de chandeliers peints de verd et d'argent, portant chacun vingt-quatre bougies, et deux cents flambeaux de cire blanche, tenus par autant de personnes vêtues en masque, rendoient une clarté presque aussi grande et plus agréable que celle du jour. Tous les chevaliers, avec leurs casques couverts de plumes de différentes couleurs, et leurs habits de la course, étoient appuyés sur la barrière ; et ce grand nombre d'officiers richement vêtus qui servoient, en augmentoit encore la beauté, et rendoient ce rond une chose enchantée, duquel, après la collation, leurs Majestés et toute la cour sortirent par le portique opposé à la barrière; et, dans un grand nombre de calèches fort ajustées, reprirent le chemin du château.

SECONDE JOURNÉE.

SUITE DES PLAISIRS

DE

L'ISLE ENCHANTÉE.

Lorsque la nuit du second jour fut venue, leurs Majestés se rendirent dans un autre rond environné de palissades comme le premier, et sur la même ligne, s'avançant toujours vers le lac, où l'on feignoit que le palais d'Alcine étoit bâti. Le dessein de cette seconde fête étoit que Roger et les chevaliers de sa quadrille, après avoir fait des merveilles aux courses que, par l'ordre de la belle magicienne, ils avoient faites en faveur de la reine, continuoient en ce même dessein pour le divertissement suivant; et que, l'île flottante n'ayant point éloigné le rivage de la France, ils donnoient à Sa Majesté le plaisir d'une comédie, dont la scène étoit en Élide.

Le roi fit donc couvrir de toiles, en si peu de tems qu'on avoit lieu de s'en étonner, tout ce rond d'une espèce de dôme, pour défendre contre le vent le grand nombre de flambeaux et de bougies qui devoient éclairer le théâtre, dont la décoration étoit fort agréable.

Aussitôt qu'on eut levé la toile, un grand concert de plusieurs instrumens se fit entendre, et l'Aurore ouvrit la scène. On y représenta la Princesse d'Élide, comédie-ballet, avec un prologue et des intermèdes.

Noms des personnes qui ont récité, dansé et chanté dans la comédie de la Princesse d'Élide.

DANS LE PROLOGUE.

L'Aurore, *mademoiselle Hilaire*. Lyciscas, *le sieur Molière*. Valets de chiens chantans, *les sieurs Estival, Don, Blondel*. Valets de chiens dansans, *les sieurs Paysan, Chicanneau, Noblet, Pesan, Bonard, la Pierre*.

DANS LA COMÉDIE.

Iphitas, *le sieur Hubert*. La princesse d'Élide, *mademoiselle Molière*. Euriale, *le sieur la Grange*. Aristomène, *le sieur du Croisy*. Théocle, *le sieur Béjart*. Aglante, *mademoiselle du Parc*. Cinthie, *mademoiselle de Brie*. Arbate, *le sieur la Thorillière*. Philis, *mademoiselle Béjart*. Moron, *le sieur Molière*. Lycas, *le sieur Prévost*.

DANS LES INTERMÈDES.

Dans le premier. Chasseurs dansans, *les sieurs Manceau, Chicanneau, Balthasard, Noblet, Bonard, Magny, la Pierre.*

Dans le deuxième. Satyre chantant, *le sieur Estival.* Satyres dansans....

Dans le troisième. Berger chantant, *le sieur Blondel.*

Dans le quatrième. Philis, *mademoiselle Béjart.* Climène, *mademoiselle......*

Dans le cinquième. Bergers chantans, *les sieurs le Gros, Estival, Don, Blondel.* Bergères chantantes, *mesdemoiselles Hilaire et de la Barre.*

Tous six, se prenant par la main, chantèrent une chanson à danser, à laquelle les autres bergers répondirent en chœur.

Pendant les danses, il sortit de dessous le théâtre la machine d'un grand arbre chargé de seize faunes, dont huit jouoient de la flûte et les autres du violon, avec un concert le plus agréable du monde. Trente violons leur répondoient de l'orchestre, avec six autres concertans de clavecins et de théorbes, qui étoient *les sieurs d'Anglebert, Richard, Itier, la Barre le cadet, Tissu et le Moine;* et quatre bergers et quatre bergères vinrent danser une très-belle entrée, à laquelle les faunes, descendant de l'arbre, se mêlèrent de tems en tems. Les bergers étoient *les sieurs Chicaneau, du Pron, Noblet, la Pierre;* les bergères étoient *les sieurs Balthasard, Magny, Arnald, Bonard.*

Toute cette scène fut si grande, si remplie et si agréable, qu'il ne s'étoit encore rien vu de plus beau en ballet; aussi fit-elle une si avantageuse conclusion aux divertissemens de ce jour, que toute la cour ne le loua pas moins que celui qui l'avoit précédé, se retirant avec une satisfaction qui lui fit bien espérer de la suite d'une fête si complète.

TROISIEME JOURNÉE.

SUITE ET CONCLUSION DES PLAISIRS DE L'ISLE ENCHANTÉE.

Plus on s'avançoit vers le grand rond d'eau qui représentoit le lac sur lequel étoit autrefois bâti le palais d'Alcine, plus on s'approchoit de la fin des divertissemens de l'île enchantée : comme s'il n'eût pas été juste que tant de braves chevaliers demeurassent plus long-tems dans une oisiveté qui eût fait tort à leur gloire.

On feignoit donc, suivant toujours le premier dessein, que, le ciel ayant résolu de donner la liberté à ces guerriers, Alcine en eut des pressentimens qui la remplirent de terreur et d'inquiétude. Elle voulut apporter tous les remèdes possibles pour prévenir ce malheur, et fortifier en toutes manières un lieu qui pût renfermer tout son repos et sa joie.

On fit paroître sur ce rond d'eau, dont l'étendue et la forme sont extraordinaires, un rocher situé au milieu d'une île couverte de divers animaux, comme s'ils eussent voulu en défendre l'entrée.

Deux autres îles plus longues, mais d'une moindre largeur, paroissoient aux deux côtés de la première; et toutes trois, aussi bien que les bords du rond d'eau, étoient si fort éclairées, que ces lumières faisoient naître un nouveau jour dans l'obscurité de la nuit.

Leurs Majestés étant arrivées, n'eurent pas plutôt pris leurs places, que l'une des deux îles qui paroissoient aux côtés de la première, fut toute couverte de violons fort bien vêtus. L'autre, qui étoit opposée, le fut en même tems de trompettes et de timbaliers, dont les habits n'étoient pas moins riches.

Mais ce qui surprit davantage, fut de voir sortir Alcine de derrière un rocher, portée par un monstre marin d'une grandeur prodigieuse.

Deux des nymphes de sa suite, sous les noms de Célie et de Dircé, parurent au même tems à sa suite; et se mettant à ses côtés sur de grandes baleines, elles s'approchèrent du bord du rond d'eau; et Alcine commença des vers auxquels ses compagnes répondirent, et qui furent à la louange de la reine mère du roi.

ALCINE, CÉLIE, DIRCÉ.

ALCINE.

Vous à qui je fis part de ma félicité,
Pleurez avecque moi dans cette extrémité.

CELIE.

Quel est donc le sujet des soudaines alarmes,
Qui de vos yeux charmans font couler tant de larmes?

ALCINE.

Si je pense en parler, ce n'est qu'en frémissant.
Dans les sombres horreurs d'un songe menaçant,
Un spectre m'avertit, d'une voix éperdue,
Que pour moi des enfers la force est suspendue;
Qu'un céleste pouvoir arrête leurs secours,
Et que ce jour sera le dernier de mes jours.

Ce que versa de triste au point de ma naissance
Des astres ennemis la maligne influence,
Et tout ce que mon art a prédit de malheurs,
En ce songe fut peint de si vives couleurs,
Qu'à mes yeux éveillés sans cesse il représente
Le pouvoir de Mélisse, et l'heur de Bradamante.
J'avois prévu ces maux; mais les charmans plaisirs
Qui sembloient en ces lieux prévenir nos desirs;
Nos superbes palais, nos jardins, nos campagnes,
L'agréable entretien de nos chères compagnes,
Nos jeux et nos chansons, les concerts des oiseaux,
Le parfum des Zéphirs, le murmure des eaux,
De nos tendres amours les douces aventures,
M'avoient fait oublier ces funestes augures,
Quand le songe cruel dont je me sens troubler,
Avec tant de fureur les vint renouveler.
Chaque instant, je crois voir mes forces terrassées,
Mes gardes égorgés, et mes prisons forcées,
Je crois voir mille amans, par mon art transformés,

D'une égale fureur à ma perte animés,
Quitter, en même tems, leurs troncs et leurs feuillages;
Dans le juste dessein de venger leurs outrages;
Et je crois voir enfin mon aimable Roger,
De ses fers méprisés prêt à se dégager.

CELIE.

La crainte en votre esprit s'est acquis trop d'empire.
Vous régnez seule ici, pour vous seule on soupire;
Rien n'interrompt le cours de vos contentemens,
Que les accens plaintifs de vos tristes amans;
Logistille et ses gens, chassés de nos campagnes,
Tremblent encor de peur, cachés dans leurs montagnes;
Et le nom de Mélisse, en ces lieux inconnu,
Par vos augures seuls jusqu'à nous est venu.

DIRCÉ.

Ah, ne nous flattons point! Ce fantôme effroyable
M'a tenu cette nuit un discours tout semblable.

ALCINE.

Hélas! de nos malheurs qui peut encor douter?

CÉLIE.

J'y vois un grand remède, et facile à tenter;
Une reine paroît, dont le secours propice
Nous saura garantir des efforts de Mélisse.
Partout de cette reine on vante la bonté;
Et l'on dit que son cœur, de qui la fermeté
Des flots les plus mutins méprisa l'insolence,
Contre le vœu des siens est toujours sans défense.

ALCINE.

Il est vrai, je la vois. En ce pressant danger,
A nous donner secours tâchons de l'engager.
Disons-lui qu'en tous lieux la voix publique étale
Les charmantes beautés de son ame royale;
Disons que sa vertu, plus haute que son rang,
Sait relever l'éclat de son auguste sang,
Et que de notre sexe elle a porté la gloire
Si loin, que l'avenir aura peine à le croire;
Que du bonheur public son grand cœur amoureux

Fit toujours des périls un mépris généreux ;
Que de ses propres maux son ame à peine atteinte,
Pour les maux de l'Etat garda toute sa crainte.
Disons que ses bienfaits, versés à pleines mains,
Lui gagnent le respect et l'amour des humains,
Et qu'aux moindres dangers dont elle est menacée,
Toute la terre en deuil se montre intéressée.
Disons qu'au plus haut point de l'absolu pouvoir,
Sans faste et sans orgueil, sa grandeur s'est fait voir ;
Qu'aux tems les plus fâcheux, sa sagesse constante,
Sans crainte a soutenu l'autorité penchante,
Et dans le calme heureux par ses travaux acquis,
Sans regret, la remit dans les mains de son fils.
Disons par quel respect, par quelle complaisance,
De ce fils glorieux l'amour la récompense.
Vantons les longs travaux, vantons les justes lois
De ce fils reconnu pour le plus grand des rois,
Et comment cette mère, heureusement féconde,
Ne donnant que deux fils, a donné tant au monde.
Enfin, faisons parler nos soupirs et nos pleurs,
Pour la rendre sensible à nos vives douleurs ;
Et nous pourrons trouver au fort de notre peine,
Un refuge paisible aux pieds de cette reine.

DIRCÉ.

Je sais bien que son cœur noblement généreux,
Ecoute avec plaisir la voix des malheureux ;
Mais on ne voit jamais éclater sa puissance,
Qu'à repousser le tort qu'on fait à l'innocence.
Je sais qu'elle peut tout ; mais je n'ose penser
Que jusqu'à nous défendre on la vît s'abaisser.
De nos douces erreurs elle peut être instruite ;
Et rien n'est plus contraire à sa rare conduite.
Son zèle si connu pour le culte des dieux,
Doit rendre à sa vertu nos respects odieux ;
Et loin qu'à son abord mon effroi diminue,
Malgré moi, je le sens qui redouble à sa vue.

ALCINE.

Ah ! ma propre frayeur suffit pour m'affliger.
Loin d'aigrir mon ennui, cherche à le soulager,

Et tâche de fournir à mon ame oppressée
De quoi parer aux maux dont elle est menacée,
Redoublons cependant les gardes du palais;
Et s'il n'est pas pour nous d'asile désormais,
Dans notre désespoir cherchons notre défense,
Et ne nous rendons pas au moins sans résistance.

Alcine, mademoiselle du Parc.
Célie, mademoiselle de Brie.
Dircé, mademoiselle Moliere.

Lorsqu'elles eurent achevé, et qu'Alcine se fut retirée pour aller redoubler les gardes du palais, le concert des violons se fit entendre, pendant que le frontispice du palais venant à s'ouvrir avec un merveilleux artifice, et des tours venant à s'élever à vue d'œil, quatre géans d'une grandeur démesurée vinrent à paroître avec quatre nains, qui, par l'opposition de leur petite taille, faisoient paroître celle des géans encore plus excessive. Ces colosses étoient commis à la garde du palais, et ce fut par eux que commença la première entrée du ballet.

BALLET

DU PALAIS D'ALCINE.

PREMIÈRE ENTRÉE.

Géans. Les sieurs Manceau, Vagnard, Pesan et Joubert.

Nains. Les deux petits Des-Airs, le petit Vagnard et le petit Tutin.

DEUXIÈME ENTRÉE.

Huit Maures, chargés par Alcine de la garde du dedans, en font une exacte visite, avec chacun deux flambeaux.

Maures. Les sieurs d'Heureux, Beauchamp, Molière, la Marre, le Chantre, de Gan, du Pron et Mercier.

TROISIÈME ENTRÉE.

Cependant, un dépit amoureux oblige six des chevaliers qu'Alcine retenoit auprès d'elle, à tenter la sortie de ce palais; mais la fortune ne secondant pas les efforts qu'ils font dans leur désespoir, ils sont vaincus après dans un combat par autant de monstres qui les attaquent.

Chevaliers. M. de Souville, les sieurs Raynal, Des-Airs l'aîné, Des-Airs le second, de Lorge et Balthasard.

Monstres. Les sieurs Chicanneau, Noblet, Arnald, Desbrosses, Desonets et la Pierre.

QUATRIÈME ENTRÉE.

Alcine, alarmée de cet accident, invoque de nouveau tous ses esprits et leur demande du secours; il s'en présente deux à elle, qui font des sauts avec une force et une agilité merveilleuses.

Démons agiles. Les sieurs Saint-André et Magny.

CINQUIÈME ENTRÉE.

D'autres démons viennent encore, et semblent assurer la magicienne, qu'ils n'oublieront rien pour son repos.

Démons sauteurs. Les sieurs Tutin, la Brodière, Pesan et Bureau.

SIXIÈME ET DERNIÈRE ENTRÉE.

Mais à peine commence-t-elle à se rassurer, qu'elle voit paroître auprès de Roger et de quelques chevaliers de sa suite, la sage Mélisse, sous la forme d'Atlas. Elle court aussitôt pour empêcher l'effet de son intention; mais elle arrive trop tard. Mélisse a déjà mis au doigt de ce brave chevalier la fameuse bague qui détruit les enchantemens. Lors un coup de tonnerre, suivi de plusieurs éclairs, marque la destruction du palais, qui est aussitôt réduit en cendres par un feu d'artifice, qui met fin à cette aventure et aux divertissemens de l'île enchantée.

Alcine. Mademoiselle du Parc.

Mélisse. Le sieur de Lorge.

Roger. Le sieur Beauchamp.

Chevaliers. Les sieurs d'Heureux, Raynal, du Pron et Desbrosses.

Écuyers. Les sieurs la Marre, le Chantre, de Gan et Mercier.

Il sembloit que le ciel, la terre et l'eau fussent tout en feu, et que la destruction du superbe palais d'Alcine, comme la liberté des chevaliers qu'elle y retenoit en prison, ne se pût accomplir que par des prodiges et des miracles. La hauteur et le nombre des fusées volantes, celles qui rouloient sur le rivage, et celles qui ressortoient de l'eau après s'y être enfoncées, faisoient un spectacle si grand et si magnifique, que rien ne pouvoit mieux terminer les enchantemens qu'un si beau feu d'artifice ; lequel ayant enfin cessé après un bruit et une longueur extraordinaires, les coups des boîtes qui l'avoient commencé, redoublèrent encore.

Alors toute la cour se retirant, confessa qu'il ne se pouvoit rien voir de plus achevé que ces trois fêtes, et c'est assez avouer qu'il ne s'y pouvoit rien ajouter, que de dire que les trois journées ayant eu chacune ses partisans, comme chacune ses beautés particulières, on ne convint pas du prix qu'elles devoient emporter entre elles, bien qu'on demeurât d'accord qu'elles pouvoient justement le disputer à toutes celles qu'on avoit vues jusqu'alors, et les surpasser peut-être.

QUATRIÈME JOURNÉE.

Mais, quoique les fêtes comprises dans le sujet des plaisirs de l'île enchantée fussent terminées, tous les divertissemens de Versailles ne l'étoient pas ; et la magnificence et la galanterie du roi en avoient encore réservé pour les autres jours, qui n'étoient pas moins agréables.

Le samedi dixième, Sa Majesté voulut courre les têtes. C'est un exercice que peu de gens ignorent, et dont l'usage est venu d'Allemagne, fort bien inventé pour faire voir l'adresse d'un chevalier, tant à bien manier son cheval dans les passades de guerre, qu'à bien se servir d'une lance, d'un dard et d'une épée. Si quelqu'un ne les a pas vu courre, il en trouvera ici la description, étant moins commune que la bague, et seulement ici depuis peu d'années; et ceux qui en ont eu le plaisir, ne s'ennuieront pas d'une narration si peu étendue.

Les chevaliers entrent, l'un après l'autre, dans la lice, la lance à la main, et un dard sur la cuisse droite; et après que l'un d'eux a couru et emporté une tête de gros carton peinte, et de la forme de celle d'un Turc, il donne sa lance à un page; et, faisant la demi-volte, il revient à toute bride, à la seconde tête, qui a la couleur et la forme d'un Maure, l'emporte avec le dard qu'il lui jette en passant; puis reprenant une javeline peu différente de la forme du dard, dans une troisième passade, il la darde dans un bouclier où est peinte une tête de Méduse; et achevant sa demi-volte, il tire l'épée dont il emporte, en passant toujours à toute bride, une tête élevée à un demi-pied de terre; puis, faisant place à un autre, celui qui en ses courses, en a emporté le plus, gagne le prix.

Toute la cour s'étant placée sur une balustrade de fer doré, qui régnoit autour de l'agréable maison de Versailles, et qui regarde sur le fossé, dans lequel on avoit dressé la lice avec des barrières, le roi s'y rendit, suivi des mêmes chevaliers qui avoient couru la bague; les ducs de Saint-Aignan et de Noailles y continuant leurs premières fonctions, l'un de maréchal-de-camp, et l'autre de juge des courses. Il s'en fit plusieurs fort belles et heureuses; mais l'adresse du roi lui fit emporter hautement, ensuite du prix de la course des dames, encore celui que donnoit la reine: c'étoit une rose de diamans de grand prix, que le roi, après l'avoir gagnée, redonna libéralement à courre aux autres chevaliers, et que le marquis de Coaslin disputa contre le marquis de Soyecourt, et gagna.

CINQUIEME JOURNÉE.

Le Dimanche, au lever du roi, quasi toute la conversation tourna sur les belles courses du jour précédent, et donna lieu à un grand défi, entre le duc de Saint-Aignan, qui n'avoit pas encore couru, et le marquis de Soyecourt, qui fut remis au lendemain, pour ce que le maréchal duc de Grammont qui parioit pour ce marquis, étoit obligé de partir pour Paris, d'où il ne devoit revenir que le jour d'après.

Le roi mena toute la cour, cette après-dînée, à sa ménagerie, dont on admira les beautés particulières, et le nombre presque incroyable d'oiseaux de toutes sortes, parmi lesquels il y en a beaucoup de fort rares. Il seroit inutile de parler de la collation qui suivit ce divertissement, puisque, huit jours durant, chaque repas pouvoit passer pour un festin des plus grands qu'on puisse faire.

Le soir, Sa Majesté fit représenter, sur l'un de ces théâtres doubles de son salon, que son esprit universel a lui-même inventés, la comédie des Fâcheux, faite par le sieur Molière, mêlées d'entrées de ballet, et fort ingénieuse.

SIXIÈME JOURNÉE.

Le bruit du défi, qui se devoit courir le lundi, douzième, fit faire une infinité de gageures d'assez grande valeur, quoique celle des deux chevaliers ne fût que de cent pistoles ; et, comme le duc, par une heureuse audace, donnoit une tête à ce marquis fort adroit, beaucoup tenoient pour ce dernier, qui s'étant rendu un peu plus tard chez le roi, y trouva un cartel pour le presser, lequel, pour n'être qu'en prose, on n'a point mis en ce discours.

Le duc de Saint-Aignan avoit aussi fait voir à quelques-uns de ses amis, comme un heureux présage de sa victoire, ces quatre vers :

AUX DAMES.

Belles, vous direz en ce jour,
Si vos sentimens sont les nôtres,
Qu'être vainqueur du grand Soyecourt,
C'est être vainqueur de dix autres.

faisant toujours allusion à son nom de Guidon le sauvage, que l'aventure de l'île périlleuse rendit victorieux de dix chevaliers. Aussitôt que le roi eut dîné, il conduisit les reines, Monsieur, Madame, et toutes les dames, dans un lieu où l'on devoit tirer une loterie, afin que rien ne manquât à la galanterie de ces fêtes. C'étoit des pierreries, des ameublemens, de l'argenterie, et autres choses semblables; et, quoique le sort ait accoutumé de décider de ces présens, il s'accorda sans doute avec le desir de Sa Majesté, quand il fit tomber le gros lot entre les mains de la reine, chacun sortant de ce lieu-là fort content, pour aller voir les courses qui s'alloient commencer.

Enfin Guidon et Olivier parurent sur les rangs, à cinq heures du soir, fort proprement vêtus et bien montés.

Le roi, avec toute la cour, les honora de sa présence; et Sa Majesté lut même les articles des courses, afin qu'il n'y eût aucune contestation entr'eux. Le succès en fut heureux au duc de Saint-Aignan, qui gagna le défi.

Le soir, Sa Majesté fit jouer les trois premiers actes d'une comédie, nommée *Tartufe*, que le

sieur Molière avoit faite contre les hypocrites;
mais quoiqu'elle eût été trouvée fort divertissante, le roi connut tant de conformité entre
ceux qu'une véritable dévotion met dans le
chemin du ciel, et ceux qu'une vaine ostentation de bonnes œuvres n'empêche pas d'en
commettre de mauvaises, que son extrême délicatesse pour les choses de la religion eut de
la peine à souffrir cette ressemblance du vice
avec la vertu; et quoiqu'on ne doutât point des
bonnes intentions de l'auteur, il défendit cette
comédie pour le public, jusqu'à ce qu'elle fût
entièrement achevée, et examinée par des gens
capables d'en juger, pour n'en pas laisser abuser à d'autres moins capables d'en faire un juste
discernement.

SEPTIÈME JOURNÉE.

Le mardi, treizième, le roi voulut encore
courre les têtes comme à un jeu ordinaire que
devoit gagner celui qui en feroit le plus. Sa Majesté eut encore le prix de la course des dames,
le duc de Saint-Aignan celui du jeu; et, ayant
eu l'honneur d'entrer pour le second à la dispute
avec Sa Majesté, l'adresse incomparable du

roi lui fit encore avoir ce prix ; et ce ne fut pas sans étonnement, duquel on ne pouvoit se défendre, qu'on en vit gagner quatre à Sa Majesté en deux fois qu'elle avoit couru les têtes.

On joua le même soir la comédie du Mariage forcé, encore de la façon du même sieur Molière, mêlée d'entrées de ballet et de récits ; puis le roi prit le chemin de Fontainebleau le mercredi quatorzième. Toute la cour se trouva si satisfaite de ce qu'elle avoit vu, que chacun crut qu'on ne pouvoit se passer de le mettre par écrit, pour en donner la connoissance à ceux qui n'avoient pu voir des fêtes si diversifiées et si agréables, où l'on a pu admirer tout-à-la-fois le projet avec le succès, la libéralité avec la politesse, le grand nombre avec l'ordre, et la satisfaction de tous ; où les soins infatigables de monsieur Colbert s'employèrent en tous ces divertissemens, malgré ses importantes affaires ; où le duc de Saint-Aignan joignit l'action à l'invention du dessin ; où les beaux vers du président de Périgny, à la louange des reines, furent si justement pensés, si agréablement tournés, et récités avec tant d'art ; où ceux que monsieur de Benserade fit pour les chevaliers, eurent une approbation générale ; où la vigilance exacte de monsieur Bontemps et l'application de monsieur de Launay ne laissèrent manquer d'aucune des choses nécessaires ; enfin, où chacun a marqué si avantageusement son dessein de plaire au roi dans le tems où Sa Majesté ne pensoit elle-même qu'à plaire, et où ce qu'on a vu ne sauroit jamais se perdre dans la mémoire des spectateurs, quand on n'auroit pas pris le soin de conserver par écrit le souvenir de toutes ces merveilles.

F I N.

LE MARIAGE

FORCÉ,

COMÉDIE.

AVERTISSEMENT

DE L'ÉDITEUR

SUR

LE MARIAGE FORCÉ.

Cette comédie en prose fut jouée au Louvre en trois actes, avec des intermèdes, sous le titre de ballet du roi, les 29 et 31 janvier 1664; et en un acte, avec quelques changemens, sur le théâtre du Palais-Royal, le 15 février suivant. Cette date se trouve sur le registre de Molière, et c'est faute de l'avoir consulté, que jusqu'ici les différens éditeurs ont fixé la première représentation au 15 novembre 1664, et qu'ils ont mal-à-propos fait précéder cette pièce par la *Princesse d'Élide*, qu'on ne vit sur le théâtre de Molière que le 9 novembre de la même année.

Le Dictionnaire des Théâtres, après avoir copié ce qu'avoit dit M. de Voltaire : qu'on remarquoit dans cet ouvrage *plus de bouffonnerie que d'art et d'agrément*, ajoute, de son autorité moins respectable, que *la scène est irrégulière*, et que *les personnages y viennent presque tous au hasard.*

Il n'y a point d'étranger qui, d'après ces deux décisions, et surtout d'après la dernière, ne juge *le Mariage forcé*, une misérable pièce qui déshonore le recueil de Molière. Cependant, les représentations fréquentes de cet ouvrage, malgré la négligence avec laquelle on l'exécute (1), ne confirment guère le jugement trop léger de l'auteur du Dictionnaire. La scène nous y paroît aussi régulière qu'elle peut l'être dans ces sortes de bagatelles, les personnages y sont tous amenés avec cet art du théâtre et cette vraisemblance qui suffisent au genre de la farce.

Louis XIV n'accorda que très-peu de tems à Molière pour lui fournir une comédie, à laquelle on pût lier les intermèdes de chant et de danse où ce prince devoit se montrer lui même.

Notre auteur eut besoin des ressources de son esprit et de sa gaîté, pour faire usage, en cette occasion, du sujet le plus simple, et qui, dans les mains d'un autre, eût à peine suffi à l'acte le plus court; il se ressouvint de l'art qu'il avoit employé trois ans auparavant dans la comédie *des Fâcheux*, où il avoit lié les ballets et les divertissemens au corps même de l'intrigue, et ce que nous voyons aujourd'hui ne composer que

(1) L'engagement que semblent avoir pris en 1772 les comédiens français, de faire jouer les comédies de Molière par les meilleurs acteurs, a été reçu avec bien de la satisfaction de la part de tous les gens de goût. Ce sera servir à la fois, et leur intérêt, et leurs talens, et l'honneur de la nation.

quinze ou seize scènes fort courtes, fut, comme on l'a dit, exécuté en trois actes.

Molière, dans cette espèce d'impromptu, ne perdit point de vue l'utile mission qui l'appeloit à la destruction des obstacles divers qu'on opposoit de tous côtés au triomphe du bon sens et du vrai goût. Élève du fameux *Gassendi*, et traducteur, dans sa jeunesse, du Poëme de *Lucrèce*, on sent de quel œil il devoit voir les troubles ridicules qui s'étoient alors élevés dans nos écoles.

Les efforts sérieux de l'université pour obtenir la confirmation d'un arrêt de 1624, qui avoit défendu, *sous peine de la vie*, d'enseigner aucune maxime contraire aux opinions d'Aristote, et qui fort heureusement étoit tombé dans l'oubli dont il étoit si digne, sont assez clairement aperçus dans ce que dit Pancrace, à l'occasion de la forme ou de la figure d'un chapeau, lorsque ce philosophe s'écrie : *et les magistrats qui sont établis pour maintenir l'ordre dans cet État, devroient mourir de honte en souffrant un scandale aussi intolérable*, etc.

Molière, dans cette même scène, nous met au fait des inepties, pour le soutien desquelles de graves docteurs cherchoient à soulever les corps les plus respectables. Il fit rire aux dépens du jargon pédantesque et vide de sens de nos écoles. Aussi vigoureux ennemi de la fausse philosophie que des faux airs et du faux goût, il saisit avec plaisir cette occasion de verser à pleines mains le ridicule sur le procès de l'ignorance avec la raison ; et Despréaux, par son arrêt burlesque, ne fit, quelque tems après, que consommer l'ouvrage de notre auteur.

Le parlement de Paris étoit sur le point de prononcer un arrêt contre la philosophie de Descartes, lorsque Boileau fit présenter le sien à M. de Lamoignon par son oncle le greffier; cette bagatelle heureuse, au rapport du *Ménagiana*, empêcha peut-être, plus qu'aucune autre chose, qu'on ne rendît un arrêt véritable contre les Cartésiens.

Une prétendue anecdote sur le mariage du célèbre comte de Grammont, est citée partout comme ayant fourni à Molière le dénouement du *Mariage forcé*; mais c'est voir une ressemblance de trop loin, et la fable qu'avoit inventée notre auteur a dû le conduire naturellement à la manière plaisante dont il la termine. Ces différentes applications qu'on fait vaguement sur telle ou telle scène, prouvent tout au plus que ces scènes sont puisées dans la nature. Il n'y a que le faux et l'invraisemblable qui ne ressemblent à rien.

Quoique nous ayons placé cette comédie au rang des farces de Molière; et que par là il eût été dispensé de lui donner un dénouement aussi heureux que ceux de ses comédies les mieux conduites, cependant celui du *Mariage forcé* est regardé comme un des meilleurs de son théâtre. Le silence de *Sganarelle* qui termine la pièce, *est un coup de maître, et c'est cette espèce de dénouement* (dit M. de Riccoboni) *que j'avois en vue, lorsque j'ai dit que le froid d'une situation pouvoit quelquefois servir à dé-*

nouer une pièce autant que le feu et la vivacité d'une action.

Il y a, dit le même observateur, page 144 de son ouvrage, *une scène et des lazzi tirés de plusieurs comédies italiennes jouées à l'impromptu.* Quelle est cette scène que M. Riccoboni ne désigne pas plus que les lazzi ? Il y a grande apparence que ce doit être celle des philosophes ; mais, comme on le verra, c'est de Rabelais que Molière l'a imitée, et Rabelais avoit été plus d'une fois mis en pièces par les impromptuaires italiens. C'est ainsi que la moderne littérature italienne réclame quelquefois ce qu'elle devoit elle-même à notre littérature ancienne. Il ne faut que jeter les yeux sur les monumens de notre vieille poésie, pour y trouver tous les germes de ce que le génie italien paroît avoir produit, surtout dans le genre plaisant et conteur.

On verra à la fin de cette pièce un avertissement des anciens éditeurs, et un détail de sa distribution en trois actes, avec les différens morceaux que Molière y avoit faits pour le chant.

ACTEURS.

SGANARELLE, amant de Dorimène.
GÉRONIMO, ami de Sganarelle.
DORIMÈNE, fille d'Alcantor.
ALCANTOR, père de Dorimène.
ALCIDAS, frère de Dorimène.
LYCASTE, amant de Dorimène.
PANCRACE, docteur Aristotélicien.
MARPHURIUS, docteur Pyrrhonien.
DEUX BOHÉMIENNES.

La scène est dans une place publique.

LE MARIAGE FORCÉ.

SCÈNE I.

SGANARELLE *parlant à ceux qui sont dans sa maison.* *

Je suis de retour dans un moment. Que l'on ait bien soin du logis, et que tout aille comme il faut. Si l'on m'apporte de l'argent, que l'on me vienne querir vîte chez le seigneur Geronimo; et si l'on vient m'en demander, qu'on dise que je suis sorti, et que je ne dois revenir de toute la journée.

SCÈNE II.

SGANARELLE, GERONIMO.

GERONIMO *ayant entendu les dernières paroles de Sganarelle.*

Voila un ordre fort prudent.
SGANARELLE.
Ah! seigneur Geronimo, je vous trouve à propos; et j'allois chez vous vous chercher.
GERONIMO.
Et pour quel sujet, s'il vous plaît?
SGANARELLE.
Pour vous communiquer une affaire que j'ai en tête, et vous prier de m'en dire votre avis.

---

* Sganarelle entre en parlant aux gens qui sont dans sa maison: c'est ainsi qu'on voit dans le *Phormio* de Térence, *Geta* dire à des gens du dedans, s'il vient un certain homme roux me demander, *si quis me quæret rufus*..... et être interrompu comme Sganarelle par la personne chez laquelle il alloit.

GERONIMO.

Très-volontiers. Je suis bien aise de cette rencontre, et nous pouvons parler ici en toute liberté.

SGANARELLE.

Mettez donc dessus, s'il vous plaît. Il s'agit d'une chose de conséquence que l'on m'a proposée; et il est bon de ne rien faire sans le conseil de ses amis.

GERONIMO.

Je vous suis obligé de m'avoir choisi pour cela. Vous n'avez qu'à me dire ce que c'est.

SGANARELLE.

Mais, auparavant, je vous conjure de ne me point flatter du tout, et de me dire nettement votre pensée.

GERONIMO.

Je le ferai, puisque vous le voulez.

SGANARELLE.

Je ne vois rien de plus condamnable qu'un ami qui ne nous parle point franchement.

GERONIMO.

Vous avez raison.

SGANARELLE.

Et, dans ce siècle, on trouve peu d'amis sincères.

GERONIMO.

Cela est vrai.

SGANARELLE.

Promettez-moi donc, seigneur Geronimo, de me parler avec toute sorte de franchise.

GERONIMO.

Je vous le promets.

SGANARELLE.

Jurez-en votre foi.

GERONIMO.

Oui, foi d'ami. Dites-moi seulement votre affaire.

SGANARELLE.

C'est que je veux savoir de vous, si je ferai bien de me marier.

GERONIMO.

Qui, vous?

SCÈNE II.

SGANARELLE.

Oui, moi-même, en propre personne. Quel est votre avis là-dessus.

GERONIMO.

Je vous prie auparavant de me dire une chose.

SGANARELLE.

Et quoi ?

GERONIMO.

Quel âge pouvez-vous bien avoir maintenant ?

SGANARELLE.

Moi ?

GERONIMO.

Oui.

SGANARELLE.

Ma foi, je ne sais; mais je me porte bien.

GERONIMO.

Quoi, vous ne savez pas à peu près votre âge ?

SGANARELLE.

Non. Est-ce qu'on songe à cela ?

GERONIMO.

Hé, dites-moi un peu, s'il vous plaît : combien aviez-vous d'année lorsque nous fîmes connoissance ?

SGANARELLE.

Ma foi, je n'avois que vingt ans alors.

GERONIMO.

Combien fûmes-nous ensemble à Rome ?

SGANARELLE.

Huit ans.

GERONIMO.

Quel tems avez-vous demeuré en Angleterre ?

SGANARELLE.

Sept ans.

GERONIMO.

Et en Hollande, où vous fûtes ensuite ?

SGANARELLE.

Cinq ans et demi.

GERONIMO.

Combien y a-t-il que vous êtes revenu ici ?

SGANARELLE.

Je revins en cinquante-deux.

GERONIMO.

De cinquante-deux à soixante-quatre, il y a douze ans, ce me semble. Cinq ans en Hollande, font dix-sept ; sept ans en Angleterre, font vingt-quatre ; huit dans dans notre séjour à Rome, font trente-deux ; et vingt que vous aviez lorsque nous nous connûmes, cela fait justement cinquante-deux. Si bien, seigneur Sganarelle, que, sur votre propre confession, vous êtes environ à votre cinquante-deuxième ou cinquante-troisième année.

SGANARELLE.

Qui, moi ? Cela ne se peut pas.

GERONIMO.

Mon Dieu ! le calcul est juste ; et, là-dessus je vous dirai franchement et en ami, comme vous m'avez fait promettre de vous parler, que le mariage n'est guère votre fait. C'est une chose à laquelle il faut que les jeunes gens pensent bien mûrement avant que de la faire, mais les gens de votre âge n'y doivent point penser du tout ; et si l'on dit que la plus grande de toutes les folies est celle de se marier, je ne vois rien de plus mal-à-propos que de la faire, cette folie, dans la saison où nous devons être plus sages. Enfin, je vous en dis nettement ma pensée. Je ne vous conseille point de songer au mariage ; et je vous trouverois le plus ridicule du monde, si, ayant été libre jusqu'à cette heure, vous alliez vous charger maintenant de la plus pesante des chaînes.

SGANARELLE.

Et moi, je vous dis que je suis résolu de me marier ; et que je ne serai point ridicule en épousant la fille que je recherche.

GERONIMO.

Ah, c'est une autre chose ! Vous ne m'aviez pas dit cela.

SGANARELLE.

C'est une autre chose qui me plaît, et que j'aime de tout mon cœur.

GERONIMO.

Vous l'aimez de tout votre cœur ?

SCÈNE II.

SGANARELLE.

Sans doute, et je l'ai demandée à son père.

GERONIMO.

Vous l'avez demandée?

SGANARELLE.

Oui. C'est un mariage qui doit se conclure ce soir; et j'ai donné ma parole.

GERONIMO.

Oh, mariez-vous donc! Je ne dis plus mot. *

SGANARELLE.

Je quitterois le dessein que j'ai fait **! Vous semble-t-il, seigneur Geronimo, que je ne sois plus propre à songer à une femme? Ne parlons point de l'âge que je puis avoir; mais regardons seulement les choses. Y a-t-il homme de trente ans qui paroisse plus frais et plus vigoureux que vous me voyez? N'ai-je pas tous les mouvemens de mon corps aussi bons que jamais, et voit-on que j'aie besoin de carrosse ou de chaise pour cheminer? N'ai-je pas encore toutes mes dents les meilleures du monde?

(*Il montre ses dents.*)

Ne fais-je pas vigoureusement mes quatre repas par jour, et peut-on voir un estomac qui ait plus de force que le mien?

(*Il tousse.*)

Hem, hem, hem. Hé, qu'en dites-vous?

GERONIMO.

Vous avez raison, je m'étois trompé. Vous ferez bien de vous marier.

SGANARELLE.

J'y ai repugné autrefois, mais j'ai maintenant de puissantes raisons pour cela. Outre la joie que j'aurai de posséder une belle femme qui me dorlotera, et me viendra frotter lorsque je serai las; outre cette joie, dis-je, je considère qu'en demeu-

---

* *Oh! mariez-vous donc, je ne dis plus mot.* C'est à-peu-près ainsi que finit le chap. 9 du liv. 3 de Rabelais. *Mariez-vous donc, de par Dieu,* répondit Pantagruel.

** *Je quitterois le dessein que j'ai fait.* On dit *former*, et non pas *faire un dessein*.

rant comme je suis, je laisse périr dans le monde la race des Sganarelles; et, qu'en me mariant, je pourrai me voir revivre en d'autres moi-même; que j'aurai le plaisir de voir des créatures qui seront sorties de moi, de petites figures qui me ressembleront comme deux gouttes d'eau, qui se joueront continuellement dans la maison, qui m'appelleront leur papa quand je reviendrai de la ville, et me diront de petites folies les plus agréables du monde. Tenez, il me semble déjà que j'y suis, et que j'en vois une demi-douzaine autour de moi.

GERONIMO.

Il n'y a rien de plus agréable que cela; et je vous conseille de vous marier le plus vite que vous pourrez.

SGANARELLE.

Tout de bon, vous me le conseillez ?

GERONIMO.

Assurément. Vous ne sauriez mieux faire.

SGANARELLE.

Vraiment je suis ravi que vous me donniez ce conseil en véritable ami.

GERONIMO.

Hé, quelle est la personne, s'il vous plaît, avec qui vous allez vous marier ?

SGANARELLE.

Dorimène.

GERONIMO.

Cette jeune Dorimène, si galante et si bien parée ?

SGANARELLE.

Oui.

GERONIMO.

Fille du seigneur Alcantor ?

SGANARELLE.

Justement.

GERONIMO.

Et sœur d'un certain Alcidas, qui se mêle de porter l'épée ?

SGANARELLE.

C'est cela.

GERONIMO.

Vertu de ma vie !

SCÈNE IV.

SGANARELLE.

Qu'en dites-vous ?

GERONIMO.

Bon parti! Mariez-vous promptement.

SGANARELLE.

N'ai-je pas raison d'avoir fait ce choix ?

GERONIMO.

Sans doute. Ah, que vous serez bien marié ! Dépêchez-vous de l'être.

SGANARELLE.

Vous me comblez de joie, de me dire cela. Je vous remercie de votre conseil, et je vous invite ce soir à mes noces.

GERONIMO.

Je n'y manquerai pas; et je veux y aller en masque afin de les mieux honorer.

SGANARELLE.

Serviteur.

GERONIMO *à part.*

La jeune Dorimène, fille du seigneur Alcantor, avec le seigneur Sganarelle, qui n'a que cinquante-trois ans ! O le beau mariage ! O le beau mariage !

(*Ce qu'il répète plusieurs fois en s'en allant.*)

SCÈNE III.

SGANARELLE *seul.*

Ce mariage doit être heureux; car il donne de la joie à tout le monde, et je fais rire tous ceux à qui j'en parle. Me voilà maintenant le plus content des hommes.

SCÈNE IV.

DORIMÈNE SGANARELLE.

DORIMÈNE, *dans le fond du théâtre, à un petit laquais qui la suit.*

Allons, petit garçon, qu'on tienne bien ma queue, et qu'on ne s'amuse pas à badiner.

SGANARELLE *à part, apercevant Dorimène.*

Voici ma maîtresse qui vient. Ah, qu'elle est agréable ! Quel air et quelle taille ! Peut-il y avoir un homme qui n'ait,
(*à Dorimène.*)
en la voyant, des démangeaisons de se marier ? Où allez-vous, belle mignone, chère épouse future de votre époux futur ?

DORIMÈNE.

Je vais faire quelques emplettes.

SGANARELLE.

Hé bien, ma belle, c'est maintenant que nous allons être heureux l'un et l'autre. Vous ne serez plus en droit de me rien refuser ; et je pourrai faire avec vous tout ce qui me plaira, sans que personne s'en scandalise. Vous allez être à moi depuis la tête jusqu'aux pieds, et je serai maître de tout * ; de vos petits yeux éveillés, de votre petit nez fripon, de vos lèvres appétissantes, de vos oreilles amoureuses, de votre petit menton joli, de vos petits tétons rondelets, de votre... Enfin, toute votre personne sera à ma discrétion, et je serai à même, pour vous caresser comme je voudrai. N'êtes-vous pas bien aise de ce mariage, mon aimable pouponne ?

DORIMÈNE.

Tout-à-fait aise, je vous jure. Car enfin, la sévérité de mon père m'a tenue jusques ici dans une sujétion la plus fâcheuse du monde. Il y a je ne sais combien que j'enrage du peu de liberté qu'il me donne, et j'ai cent fois souhaité qu'il me mariât, pour sortir promptement de la contrainte où j'étois avec lui, et me voir en état de faire ce que je voudrai. Dieu merci, vous êtes venu heureusement pour cela, et je me prépare désormais à me donner du divertissement, et à réparer, comme il faut, le tems que j'ai perdu. Comme vous êtes un fort galant homme, et que vous savez comme il faut vivre, je crois que nous ferons le meilleur ménage du monde ensemble, et que vous ne serez point de ces maris incommodes, qui veulent que leurs femmes vivent comme des loups-garoux. Je vous avoue

---

* *Et je serai maître de tout, de vos petits yeux*, etc. Il y a dans ce morceau des détails qu'on ne passeroit point aujourd'hui. Il semble que la décence des mots soit faite pour nous dédommager de celle que nous n'avons plus.

SCÈNE V.

que je ne m'accommoderois pas de cela, et que la solitude me désespère. J'aime le jeu, les visites, les assemblées, les cadeaux et les promenades, en un mot toutes les choses de plaisir : et vous devez être ravi d'avoir une femme de mon humeur. Nous n'aurons jamais aucun démêlé ensemble, et je ne vous contraindrai point dans vos actions, comme j'espère que, de votre côté, vous ne me contraindrez point dans les miennes; car, pour moi, je tiens qu'il faut avoir une complaisance mutuelle, et qu'on ne se doit point marier pour se faire enrager l'un l'autre. Enfin, nous vivrons, étant mariés, comme deux personnes qui savent leur monde. Aucun soupçon jaloux ne nous troublera la cervelle; et c'est assez que vous serez * assuré de ma fidélité, comme je serai persuadée de la vôtre. Mais qu'avez-vous? Je vous vois tout changé de visage.

SGANARELLE.

Ce sont quelques vapeurs qui me viennent de monter à la tête.

DORIMÈNE.

C'est un mal aujourd'ui qui attaque beaucoup de gens; mais notre mariage vous dissipera tout cela. Adieu. Il me tarde déjà que je n'aie des habits raisonnables pour quitter vite ces guenilles. Je m'en vais de ce pas achever d'acheter toutes les choses qu'il me faut, et je vous enverrai les marchands.

SCÈNE V.

GERONIMO, SGANARELLE.

GERONIMO.

Ah! seigneur Sganarelle, je suis ravi de vous trouver encore ici, et j'ai rencontré un orfèvre qui, sur le bruit que vous cherchez quelque beau diamant en bague pour faire un présent à votre épouse, m'a fort prié de vous venir parler pour lui, et de vous dire qu'il en a un à vendre, le plus parfait du monde.

SGANARELLE.

Mon Dieu, cela n'est pas pressé !

---

* *Et c'est assez que vous serez assuré....* Cette tournure est peu exacte, il seroit mieux de dire : *Et ce sera assez que vous soyez assuré.....*

LE MARIAGE FORCÉ.
GERONIMO.
Comment que veut dire cela ? Où est l'ardeur que vous moutriez tout-à-l'heure ?
SGANARELLE.
Il m'est venu, depuis un moment, de petits scrupules sur le mariage. Avant que de passer plus avant, je voudrois bien agiter à fond cette matière, et que l'on m'expliquât un songe * que j'ai fait cette nuit, et qui vient tout-à-l'heure de me revenir dans l'esprit. Vous savez que les songes sont comme des miroirs, où l'on découvre quelquefois tout ce qui nous doit arriver. Il me sembloit que j'étois dans un vaisseau, sur une mer bien agitée ; et que...
GERONIMO.
Seigneur Sganarelle, j'ai maintenant quelque petite affaire qui m'empêche de vous ouïr. Je n'entends rien du tout aux songes ; et, quant au raisonnement du mariage, vous avez deux savans, deux philosophes, vos voisins, qui sont gens à vous débiter tout ce qu'on peut dire sur ce sujet. Comme ils sont de sectes différentes, vous pouvez examiner leurs diverses opinions là-dessus. Pour moi, je me contente de ce que je vous ai dit tantôt, et demeure votre serviteur.
SGANARELLE seul.
Il a raison. Il faut que je consulte un peu ces gens-là sur l'incertitude où je suis.

SCÈNE VI.
PANCRACE, SGANARELLE.
PANCRACE *se tournant du côté par où il est entré, et sans voir Sganarelle* **.

Allez, vous êtes un impertinent, mon ami, un homme

* Panurge, au chap. 14 du troisième liv. de Rabelais, demande, comme Sganarelle, l'explication du songe qu'il a fait.

** C'est principalement dans cette scène que Molière se moque de ces *maraulx sophistes* (comme dit Rabelais) *lesquels, en leurs disputations, ne cherchent vérité, mais contradiction et débat* ; et qu'il verse le plus grand ridicule sur les pédans de son siècle, et sur les ténèbres de l'ancienne dialectique qui redoutoient les lumières que venoit de répandre la saine logique de Descartes.

SCÈNE VI.

ignare de toute bonne discipline, bannissable de la république des lettres.

SGANARELLE.

Ah, bon! En voici un fort à propos.

PANCRACE *de même, sans voir Sganarelle.*

Oui, je te soutiendrai par vives raisons, je te montrerai par Aristote, le philosophe des philosophes, que tu es un ignorant, un ignorantissime, ignorantifiant et ignorantifié, par tous les cas et modes imaginables.

SGANARELLE.

à part.   (*à Pancrace.*)

Il a pris querelle contre quelqu'un. Seigneur....

PANCRACE *de même, sans voir Sganarelle.*

Tu te veux mêler de raisonner, et tu ne sais pas seulement les élémens de la raison.

SGANARELLE.

à part.   (*à Pancrace.*)

La colère l'empêche de me voir. Seigneur...

PANCRACE *de même, sans voir Sganarelle.*

C'est une proposition condamnable dans toutes les terres de la philosophie.

SGANARELLE.

à part.   (*à Pancrace.*)

Il faut qu'on l'ait fort irrité. Je.....

PANCRACE *de même, sans voir Sganarelle.*

Toto cœlo, totâ viâ aberras.

SGANARELLE.

Je baise les mains à monsieur le docteur.

PANCRACE

Serviteur.

SGANARELLE.

Peut-on ?....

PANCRACE *se retournant vers l'endroit par où il est entré.*

Sais-tu bien ce que tu as fait ? un syllogisme *in balordo.*

SGANARELLE.

Je vous....

PANCRACE *de même.*

La majeure en est inepte, la mineure impertinente, et la conclusion ridicule.

SGANARELLE.
Je....

PANCRACE *de même*
Je creverois plutôt que d'avouer ce que tu dis; et je soutiendrai mon opinion jusqu'à la dernière goutte de mon encre.

SGANARELLE.
Puis-je...

PANCRACE *de même*.
Oui, je défendrai cette proposition, *pugnis et calcibus, unguibus et rostro*.

SGANARELLE.
Seigneur Aristote, peut-on savoir ce qui vous met si fort en colère ?

PANCRACE.
Un sujet le plus juste du monde.

SGANARELLE.
Et quoi, encore ?

PANCRACE.
Un ignorant m'a voulu soutenir une proposition erronée, une proposition épouvantable, effroyable, exécrable.

SGANARELLE.
Puis-je demander ce que c'est ?

PANCRACE.
Ah, seigneur Sganarelle, tout est renversé aujourd'hui, et le monde est tombé dans une corruption générale ? Une licence épouvantable règne partout ; et les magistrats qui sont établis pour maintenir l'ordre dans cet état, devroient mourir de honte, en souffrant un scandale aussi intolérable que celui dont je veux parler.

SGANARELLE.
Quoi donc ?

PANCRACE.
N'est-ce pas une chose horrible, une chose qui crie vengeance au ciel, que d'endurer qu'on dise publiquement la forme d'un chapeau ?

SGANARELLE.
Comment !

PANCRACE.
Je soutiens qu'il faut dire la figure d'un chapeau, et non pas

SCÈNE VI.

la forme ; d'autant qu'il y a cette différence entre la forme et la figure, que la forme est la disposition extérieure des corps qui sont animés, et la figure, la disposition extérieure des corps qui sont inanimés : et puisque le chapeau est un corps inanimé, il faut dire la figure d'un chapeau, et non pas la forme.

(*Se retournant encore du côté par où il est entré.*)

Oui, ignorant que vous êtes, c'est ainsi qu'il faut parler ; et ce sont les termes exprès d'Aristote dans le chapitre de la qualité.

SGANARELLE.
à part. (*à Pancrace.*)

Je pensois que tout fût perdu. Seigneur docteur, ne songez plus à tout cela. Je....

PANCRACE.
Je suis dans une colère que je ne me sens pas.

SGANARELLE.
Laissez la forme et le chapeau en paix. J'ai quelque chose à vous communiquer. Je....

PANCRACE.
Impertinent !

SGANARELLE.
De grace, remettez-vous. Je....

PANCRACE.
Ignorant !

SGANARELLE.
Hé, mon Dieu ! Je....

PANCRACE.
Me vouloir soutenir une proposition de la sorte !

SGANARELLE.
Il a tort. Je. .

PANCRACE.
Une propositition condamnée par Aristote !

SGANARELLE.
Cela est vrai. Je....

PANCRACE.
En termes exprès.

SGANARELLE.
(*Se tournant du côté par où Pancrace est entré.*)

Vous avez raison. Oui, vous êtes un sot, et un impudent, de vouloir disputer contre un docteur qui sait lire et écrire. Voilà qui est fait. Je vous prie de m'écouter. Je viens vous consulter sur une affaire qui m'embarrasse. J'ai dessein de prendre une femme, pour me tenir compagnie dans mon ménage. La personne est belle et bien faite ; elle me plaît beaucoup, et est ravie de m'épouser. Son père me l'a accordée ; mais je crains un peu ce que vous savez, la disgrâce dont on ne plaint personne ; et je voudrois bien vous prier, comme philosophe, de me dire votre sentiment. Hé, quel est votre avis là-dessus ?

PANCRACE.

Plutôt que d'accorder qu'il faille dire la forme d'un chapeau, j'accorderois que *datur vacuum in rerum naturâ*, et que je ne suis qu'une bête.

SGANARELLE.
à part.   (à Pancrace.)

La peste soit de l'homme. Hé, monsieur le docteur, écoutez un peu les gens ! On vous parle une heure durant, et vous ne répondez point à ce qu'on vous dit.

PANCRACE.

Je vous demande pardon. Une juste colère m'occupe l'esprit.

SGANARELLE.

Hé, laissez tout cela ; et prenez la peine de m'écouter.

PANCRACE.

Soit. Que voulez-vous me dire ?

SGANARELLE.

Je veux vous parler de quelque chose.

PANCRACE.

Et de quelle langue voulez-vous vous servir avec moi ?

SGANARELLE.

De quelle langue ?

PANCRACE.

Oui.

SGANARELLE.

Parbleu, de la langue que j'ai dans ma bouche. Je crois que je n'irai pas emprunter celle de mon voisin.

PANCRACE.

Je vous dis de quel idiome, de quel langage ?

SGANARELLE.

Ah, c'est une autre affaire !

PANCRACE.

Voulez-vous me parler Italien ?

SCÈNE VI.

SGANARELLE.

Non.

PANCRACE.

Espagnol ?

SGANARELLE.

Non.

PANCRACE.

Allemand ?

SGANARELLE.

Non.

PANCRACE.

Anglois ?

SGANARELLE.

Non.

PANCRACE.

Latin ?

SGANARELLE.

Non.

PANCRACE.

Grec ?

SGANARELLE.

Non.

PANCRACE.

Hébreu ?

SGANARELLE.

Non.

PANCRACE.

Syriaque ?

SGANARELLE.

Non.

PANCRACE.

Turc ?

SGANARELLE.

Non.

PANCRACE.

Arabe ?

SGANARELLE.

Non, non. François, François, François.

PANCRACE.

Ah, François !

SGANARELLE.

Fort bien.

PANCRACE.

Passez donc de l'autre côté : car cette oreille-ci est destinée pour les langues scientifiques et étrangères, et l'autre est pour la vulgaire et la maternelle.

SGANARELLE *à part.*

Il faut bien des cérémonies avec ces sortes de gens-ci.

PANCRACE.

Que voulez-vous ?

SGANARELLE.

Vous consulter sur une petite difficulté.

PANCRACE.

Ah, ha, sur une difficulté de philosophie, sans doute !

SGANARELLE.

Pardonnez-moi. Je....

PANCRACE.

Vous voulez peut-être savoir si la substance et l'accident sont termes synonimes ou équivoques à l'égard de l'être ?

SGANARELLE.

Point du tout. Je...

PANCRACE.

Si la logique est un art ou une science ?

SGANARELLE.

Ce n'est pas cela. Je...

PANCRACE.

Si elle a pour objet les trois opérations de l'esprit, ou la troisième seulement ?

SGANARELLE.

Non. Je....

PANCRACE.

S'il y a dix cathégories, ou s'il n'y en a qu'une ?

SGANARELLE.

Point. Je...

PANCRACE.

Si la conclusion est de l'essence du syllogisme ?

SCENE VI.
SGANARELLE.

Nenni. Je....

PANCRACE.

Si l'essence du bien est mise dans l'appétibilité, ou dans la convenance ?

SGANARELLE.

Non. Je...

PANCRACE.

Si le bien se réciproque avec la fin ?

SGANARELLE.

Hé, non ! Je...

PANCRACE.

Si la fin nous peut émouvoir par son être réel, ou par son être intentionnel ?

SGANARELLE.

Non, non, non, non, non, de par tous les diables, non.

PANCRACE.

Expliquez donc votre pensée ; car je ne puis pas la deviner.

SGANARELLE.

Je vous la veux expliquer aussi ; mais il faut m'écouter.

(*Pendant que Sganarelle dit,*)

L'affaire que j'ai à vous dire, c'est que j'ai envie de me marier avec une fille qui est jeune et belle. Je l'aime fort, et l'ai demandée à son père ; mais, comme j'appréhende...

PANCRACE *dit en même tems, sans écouter Sganarelle,*

La parole a été donnée à l'homme pour expliquer ses pensées ; et tout ainsi que les pensées sont les portraits des choses, de même nos paroles sont-elles les portraits de nos pensées.

(*Sganarelle impatienté ferme la bouche du docteur avec sa main à plusieurs reprises, et le docteur continue de parler d'abord que Sganarelle ôte sa main.*)

Mais ces portraits diffèrent des autres portraits en ce que les autres portraits sont distingués partout de leurs originaux, et que la parole enferme en soi son original, puisqu'elle n'est autre chose que la pensée expliquée par un signe extérieur ; d'où vient que ceux qui pensent bien, sont aussi ceux qui parlent le mieux. Expliquez-moi donc votre pensée par la parole, qui est le plus intelligible de tous les signes.

SGANARELLE *pousse le docteur dans sa maison, et tire la porte pour l'empêcher de sortir.*

Peste de l'homme !

PANCRACE, *au-dedans de sa maison.*

Oui, la parole est *animi index et speculum.* C'est le truchement du cœur, c'est l'image de l'ame.

(*Il monte à la fenêtre, et continue.*)

C'est un miroir qui nous présente naïvement les secrets les plus arcanes de nos individus ; et puisque vous avez la faculté de ratiociner, et de parler tout ensemble, à quoi tient-il que vous ne vous serviez de la parole pour me faire entendre votre pensée ?

SGANARELLE.

C'est ce que je veux faire ; mais vous ne voulez pas m'écouter.

PANCRACE.

Je vous écoute, parlez.

SGANARELLE.

Je dis donc, monsieur le docteur, que....

PANCRACE.

Mais, surtout, soyez bref.

SGANARELLE.

Je le serai.

PANCRACE.

Evitez la prolixité.

SGANARELLE.

Hé ! Monsi...

PANCRACE.

Tranchez-moi votre discours d'un apophtegme à la laconienne.

SGANARELLE.

Je vous....

PANCRACE.

Point d'ambages, de circonlocution.

(*Sganarelle, de dépit de ne point parler, ramasse des pierres pour en casser la tête du docteur.*)

PANCRACE.

Hé quoi ? Vous vous emportez au lieu de vous expliquer ? Allez, vous êtes plus impertinent que celui qui m'a voulu soutenir qu'il faut dire la forme d'un chapeau ; et je vous prouverai, en toute rencontre, par raisons démonstratives et convaincantes, et par argumens *in barbara*, que vous n'êtes et ne serez jamais qu'un pécore, et que je suis et serai toujours *in utroque jure* le docteur Pancrace.

SGANARELLE.

Quel diable de babillard !

PANCRACE *en rentrant sur le théâtre.*

Homme de lettre, homme d'érudition.

SGANARELLE.

Encore ?

PANCRACE.

Homme de suffisance, homme de capacité. (*s'en allant.*) Homme consommé dans toutes les sciences, naturelles, morales et politiques. (*revenant.*) Homme savant, savantissime, *per omnes modos et casus*. (*s'en allant*) Homme qui possède, *superlativè*, fables, mythologies et histoires, (*revenant*) Grammaire, poésie, réthorique, dialectique et sophistique, (*s'en allant.*) Mathématique, arithmétique, optique, onirocritique, physique et mathématique. (*revenant.*) Cosmométrie, géométrie, architecture, spéculoire et spéculatoire. (*s'en allant.*) Médecine, astronomie, astrologie, phisionomie, métoposcopie, chiromancie, géomancie, etc.

SCÈNE VII.

SGANARELLE *seul.*

Au diable les savans qui ne veulent point écouter les gens ! On me l'avoit bien dit, que son maître Aristote n'étoit rien qu'un bavard. Il faut que j'aille trouver l'autre, peut-être qu'il sera plus posé et plus raisonnable. Holà.

SCÈNE VIII.

MARPHURIUS, SGANARELLE.

MARPHURIUS.

Que voulez-vous de moi, seigneur Sganarelle.

SGANARELLE.

Seigneur docteur, j'aurois besoin de votre conseil sur une petite affaire dont il s'agit, et je suis venu ici pour cela. Ah,
(*à part.*)
voilà qui va bien. Il écoute le monde, celui-ci.

MARPHURIUS.

Seigneur Sganarelle, changez, s'il vous plaît, cette façon de parler *. Notre philosophie ordonne de ne point énoncer de proposition décisive, de parler de tout avec incertitude, de suspendre toujours son jugement ; et, par cette raison, vous ne devez pas dire, je suis venu, mais il me semble que je suis venu.

SGANARELLE.

Il me semble ?

MARPHURIUS.

Oui.

SGANARELLE.

Parbleu, il faut bien qu'il me semble, puisque cela est.

MARPHURIUS.

Ce n'est pas une conséquence ; et il peut vous le sembler, sans que la chose soit véritable.

SGANARELLE.

Comment il n'est pas vrai que je suis venu ?

MARPHURIUS.

Cela est incertain, et nous devons douter de tout.

SGANARELLE.

Quoi, je ne suis pas ici, et vous ne me parlez pas ?

MARPHURIUS.

Il m'apparoît que vous êtes là, et il me semble que je vous parle ; mais il n'est pas assuré que cela soit.

SGANARELLE.

Hé, que diable, vous vous moquez. Me voilà, et vous voilà bien nettement, et il n'y a point de me semble à tout cela. Laissons ces subtilités, je vous prie, et parlons de mon affaire. Je viens vous dire que j'ai envie de me marier.

MARPHURIUS.

Je n'en sais rien.

---

* Il est évident que le mariage de Panurge fournit à Molière l'idée de cette farce, puisque les réponses de *Trouillogan, philosophe Ephectique et Pyrronien*, liv. 3, chap. 35, sont à-peu-près les mêmes que celles de Marphurius à Sganarelle dans la scène huitième. Molière étoit plein de son Rabelais, et, comme l'inimitable La Fontaine, il se plut souvent à redonner une vie plus éclatante encore à quelques-unes des plaisanteries de ce bon curé de Meudon.

SCÈNE VIII.

SGANARELLE.

Je vous le dis.

MARPHURIUS.

Il se peut faire.

SGANARELLE.

La fille que je veux prendre, est fort jeune et fort belle.

MARPHURIUS.

Il n'est pas impossible.

SGANARELLE.

Ferai-je bien, ou mal, de l'épouser ?

MARPHURIUS.

L'un ou l'autre.

SGANARELLE.

à part.   (*à Marphurius.*)

Ah, ah, voici une autre musique. Je vous demande si je ferai bien d'épouser la fille dont je vous parle ?

MARPHURIUS.

Selon la rencontre.

SGANARELLE.

Ferai-je mal ?

MARPHURIUS.

Par aventure.

SGANARELLE.

De grace, répondez-moi comme il faut.

MARPHURIUS.

C'est mon dessein.

SGANARELLE.

J'ai une grande inclination pour la fille.

MARPHURIUS.

Cela peut être.

SGANARELLE.

Le père me l'a accordée.

MARPHURIUS.

Il se pourroit.

SGANARELLE.

Mais en l'épousant, je crains d'être cocu.

MARPHURIUS.

La chose est faisable.

SGANARELLE.

Qu'en pensez-vous?

MARPHURIUS.

Il n'y a pas d'impossibilité.

SGANARELLE.

Mais que feriez-vous si vous étiez à ma place?

MARPHURIUS.

Je ne sais.

SGANARELLE.

Que me conseillez-vous de faire?

MARPHURIUS.

Ce qui vous plaira.

SGANARELLE.

J'enrage.

MARPHURIUS.

Je m'en lave les mains.

SGANARELLE.

Au diable soit le rêveur!

MARPHURIUS.

Il en sera ce qui pourra.

SGANARELLE, *à part.*

La peste du bourreau! Je te ferai changer de note, chien de philosophe enragé.

(*Il donne des coups de bâton à Marphurius.*)

MARPHURIUS.

Ah, ah, ah!

SGANARELLE.

Te voilà payé de ton galimatias, et me voilà content.

MARPHURIUS.

Comment! Quelle insolence! m'outrager de la sorte! Avoir eu l'audace de battre un philosophe comme moi!

SGANARELLE.

Corrigez, s'il vous plaît, cette manière de parler. Il faut douter de toutes choses; et vous ne devez pas dire que je vous ai battu, mais qu'il vous semble que je vous ai battu.

MARPHURIUS.

Ah, je m'en vais faire ma plainte au commissaire du quartier, des coups que j'ai reçus.

SCÈNE IX.

SGANARELLE.
Je m'en lave les mains.

MARPHURIUS.
J'en ai les marques sur ma personne.

SGANARELLE.
Il se peut faire.

MARPHURIUS.
C'est toi qui m'as traité ainsi.

SGANARELLE.
Il n'y a pas d'impossibilité.

MARPHURIUS.
J'aurai un décret contre toi.

SGANARELLE.
Je n'en sais rien.

MARPHURIUS.
Tu seras condamné en justice.

SGANARELLE.
Il en sera ce qui pourra.

MARPHURIUS.
Laisse-moi faire.

SCÈNE IX.

SGANARELLE *seul*.

Comment? On ne sauroit tirer une parole de ce chien d'homme-là, et l'on est aussi savant à la fin qu'au commencement. Que dois-je faire dans l'incertitude des suites de mon mariage? Jamais homme ne fut plus embarrassé que je suis. Ah! voici des Bohémiennes : il faut que je me fasse dire par elles ma bonne aventure.

LE MARIAGE FORCÉ.

SCÈNE X.

DEUX BOHÉMIENNES, SGANARELLE.

(Les deux Bohémiennes, avec leurs tambours de basque, entrent en chantant et en dansant.) *

SGANARELLE.

Elles sont gaillardes. Écoutez, vous autres, y a-t-il moyen de me dire ma bonne fortune ?

1. BOHÉMIENNE.

Oui, mon beau monsieur, nous voici deux qui te la dirons.

2. BOHÉMIENNE.

Tu n'as seulement qu'à nous donner ta main, avec la croix dedans ; et nous te dirons quelque chose pour ton bon profit.

SGANARELLE.

Tenez, les voilà toutes deux avec ce que vous demandez.

1. BOHÉMIENNE.

Tu as une bonne physionomie, mon bon monsieur, une bonne physionomie.

2. BOHÉMIENNE.

Oui, une bonne physionomie ; physionomie d'un homme qui sera un jour quelque chose.

1. BOHÉMIENNE.

Tu seras marié avant qu'il soit peu, mon bon monsieur, tu seras marié avant qu'il soit peu.

---

* Cette scène des deux Bohémiennes avec Sganarelle se supprime aujourd'hui, et l'on ne sait pourquoi ; elle mettroit plus de gaieté et plus de variété dans l'ouvrage ; mais nos acteurs le représentent ordinairement avec une négligence qu'ils ne devroient se permettre dans aucune pièce de Molière. On trouve encore ici une imitation de Rabelais, l. 3. c. 30. Panurge demande au Théologien Hyppotadée, *s'il ne sera point cocu. Nenny-da, mon ami, répondit Hyppotadée, si Dieu plaît. Oh ! la vertu de Dieu, s'écria Panurge, vous soit en aide ! Où me renvoyez-vous, bonnes gens ?.... Si Dieu plaît, je ne serai point cocu ; je serai cocu si Dieu plaît....* Sganarelle fait aux bohémiennes la même demande, et elle le laissent dans la même perplexité, en lui disant, pour toute réponse, *cocu, vous ? Vous cocu ?*

SCÈNE X.

2. BOHÉMIENNE.

Tu épouseras une femme gentille, une femme gentille.

1. BOHÉMIENNE.

Oui, une femme qui sera chérie et aimée de tout le monde.

2. BOHÉMIENNE.

Une femme qui te fera beaucoup d'amis, mon bon monsieur, qui te fera beaucoup d'amis.

1. BOHÉMIENNE.

Une femme qui fera venir l'abondance chez toi.

2. BOHÉMIENNE.

Une femme qui te donnera une grande réputation.

1. BOHÉMIENNE.

Tu seras considéré par elle, mon bon monsieur, tu seras considéré par elle.

SGANARELLE.

Voilà qui est bien. Mais dites-moi un peu, suis-je menacé d'être cocu ?

2. BOHÉMIENNE.

Cocu ?

SGANARELLE.

Oui.

1. BOHÉMIENNE.

Cocu ?

SGANARELLE.

Oui, si je suis menacé d'être cocu ?

(*Les deux Bohémiennes dansent et chantent.*)

SGANARELLE.

Que diable, ce n'est pas là me répondre ! Venez-ça. Je vous demande à toutes deux si je serai cocu ?

2. BOHÉMIENNE.

Cocu ? Vous ?

SGANARELLE.

Oui, si je serai cocu ?

1. BOHÉMIENNE.

Vous ? Cocu ?

SGANARELLE.

Oui, si je le serai, ou non ?

(*Les deux Bohémiennes sortent en chantant et en dansant.*)

SCÈNE XI.

SGANARELLE *seul*.

PESTE soit des carognes qui me laissent dans l'inquiétude ! Il faut absolument que je sache la destinée de mon mariage ; et, pour cela, je veux aller trouver ce grand magicien dont tout le monde parle tant, et qui, par son art admirable, fait voir tout ce que l'on souhaite. Ma foi, je crois que je n'ai que faire d'aller au magicien, et voici qui me montre tout ce que je puis demander.

SCÈNE XII.

DORIMÈNE, LYCASTE, SGANARELLE
retiré dans un coin du théâtre sans être vu.

LYCASTE.

Quoi, belle Dorimène, c'est sans raillerie que vous parlez ?

DORIMÈNE.

Sans raillerie.

LYCASTE.

Vous vous mariez tout de bon ?

DORIMÈNE.

Tout de bon.

LYCASTE.

Et vos noces se feront dès ce soir ?

DORIMÈNE.

Dès ce soir.

LYCASTE.

Et vous pouvez, cruelle que vous êtes, oublier de la sorte l'amour que j'ai pour vous, et les obligeantes paroles que vous m'aviez données ?

DORIMÈNE.

Moi ? Point du tout. Je vous considère toujours de même ; et ce mariage ne doit point vous inquiéter. C'est un homme que je n'épouse point par amour, et sa seule richesse me fait résoudre à l'accepter. Je n'ai point de bien, vous n'en avez point aussi, et vous savez que sans cela, on passe mal le tems au

SCÈNE XII.

monde; et, qu'à quelque prix que ce soit, il faut tâcher d'en avoir. J'ai embrassé cette occasion-ci de me mettre à mon aise; et je l'ai fait sur l'espérance de me voir bientôt délivrée du barbon que je prends. C'est un homme qui mourra avant qu'il soit peu, et qui n'a tout au plus que six mois dans le ventre. Je vous le garantis défunt dans le tems que je dis; et je n'aurai pas longuement à demander pour moi au ciel l'heureux état de veuve *.

(*à Sganarelle qu'elle aperçoit.*)

Ah! nous parlions de vous, et nous en disions tout le bien qu'on en sauroit dire.

LYCASTE.

Est-ce là, monsieur?

DORIMÈNE.

Oui, c'est monsieur qui me prend pour femme.

LYCASTE.

Agréez, monsieur, que je vous félicite de votre mariage, et vous présente en même tems mes très-humbles services. Je vous assure que vous épousez-là une très-honnête personne: et vous, mademoiselle, je me réjouis avec vous aussi de l'heureux choix que vous avez fait. Vous ne pouviez pas mieux trouver, et monsieur a toute la mine d'être un fort bon mari. Oui, monsieur, je veux faire amitié avec vous, et lier ensemble un petit commerce de visites et de divertissemens.

DORIMÈNE.

C'est trop d'honneur que vous nous faites à tous deux. Mais allons le tems me presse, et nous aurons tout le loisir de nous entretenir ensemble.

---

* Voici une des scènes où Molière a le moins respecté les mœurs, puisqu'il fait dire à Dorimène qu'elle n'épouse le riche et vieux Sganarelle que dans l'espérance d'en être bientôt délivrée, et de n'avoir pas *longuement à demander au ciel l'heureux état de veuve.*

On remarquera qu'on ne diroit pas aujourd'hui *demander longuement* pour *demander long-tems.*

SCÈNE XIII.

SGANARELLE seul.

Me voilà tout-à-fait dégoûté de mon mariage ; et je crois que je ne ferai pas mal de m'aller dégager de ma parole. Il m'en a coûté quelque argent ; mais il vaut mieux encore perdre cela, que de m'exposer à quelque chose de pis. Tâchons adroitement de nous débarrasser de cette affaire. Holà.

(*Il frappe à la porte de la maison d'Alcantor.*)

SCÈNE XIV.

ALCANTOR, SGANARELLE.

ALCANTOR.

Ah, mon gendre, soyez le bien venu !

SGANARELLE.

Monsieur, votre serviteur.

ALCANTOR.

Vous venez pour conclure le mariage ?

SGANARELLE.

Excusez-moi.

ALCANTOR.

Je vous promets que j'en ai autant d'impatience que vous.

SGANARELLE.

Je viens ici pour un autre sujet.

ALCANTOR.

J'ai donné ordre à toutes les choses nécessaires pour cette fête.

SGANARELLE.

Il n'est pas question de cela.

ALCANTOR.

Les violons sont retenus, le festin est commandé, et ma fille est parée pour vous recevoir.

SGANARELLE.

Ce n'est pas ce qui m'amène.

SCÈNE XIV.

ALCANTOR.

Enfin, vous allez être satisfait; et rien ne peut retarder votre contentement.

SGANARELLE.

Mon Dieu! c'est autre chose.

ALCANTOR.

Allons. Entrez donc, mon gendre.

SGANARELLE.

J'ai un petit mot à vous dire.

ALCANTOR.

Ah, mon Dieu, ne faisons point de cérémonie! Entrez vîte, s'il vous plaît.

SGANARELLE.

Non, vous dis-je, je veux vous parler auparavant.

ALCANTOR.

Vous voulez me dire quelque chose?

SGANARELLE.

Oui.

ALCANTOR.

Et quoi?

SGANARELLE.

Seigneur Alcantor, j'ai demandé votre fille en mariage, il est vrai, et vous me l'avez accordée; mais je me trouve un peu avancé en âge pour elle, et je considère que je ne suis point du tout son fait.

ALCANTOR.

Pardonnez-moi, ma fille vous trouve bien comme vous êtes et je suis sûr qu'elle vivra fort contente avec vous.

SGANARELLE.

Point. J'ai par fois des bisarreries épouvantables, et elle auroit trop à souffrir de ma mauvaise humeur.

ALCANTOR.

Ma fille a de la complaisance, et vous verrez qu'elle s'accommodera entièrement à vous.

SGANARELLE.

J'ai quelques infirmités sur mon corps qui pourroient la dégoûter.

ALCANTOR.

Cela n'est rien. Une honnête femme ne se dégoûte jamais de son mari.

SGANARELLE.

Enfin, voulez-vous que je vous dise? je ne vous conseille point de me la donner.

ALCANTOR.

Vous moquez-vous? J'aimerois mieux mourir que d'avoir manqué à ma parole.

SGANARELLE.

Mon Dieu, je vous en dispense, et je....

ALCANTOR.

Point du tout. Je vous l'ai promise; et vous l'aurez en dépit de tous ceux qui y prétendent.

SGANARELLE *à part*.

Que diable!

ALCANTOR.

Voyez-vous? J'ai une estime et une amitié pour vous toute particulières; et je refuserois ma fille à un prince pour vous la donner.

SGANARELLE.

Seigneur Alcantor, je vous suis obligé de l'honneur que vous me faites, mais je vous déclare que je ne veux point me marier.

ALCANTOR.

Qui, vous?

SGANARELLE.

Oui, moi.

ALCANTOR.

Et la raison?

SGANARELLE.

La raison? C'est que je ne me sens point propre pour le mariage, et que je veux imiter mon père * et tous ceux de ma race, qui ne se sont jamais voulu marier.

---

* L'éditeur du Ménagiana trouve que cette plaisanterie, *Et je veux imiter mon père et tous ceux de ma race qui ne se sont jamais voulu marier*, est empruntée de Malleville, qui avoit dit:

Résous-toi d'imiter ton père,
Tu ne te marieras jamais.

SCÈNE XVI.
ALCANTOR.

Écoutez. Les volontés sont libres ; et je suis homme à ne contraindre jamais personne. Vous vous êtes engagé avec moi pour épouser ma fille, et tout est préparé pour cela ; mais puisque vous voulez retirer votre parole, je vais voir ce qu'il y a à faire ; et vous aurez bientôt de mes nouvelles.

SCÈNE XV.
SGANARELLE *seul*.

Encore est-il plus raisonnable que je ne pensois, et je croyois avoir bien plus de peine à m'en dégager. Ma foi, quand j'y songe, j'ai fait fort sagement de me tirer de cette affaire ; et j'allois faire un pas, dont je me serois peut-être long-tems repenti. Mais voici le fils qui me vient rendre réponse.

SCÈNE XVI.
ALCIDAS, SGANARELLE.

ALCIDAS *parlant d'un ton doucereux*.

Monsieur, je suis votre serviteur très-humble.

SGANARELLE.

Monsieur, je suis le vôtre de tout mon cœur.

ALCIDAS *toujours avec le même ton*.

Mon père m'a dit, monsieur, que vous vous étiez venu dégager de la parole que vous aviez donnée.

SGANARELLE.

Oui, monsieur. C'est avec regret ; mais....

ALCIDAS.

Oh ! monsieur, il n'y a pas de mal à cela.

SGANARELLE.

J'en suis fâché, je vous assure ; et je souhaiterois....

ALCIDAS.

Cela n'est rien, vous dis-je.

(*Alcidas présente à Sganarelle deux épées.*)

Monsieur, prenez la peine de choisir, de ces deux épées, laquelle vous voulez.

SGANARELLE.
De ces deux épées ?
ALCIDAS.
Oui, s'il vous plaît.
SGANARELLE.
A quoi bon ?
ALCIDAS.
Monsieur, comme vous refusez d'épouser ma sœur après la parole donnée, je crois que vous ne trouverez pas mauvais le petit compliment que je viens vous faire.
SGANARELLE.
Comment ?
ALCIDAS.
D'autres gens feroient plus de bruit, et s'emporteroient contre vous; mais nous sommes personnes à traiter les choses dans la douceur; et je viens vous dire civilement qu'il faut, si vous le trouvez bon, que nous nous coupions la gorge ensemble.
SGANARELLE.
Voilà un compliment fort mal tourné.
ALCIDAS.
Allons, monsieur, choisissez, je vous prie.
SGANARELLE.
Je suis votre valet, je n'ai point de gorge à me couper.
(à part.)
La vilaine façon de parler que voilà !
ALCIDAS.
Monsieur, il faut que cela soit, s'il vous plaît.
SGANARELLE.
Hé, monsieur, rengaînez ce compliment, je vous prie.
ALCIDAS.
Dépêchons vîte, monsieur. J'ai une petite affaire qui m'attend.
SGANARELLE.
Je ne veux point de cela, vous dis-je.
ALCIDAS.
Vous ne voulez pas vous battre ?
SGANARELLE.
Nenni, ma foi.

SCÈNE XVI.
ALCIDAS.
Tout de bon ?
SGANARELLE.
Tout de bon.

ALCIDAS *après lui avoir donné des coups de bâton.*

Au moins, monsieur, vous n'avez pas lieu de vous plaindre ; vous voyez que je fais les choses dans l'ordre. Vous nous manquez de parole, je me veux battre contre vous; vous refusez de vous battre, je vous donne des coups de bâton, tout cela est dans les formes ; et vous êtes trop honnête homme, pour ne pas approuver mon procédé.

SGANARELLE *à part.*
Quel diable d'homme est-ce ci ?

ALCIDAS *lui présente encore les deux épées.*

Allons, monsieur, faites les choses galamment, et sans vous faire tirer l'oreille.

SGANARELLE.
Encore ?

ALCIDAS.
Monsieur, je ne contrains personne ; mais il faut que vous vous battiez, ou que vous épousiez ma sœur.

SGANARELLE.
Monsieur, je ne puis faire ni l'un ni l'autre, je vous assure.

ALCIDAS.
Assurément ?

SGANARELLE.
Assurément.

ALCIDAS.
Avec votre permission donc....

(*Alcidas lui donne encore des coups de bâton.*)

SGANARELLE.
Ah, ah, ah !

ALCIDAS.
Monsieur, j'ai tous les regrets du monde d'être obligé d'en user ainsi avec vous ; mais je ne cesserai point, s'il vous plaît, que vous n'ayez promis de vous battre ou d'épouser ma sœur.

(*Alcidas lève le bâton.*)

SGANARELLE.

Hé bien, j'épouserai, j'épouserai.

ALCIDAS.

Ah, monsieur, je suis ravi que vous vous mettiez à la raison, et que les choses se passent doucement. Car enfin, vous êtes l'homme du monde que j'estime le plus, je vous jure ; et j'aurois été au désespoir que vous m'eussiez contraint à vous maltraiter. Je vais appeler mon père, pour lui dire que tout est d'accord.

(*Il va frapper à la porte d'Alcantor.*)

SCÈNE XVII ET DERNIÈRE.

ALCANTOR, DORIMÈNE, ALCIDAS, SGANARELLE.

ALCIDAS.

Mon père, voilà monsieur qui est tout-à-fait raisonnable. Il a voulu faire les choses de bonne grace, et vous pouvez lui donner ma sœur.

ALCANTOR.

Monsieur, voilà sa main, vous n'avez qu'à donner la vôtre. Loué soit le ciel ! m'en voilà déchargé *, et c'est vous désormais que regarde le soin de sa conduite. Allons nous réjouir, et célébrer cet heureux mariage.

---

* Reconnoissons Molière à la gaieté qui termine cette pièce, où, après avoir vu Sganarelle forcé par le bâton d'épouser Dorimène, il fait dire au père de cette fille, *Loué soit le ciel.... Allons nous réjouir et célébrer cet heureux mariage.*

FIN.

AVERTISSEMENT.

La comédie du *Mariage Forcé* parut pour la première fois au Louvre le 29 Janvier 1664, en trois actes, avec des récits de musique et des entrées de ballet, sous le titre de *Ballet du Roi*. Le Roi y dansoit une entrée.

Quand l'auteur fit représenter cette comédie sur le théâtre du Palais Royal, au mois de Novembre de la même année, il supprima les récits et les entrées de ballet, et réduisit sa pièce en un acte, en y faisant quelques changemens.

Le plus considérable est la scène entre Lycaste et Dorimène, scène ajoutée pour suppléer à celle du Magicien chantant, et à l'entrée des démons, qui déterminoient Sganarelle à rompre son mariage. Dans le ballet qui fut imprimé dans le tems (*in-*4.° par Robert Ballard) il ne nous reste des demandes de Sganarelle au Magicien, que ce qu'on appelle, en termes de théâtre, *les répliques*; on a ajouté deux ou trois mots, pour y donner un sens.

En faisant imprimer les récits, les entrées de ballet, et la distribution des scènes de la comédie du *Mariage Forcé*, en trois actes, on a supprimé les argumens de la comédie et des scènes, comme étant inutiles, peu exacts, et assez mal faits.

NOMS DES ACTEURS

DE LA COMÉDIE.

Sganarelle, *le sieur Molière.*
Géronimo, *le sieur la Thorillière.*
Dorimène, *mademoiselle du Parc.*
Alcantor, *le sieur Béjart.*
Alcidas, Lycaste, *le sieur la Grange.*
La première Bohémienne, *mademoiselle Béjart.*
La deuxième Bohémienne, *mademoiselle de Brie.*
Le premier Docteur, *le sieur Brécourt.*
Le deuxième Docteur, *le sieur du Croisy.*

LE MARIAGE FORCÉ,

BALLET DU ROI,

Dansé par Sa Majesté le 29 Janvier 1664.

ACTE PREMIER.

SCÈNE I.
SGANARELLE.

SCÈNE II.
SGANARELLE, GÉRONIMO.

SCÈNE III.
SGANARELLE seul.

SCÈNE IV.
DORIMÈNE, SGANARELLE.

SCÈNE V.
SGANARELLE seul.

Il se plaignoit d'une pesanteur de tête insupportable, et se mettoit dans un coin du théâtre pour dormir. Pendant son sommeil, il voyoit en songe ce qui forme les deux premières entrées du Ballet.

LA BEAUTÉ (*mademoiselle Hilaire*) chante.
Si l'amour vous soumet à ses lois inhumaines,
Choisissez, en aimant, un objet plein d'appas :
   Portez au moins de belles chaînes ;
Et, puisqu'il faut mourir, mourez d'un beau trépas.

Si l'objet de vos feux ne mérite vos peines,
Sous l'empire d'amour ne vous engagez pas :
   Portez au moins d'aimables chaînes ;
Et, puisqu'il faut mourir, mourez d'un beau trépas.

PREMIÈRE ENTRÉE.

La Jalousie, les Chagrins, les Soupçons.

La Jalousie. Le sieur Dolivet.
Les Chagrins. Les sieurs Saint-André et Desbrosses.
Les Soupçons. Les sieurs de Lorge et le Chantre.

DEUXIÈME ENTRÉE.

Quatre plaisans ou goguenards. Le comte d'Armagnac, les sieurs d'Heureux, Beauchamp et Des-Airs le jeune.

ACTE II.

Au commencement de cet acte, Géronimo venoit éveiller Sganarelle.

SCÈNE I.
SGANARELLE, GÉRONIMO.

SCÈNE II.
SGANARELLE *seul.*

SCÈNE III.
SGANARELLE, PANCRACE.

SCÈNE IV.
SGANARELLE seul.

SCÈNE V.
SGANARELLE, MARPHURIUS.

SCÈNE VI.
SGANARELLE seul.

SCÈNE VII.
SGANARELLE, DEUX BOHÉMIENNES.

TROISIÈME ENTRÉE.

Égyptiens et Égyptiennes dansans.

Égyptiens. Le Roi, le marquis de Villeroy.

Égyptiennes. Le marquis de Rassan, les sieurs Reynal, Noblet, la Pierre.

SCÈNE VIII.
SGANARELLE seul.

Il alloit frapper à la porte du Magicien.

SCÈNE IX.
SGANARELLE, UN MAGICIEN (le sieur d'Estival.)

LE MAGICIEN *chante.*

Hola.
Qui va là ?
Dis-moi vite quel souci
Te peut amener ici ?

SGANARELLE.
Il consultoit le Magicien sur son mariage.
LE MAGICIEN.
Ce sont de grands mystères
Que ces sortes d'affaires.
SGANARELLE.
Il demandoit quelle seroit sa destinée.
LE MAGICIEN.
Je te vais pour cela, par mes charmes profonds,
Faire venir quatre démons.
SGANARELLE.
Il marquoit la peur qu'il auroit de voir des démons.
LE MAGICIEN.
Non, non, n'ayez aucune peur,
Je leur ôterai la laideur.
SGANARELLE.
Il consentoit à les voir.
LE MAGICIEN.
Des puissances invincibles
Rendent depuis long-tems tous les démons muets,
Mais, par signes intelligibles,
Ils répondront à tes souhaits.

SCÈNE X.
SGANARELLE, LE MAGICIEN.
QUATRIÈME ENTRÉE.
Magicien et Démons.

Magicien. Le sieur Beauchamp.

Démons. Les sieurs d'Heureux, de Lorge, Des-Airs l'aîné, le Mercier.

Sganarelle interroge les Démons. Ils répondent par signes, et sortent en lui faisant les cornes.

ACTE III.
SCÈNE I.
SGANARELLE seul.

SCÈNE II.
SGANARELLE, ALCANTOR.

SCÈNE III.
SGANARELLE seul.

SCÈNE IV.
SGANARELLE, ALCIDAS.

SCÈNE V.
SGANARELLE, ALCANTOR, DORIMÈNE, ALCIDAS.

SCÈNE VI.
CINQUIÈME ENTRÉE.

Un maître à danser (le sieur Dolivet) venoit enseigner une courante à Sganarelle.

SCÈNE VII.
SGANARELLE, GÉRONIMO.

Géronimo venoit se réjouir avec Sganarelle, et lui disoit que les jeunes gens de la ville avoient préparé une mascarade pour honorer ses noces.

CONCERT ESPAGNOL *chanté par*
SEÑORA ANA BERGEROTE,
BORDIGONI,
CHIARINI,
JUAN AUGUSTIN,
TALLAVACA,
ANGEL-MIGUEL.

Ciego me tienes, Belisa,
Mas bien tus rigores veo;
Porque es tu desden tan claro,
Que pueden verlos los ciegos.

Aunque mi amor es tan grande,
Como mi dolor no es menos,
Si calla el uno dormido,
Sé que ya es el autro despierto.

Favores tuyos, Belisa,
Tuvieralos yo secretos;
Mas ya de dolores mios
No puedo hazer lo que quiero.

SIXIÈME ENTRÉE.

Deux Espagnols, MM. Dupile et Tartas.
Deux Espagnoles, MM. de Laune et de Saint-André.

SEPTIÈME ENTRÉE.

Un charivari grotesque.

Les sieurs Lully, Baltazard, Vagnac, Bonnard, la Pierre, des Côteaux, et les trois Hotteterre, frères.

DERNIÈRE ENTRÉE.

Quatre galans cajolant la femme de Sganarelle.

M. le Duc, M. le duc de Saint-Aignan, les sieurs Beauchamp et Reynal.

FIN.

DON JUAN,

OU

LE FESTIN DE PIERRE,

COMÉDIE EN CINQ ACTES.

AVERTISSEMENT

DE L'ÉDITEUR

SUR

LE FESTIN DE PIERRE.

Cette comédie, en cinq actes et en prose, fut représentée sur le théâtre du Palais-Royal le 15 février 1665.

Molière, en traitant le sujet *du Festin de Pierre*, obéit encore moins à l'impulsion de son génie, qu'il ne l'avoit fait en composant *la Princesse d'Élide*.

Sa reconnoissance et son vif attachement pour Louis XIV avoient élevé le courage dont il avoit eu besoin dans une action héroïque et grave, mais rien ne pouvoit le soutenir dans le choix d'un drame tout-à-fait hors de la belle nature.

Il fallut cependant qu'il cédât aux pressantes sollicitations de sa troupe, qu'il aimoit comme un père tendre, et qui ne cessoit de lui demander une imitation française de la pièce espagnole qui venoit d'enrichir quelques théâtres de Paris.

AVERTISSEMENT

Les Italiens, surtout, avoient eu le plus grand succès en faisant passer dans leur langue la pièce de *Triso de Molina*, intitulée *El combidado de Piedra*.

Le public, toujours indulgent pour les étrangers, leur avoit passé le monstrueux mélange de bouffonneries et de réflexions religieuses qui composent cet ouvrage ; une statue qui parle et qui marche, des flammes dévorantes sorties du sein de la terre, un abîme tout-à-coup ouvert sous les pas d'un scélérat, à la vue d'Arlequin, son valet ; tout cela avoit étonné et peut-être intéressé les patiens spectateurs de ce théâtre.

Il n'en fut pas de même lorsque Molière, pour servir l'avidité de ses camarades, eut consenti à traiter cette farce. On ne lui pardonna point de s'être si fort écarté du vrai, et lui-même paroît ne s'être pas fait plus de grace, puisqu'il ne livra point son ouvrage à l'impression, et qu'il est un de ceux qui grossirent l'édition posthume de 1682.

C'étoit alors une nouveauté, dit-on, qu'une pièce en cinq actes et en prose. Cependant on en connoissoit une du sieur *Dupeschier*, sous le titre de *la Comédie des Comédies* : il est vrai que ce drame critique fait contre Balzac, ne parut imprimé qu'en 1629. Mais quatre ans après, un anonyme fit représenter une comédie en prose et en cinq actes, sous le titre de *Boniface, ou le Pédant*, avec un double prologue, imitée de l'italien de *Bruno Nolano*. Et vingt-un ans après, c'est-à-dire, en 1654, *Cirano de*

Bergerac donna son *Pédant joué*, également en cinq actes, et presque tout en prose.

Il faut donc chercher un autre motif du peu de succès du *Festin de Pierre* (1); et la véritable raison fut, sans doute, qu'on ne permit pas à Molière, qui avoit purgé le théâtre de tant de folies, d'y reporter lui-même un tissu d'extravagances.

Ce n'est pas qu'il ne plaisante quelquefois agréablement dans les rôles de Sganarelle et de M. Dimanche, et qu'il n'élève sa voix avec assez de force dans le personnage admirable de D. Louis; mais le tout ensemble n'étoit pas digne de passer sous la plume de notre auteur, et l'on ne peut qu'applaudir au mot ingénieux de cette femme qui dit à Molière : *Votre figure de D. Pèdre baisse la tête, et moi je la secoue.*

Molière, en réussissant peu, n'eut cette fois rien à redouter de ses ennemis ordinaires, mais il s'en éleva contre *le Festin de Pierre*, d'une nouvelle espèce, et mille fois plus dangereux que les *Somaize*, les *Boursault*, les *de Visé* et les *Chalussay*.

La scène d'un pauvre avec D. Juan, dans laquelle Molière avoit peint, avec trop d'énergie peut-être, la scélératesse raisonnée de son héros, éleva les clameurs de ces nouveaux ennemis.

Voici cette scène très-courte que M. de Vol-

---

(1) De Villiers, acteur du théâtre de Bourgogne, fut plus heureux que Molière en traitant ce sujet, puisque la pièce de ce premier auteur se remontra sur le théâtre long-tems après que celle du second en eut disparu.

AVERTISSEMENT

taire nous a donnée, après l'avoir vue écrite de la main de Molière entre les mains du fils de Pierre Marcassus (1), ami de notre auteur.

Don Juan rencontre un pauvre dans la forêt, et lui demande à quoi il y passe sa vie. — *A prier Dieu pour les honnêtes gens qui me donnent l'aumône. — Tu passes ta vie à prier Dieu ? Si cela est, tu dois être fort à ton aise. — Hélas ! monsieur, je n'ai pas souvent de quoi manger. — Cela ne se peut pas, Dieu ne sauroit laisser mourir de faim ceux qui le prient du soir au matin : tiens, voilà un louis d'or, mais je te le donne pour l'amour de l'humanité.*

Quoique cette scène, dont les seules ames foibles et mal instruites pouvoient se scandaliser, fût supprimée à la seconde représentation du *Festin de Pierre*, l'acharnement du parti qui avoit crié à l'anathême, se soutint avec toute son animosité, parce qu'il restoit dans la scène deuxième du cinquieme acte un portrait admirable de l'hypocrisie, qui redoubloit les craintes qu'on avoit du *Tartufe*.

On a vu, dans l'avertissement de *la Princesse d'Élide*, que la sixième journée des *Plaisirs de l'Isle enchantée* avoit été consacrée à la représentation des trois premiers actes du *Tartufe*. C'est cet ouvrage annoncé que redoutoient les

---

(1) Il y a quelque embarras sur cette anecdote de M. de Voltaire ; c'est que Pierre Marcassus, avocat au parlement de Paris, né en Gascogne en 1584, professeur de rhétorique au collège de la Marche, mourut en 1664, et que *le Festin de Pierre* est de 1665.

dévots de place; c'est ce chef-d'œuvre de la scène française, dont l'approche faisoit frémir; et le médiocre ouvrage du *Festin de Pierre*, contre lequel on lança la plus indécente satire, fut, comme on l'a dit, le prétexte que la frayeur d'être bientôt démasqué saisit avec précipitation et plus de mal-adresse encore.

La cabale hypocrite fit paroître, sous le nom du sieur Rochemont, des observations sur *le Festin de Pierre*. A la dixième page, l'auteur se plaint de la dérision qu'on fait de *tant de bons Pasteurs que l'on fait passer pour des Tartufes;* mot terrible, qui étoit le véritable objet de la critique amère du sieur Rochemont.

Il proteste d'abord que la passion et l'intérêt n'y ont point de part; mais bientôt on dit que notre auteur *a quelques talens pour la farce; que, quoiqu'il n'ait ni les rencontres de Gaulthier-Garguille, ni les impromptus de Turlupin, ni la naïveté de Jodelet, ni la panse de Gros-Guillaume, ni la science du docteur, il ne laisse pas de plaire quelquefois, et de divertir en son genre.*

De ces platitudes qu'on abrége ici beaucoup, l'auteur passe à l'injure et à la plus noire méchanceté; il invoque contre Molière la censure publique; il intéresse charitablement contre lui la sagesse de son maître et la piété de la reine, dont on annonce sans preuve *les soins continuels qu'elle prend à faire réformer ou supprimer les ouvrages de Molière.* Enfin, il est peu d'exemples d'une satire aussi envenimée et aussi platte.

Nous ne nous sommes occupés à la faire connoître qu'afin de pressentir nos lecteurs sur les obstacles qu'eut à vaincre Molière pour parvenir à faire jouer son *Tartufe*.

On fit, aux observations du sieur Rochemont, deux réponses, dont la seconde découvre assez nettement le motif secret de l'observateur; *à quoi songiez-vous*, *Molière*, dit l'auteur de cette lettre, *quand vous fîtes dessein de jouer les Tartufes* (1) *? Si vous n'aviez jamais eu cette pensée, votre Festin de Pierre ne seroit pas si criminel.*

Cette lettre apologétique nous apprend que Louis XIV, loin de se laisser entraîner par ces criailleries, ajouta une nouvelle pension à celle qu'il avoit déjà donnée à Molière.

Cette nouvelle faveur redoubla, sans doute, la haine des faux dévots; et ce roi, protecteur déclaré de notre auteur, ce prince, à qui rien ne résistoit alors, éprouva que leur cabale étoit de ses ennemis les plus difficiles à vaincre.

C'est encore le *Festin de Pierre* de Molière qui paroît quelquefois sur le Théâtre Français, mais avec des changemens, et mis en vers par Thomas Corneille, que les hypocrites ne persécutèrent point, parce qu'il n'avoit aucune part au *Tartufe*.

Quelle confiance donnera-t-on, en matière de goût, à ces longues compilations, qu'on appelle Dictionnaires, lorsqu'on verra que Moréri et ses

---

(1) Ce nom, inventé par Molière, avoit déjà, même avant les représentations de la pièce, la signification qu'il a conservée dans la langue.

copistes mettent le *Festin de Pierre* au nombre des meilleures pièces de Molière ?

L'auteur de la Philosophie de l'Esprit, pag. 180, dit que *rien n'est plus funeste à la morale que des pièces de théâtre telles que le Festin de Pierre, où un méchant homme n'est puni qu'après avoir porté le vice et le crime à un point où personne ne veut aller, et auquel même n'arrivent que très-peu de scélérats.* On voit que l'ingénieux abbé Terrasson nous a prévenus dans l'idée que nous nous sommes faite de la comédie, qui doit s'en tenir à la peinture du vice et du ridicule, et qui doit abandonner le crime à la vigilance des lois pénales.

ACTEURS.

Don JUAN, fils de Don Louis.
ELVIRE, femme de Don Juan.
Don CARLOS,
Don ALONSE, } frères d'Elvire.
Don LOUIS, père de Don Juan.
Francisque, pauvre.
CHARLOTTE,
MATHURINE, } paysannes.
PIERROT, paysan.
LA STATUE DU COMMANDEUR.
GUSMAN, écuyer d'Elvire.
SGANARELLE,
LA VIOLETTE, } valets de Don Juan.
RAGOTIN,
Monsieur DIMANCHE, marchand.
LA RAMÉE, spadassin.
UN SPECTRE.

La scène est en Sicile.

DON JUAN

OU

LE FESTIN DE PIERRE.

ACTE PREMIER.

SCÈNE I*.

SGANARELLE GUSMAN.

SGANARELLE *tenant une tabatière.*

Quoi que puisse dire Aristote, et toute la philosophie, il n'est rien d'égal au tabac : c'est la passion des honnêtes gens, et qui vit sans tabac, n'est pas digne de vivre. Non-seulement il réjouit et purge les cerveaux humains, mais encore il ins-

---

* Monsieur Mercier, dans son drame de Molière, imité de Goldoni, s'écrie dans une note, à propos du Festin de Pierre : « Quel sujet que l'athée ! et à quelles mains sûres et vigoureuses » est réservé l'honneur d'écraser ce personnage sous les foudres » réunis de la raison et du ridicule ! » Il est difficile d'être de l'avis de monsieur Mercier sur la beauté du sujet de l'athée pour le théâtre. Ou cet athée seroit un sot, et alors ce ne seroit pas la peine de le combattre : ou ce seroit un homme d'esprit égaré par la hardiesse de son imagination ; et ce que cette imagination exaltée produiroit pour la défense de ses opinions, révolteroit une partie des spectateurs, et seroit du plus grand danger pour

truit les hommes à la vertu, et l'on apprend avec lui à devenir honnête homme. Ne voyez-vous pas bien, dès qu'on en prend, de quelle manière obligeante on en use avec tout le monde, et comme on est ravi d'en donner à droite et à gauche, partout quelques autres. Les preuves de l'existence de la divinité, qu'on seroit forcé de lui opposer, ne sont pas faites pour le lieu profane où on les exposeroit. Quel seroit d'ailleurs le dénouement d'une pareille action ? L'athée seroit-il converti ? Il ne peut l'être que difficilement par des moyens humains. Resteroit-il dans son invincible opiniâtreté ? Quelle pourroit-être sa punition au théâtre? Molière, comme on l'a dit, fut forcé par ses camarades de traiter ce sujet, parce que tous les théâtres de Paris avoient leur Festin de Pierre. De lui-même il n'y eût jamais pensé; il connoissoit trop bien son art et les bornes que la raison et les bienséances doivent y apporter.

Ce ne fut pas seulement la scène du pauvre et de D. Juan, qu'on ne trouve plus dans cette comédie, et dont on a parlé dans l'avertissement, qui éleva contre le Festin de Pierre les cris d'une cabale puissante, ce furent les scènes deux et trois du cinquième acte de la pièce, dans lesquelles Molière traça le portrait de l'hypocrisie avec cette force qui a fait du Tartufe le chef-d'œuvre du théâtre, et où il supplée, pour ainsi dire, à cette pièce dont Louis XIV avoit défendu *la représentation pour le public*, après en avoir vu trois actes dans la sixième journée de la fête de Versailles en 1664. C'est ce qui avoit fait dire ici à Molière : « Tous les vices des hommes sont exposés à la censure ;
» et chacun a la liberté de les attaquer hautement : mais l'hy-
» pocrisie est un vice privilégié qui, de sa main, ferme la bouche
» à tout le monde, et jouit en repos d'une impunité souve-
» raine, etc, etc. »

On connoît une édition des œuvres de Molière, faite à Amsterdam chez Jacques le Jeune, deux ans après sa mort, dans laquelle on imprima sous son nom *le Festin de Pierre*, ou *l'Athée foudroyé*, tragi-comédie en vers. Il est incroyable qu'un éditeur quelconque, à moins d'être l'ennemi de Molière, ait pu lui attribuer cette pièce monstrueuse par la diction, car pour le fond c'est à-peu-près la traduction de l'original espagnol. Cette pièce est du comédien Villiers, de l'hôtel de Bourgogne, dont Molière se moqua dans son Impromptu de Versailles. Elle avoit été jouée en 1659, et dédiée au grand Corneille, qui dut la trouver détestable. L'éditeur de Hollande, qui n'avoit pu se procurer le Festin de Pierre en prose de Molière, osa en retrancher l'épître dédicatoire, et donner la farce de Villiers comme l'ouvrage de notre auteur.

ACTE I. SCÈNE I.

où l'on se trouve ? On n'attend pas même que l'on en demande, et l'on court au-devant du souhait des gens ; tant il est vrai que le tabac inspire des sentimens d'honneur et de vertu à tous ceux qui en prennent. Mais c'est assez de cette matière, reprenons un peu notre discours Si bien donc, cher Gusman, que done Elvire ta maîtresse, surprise de notre départ, s'est mise en campagne après nous, et son cœur, que mon maître a su toucher trop fortement, n'a pu vivre, dis-tu, sans le venir chercher ici. Veux-tu qu'entre nous je te dise ma pensée ? J'ai peur qu'elle ne soit mal payée de son amour ; que son voyage en cette ville ne produise peu de fruit, et que vous n'eussiez autant gagné à ne bouger de-là.

GUSMAN.

Et la raison encore ? Dis-moi, je te prie, Sganarelle, qui peut t'inspirer une peur d'un si mauvais augure ? Ton maître t'a-t-il ouvert son cœur là-dessus, et t'a-t-il dit qu'il eût pour nous quelque froideur qui l'ait obligé a partir ?

SGANARELLE.

Non pas ; mais à vue de pays, je connois à-peu-près le train des choses, et, sans qu'il m'ait encore rien dit, je gagerois presque que l'affaire va là. Je pourrois peut-être me tromper ; mais enfin, sur de tels sujets, l'expérience m'a pu donner quelques lumières.

GUSMAN.

Quoi, ce départ si peu prévu seroit une infidélité de don Juan ? Il pourroit faire cette injure aux chastes feux de done Elvire ?

SGANARELLE.

Non, c'est qu'il est jeune encore, et qu'il n'a pas le courage....

GUSMAN.

Un homme de sa qualité feroit une action si lâche ?

SGANARELLE.

Hé, oui, sa qualité ! la raison en est belle ; et c'est par là qu'il s'empêcheroit des choses....

GUSMAN.

Mais les saints nœuds du mariage le tiennent engagé.

SGANARELLE.

Hé, mon pauvre Gusman, mon ami, tu ne sais pas encore, crois moi, quel homme est don Juan.

GUSMAN.

Je ne sais pas, de vrai, quel homme il peut être, s'il faut qu'il nous ait fait cette perfidie; et je ne comprends point comme, après tant d'amour et tant d'impatience témoignée, tant d'hommages pressans, de vœux, de soupirs et de larmes, tant de lettres passionnées, de protestations ardentes et de sermens réitérés, tant de transports enfin, et tant d'emportemens qu'il a fait paroître, jusqu'à forcer, dans sa passion, l'obstacle sacré d'un couvent, pour mettre donc Elvire en sa puissance; je ne comprens pas, dis-je, comme, après tout cela, il auroit le cœur de pouvoir manquer à sa parole.

SGANARELLE.

Je n'ai pas grande peine à le comprendre, moi, et si tu connoissois le pélerin, tu trouverois la chose assez facile pour lui. Je ne dis pas qu'il ait changé de sentimens pour donc Elvire, je n'en ai point de certitude encore. Tu sais que, par son ordre, je partis avant lui, et, depuis son arrivée, il ne m'a point entretenu, mais par précaution, je t'apprends *inter nos*, que tu vois en don Juan mon maître, le plus grand scélérat que la terre ait jamais porté, un enragé, un chien, un démon, un Turc, un hérétique qui ne craint ni ciel, ni enfer, ni diable, qui passe cette vie en véritable bête brute, un pourceau d'Epicure, un vrai Sardanapale, qui ferme l'oreille à toutes les remontrances qu'on lui peut faire, et traite de billevesées tout ce que nous croyons. Tu me dis qu'il a épousé ta maîtresse; crois qu'il auroit plus fait pour sa passion, et qu'avec elle il auroit encore épousé, toi, son chien et son chat. Un mariage ne lui coûte rien à contracter; il ne se sert point d'autres pièges pour attraper les belles, et c'est un épouseur à toutes mains. Dame, demoiselle, bourgeoise, paysanne, il ne trouve rien de trop chaud, ni de trop froid pour lui; et si je te disois le nom de toutes celles qu'il a épousées en divers lieux, ce seroit un chapitre à durer jusqu'au soir. Tu demeures surpris, et changes de couleur à ce discours; ce n'est-là qu'une ébauche du personnage; et, pour en achever le portrait, il faudroit bien d'autres coups de pinceau. Suffit qu'il faut que le courroux du ciel l'accable quelque jour; qu'il me vaudroit bien mieux d'être au diable que d'être à lui, et qu'il me fait voir tant d'horreurs, que je souhaiterois qu'il fut déjà je ne sais où; mais un grand seigneur méchant homme est une terrible chose! il faut que je lui sois fidèle en dépit que j'en aie; la crainte en moi fait l'office du zèle, bride mes sentimens, et me réduit d'aplaudir bien souvent à ce que mon ame déteste. Le voilà qui vient se promener dans ce palais, séparons-nous. Ecoute, au moins; je t'ai fait cette confidence avec franchise, et cela m'est sorti un peu bien vite de la bouche; mais, s'il falloit qu'il en vînt quelque chose à ses oreilles, je dirois hautement que tu aurois menti.

SCÈNE II.

D. JUAN, SGANARELLE.

D. JUAN.

Quel homme te parloit-là? Il a bien de l'air, ce me semble, du bon Gusman de dòne Elvire.

SGANARELLE.

C'est quelque chose aussi à-peu-près de cela.

D. JUAN.

Quoi! c'est lui?

SGANARELLE.

Lui-même.

D. JUAN.

Et depuis quand est-il en cette ville?

SGANARELLE.

D'hier au soir.

D. JUAN.

Et quel sujet l'amène?

SGANARELLE.

Je crois que vous jugez assez ce qui le peut inquiéter.

D. JUAN.

Notre départ, sans doute?

SGANARELLE.

Le bon homme en est tout mortifié, et m'en demandoit le sujet.

D. JUAN.

Et quelle réponse as-tu faite?

SGANARELLE.

Que vous ne m'en aviez rien dit.

D. JUAN.

Mais encore, quelle est ta pensée là-dessus? Que t'imagines-tu de cette affaire?

SGANARELLE.

Moi, je crois, sans vous faire tort, que vous avez quelque nouvel amour en tête.

D. JUAN.

Tu le crois?

SGANARELLE.

Oui.

D. JUAN.

Ma foi, tu ne te trompes pas, et je dois t'avouer qu'un autre objet a chassé Elvire de ma pensée.

SGANARELLE.

Hé, mon Dieu! je sais mon don Juan sur le bout du doigt, et connois votre cœur pour le plus grand coureur du monde; il se plaît à se promener de liens en liens, et n'aime guère à demeurer en place.

D. JUAN.

Et ne trouves-tu pas, dis-moi, que j'ai raison d'en user de la sorte?

SGANARELLE.

Hé, monsieur...

D. JUAN.

Quoi? Parle?

SGANARELLE.

Assurément que vous avez raison, si vous le voulez; on ne peut pas aller là-contre. Mais, si vous ne le vouliez pas, ce seroit peut-être une autre affaire.

D. JUAN.

Hé bien, je te donne la liberté de parler, et de me dire tes sentimens.

SGANARELLE.

En ce cas, monsieur, je vous dirai franchement que je n'ap-

ACTE I. SCÈNE II.

prouve point votre méthode, et que je trouve fort vilain d'aimer de tous côtés comme vous faites.

D. JUAN.

Quoi ? Tu veux qu'on se lie à demeurer au premier objet qui nous prend, qu'on renonce au monde pour lui, et qu'on n'ait plus d'yeux pour personne ? La belle chose de vouloir se piquer d'un faux honneur d'être fidèle, de s'ensevelir pour toujours dans une passion, et d'être mort dès sa jeunesse à toutes les autres beautés qui nous peuvent frapper les yeux ! Non, non, la constance n'est bonne que pour des ridicules ; toutes les belles ont droit de nous charmer, et l'avantage d'être rencontrée la première, ne doit point dérober aux autres les justes prétentions qu'elles ont toutes sur nos cœurs. Pour moi, la beauté me ravit partout où je la trouve, et je cède facilement à cette douce violence dont elle nous entraîne. J'ai beau être engagé, l'amour que j'ai pour une belle n'engage point mon ame à faire injustice aux autres ; je conserve des yeux pour voir le mérite de toutes, et rends à chacune les hommages et les tributs où la nature nous oblige. Quoi qu'il en soit, je ne puis refuser mon cœur à tout ce que je vois d'aimable ; et dès qu'un beau visage me le demande, si j'en avois dix mille, je les donnerois tous. Les inclinations naissantes, après tout, ont des charmes inexplicables, et tout le plaisir de l'amour est dans le changement. On goute une douceur extrême à réduire, par cent hommages, le cœur d'une jeune beauté, à voir de jour en jour les petits progrès qu'on y fait, à combatre par des transports, par des larmes et des soupirs, l'innocente pudeur d'une ame qui a peine à rendre les armes, à forcer pied à pied toutes les petites résistances qu'elle nous oppose, à vaincre les scrupules dont elle se fait un honneur, et la mener doucement où nous avons envie de la faire venir. Mais lorsqu'on en est maître une fois, il n'y a plus rien à souhaiter ; tout le beau de la passion est fini, et nous nous endormons dans la tranquillité d'un tel amour, si quelqu'objet nouveau ne vient réveiller nos desirs, et présenter à notre cœur les charmes attrayans d'une conquête à faire. Enfin, il n'est rien de si doux, que de triompher de la résistance d'une belle personne ; et j'ai sur ce sujet l'ambition des conquérans, qui volent perpétuellement de victoire en victoire, et ne peuvent se résoudre à borner leurs souhaits. Il n'est rien qui puisse arrêter l'impétuosité de mes desirs ; je me sens un cœur à aimer toute la terre ; et, comme Alexandre, je souhaiterois qu'il y eût d'autres mondes, pour y pouvoir étendre mes conquêtes amoureuses.

SGANARELLE.

Vertu de ma vie, comme vous débitez ! Il semble que vous ayez appris cela par cœur ; et vous parlez tout comme un livre.

D. JUAN.

Qu'as tu à dire là-dessus ?

SGANARELLE.

Ma foi, j'ai à dire... Je ne sais que dire ; car vous tournez les choses d'une manière, qu'il semble que vous ayez raison ; et cependant il est vrai que vous ne l'avez pas. J'avois les plus belles pensées du monde, et vos discours m'ont brouillé tout cela. Laissez faire ; une autre fois je mettrai mes raisonnemens par écrit, pour disputer avec vous.

D. JUAN.

Tu feras bien.

SGANARELLE.

Mais, monsieur, cela seroit-il de la permission que vous m'avez donnée, si je vous disois que je suis tant soit peu scandalisé de la vie que vous menez ?

D. JUAN.

Comment, quelle vie est-ce que je mène ?

SGANARELLE.

Fort bonne. Mais, par exemple, de vous voir tous les mois vous marier comme vous faites.

D. JUAN.

Y a-t-il rien de plus agréable ?

SGANARELLE.

Il est vrai. Je conçois que cela est fort agréable et fort divertissant, et je m'en accomoderois assez, moi, s'il n'y avoit point de mal ; mais, monsieur, se jouer ainsi du mariage, qui...

D. JUAN.

Va, va, c'est une affaire que je saurai bien démêler, sans que tu t'en mettes en peine.

SGANARELLE.

Ma foi, monsieur, vous faites une méchante raillerie.

ACTE I. SCÈNE II.

D. JUAN.

Holà, maître sot. Vous savez que je vous ai dit que je n'aime pas les faiseurs de remontrances.

SGANARELLE.

Je ne parle pas aussi à vous, Dieu m'en garde. Vous savez ce que vous faites, vous ; et, si vous êtes libertin, vous avez vos raisons ; mais il y a de certains petits impertinens dans le monde, qui le sont sans savoir pourquoi, qui font les esprits forts, parce qu'ils croient que cela leur sied bien ; et, si j'avois un maître comme cela, je lui dirois nettement, le regardant en face : c'est bien à vous, petit ver de terre, petit mirmidon que vous êtes ; (je parle au maître que j'ai dit) c'est bien à vous à vouloir vous mêler de tourner en raillerie ce que tous les hommes révèrent ? Pensez-vous que pour être de qualité, pour voir une perruque blonde et bien frisée, des plumes à votre chapeau, un habit bien doré, et des rubans couleur de feu ; (ce n'est pas à vous que je parle, c'est à l'autre) pensez-vous, dis-je, que vous en soyez plus habile homme, que tout vous soit permis, et qu'on n'ose vous dire vos vérités ? Apprenez de moi, qui suis votre valet, que les libertins ne font jamais une bonne fin, et que....

D. JUAN.

Paix.

SGANARELLE.

De quoi est-il question ?

D. JUAN.

Il est question de te dire qu'une beauté me tient au cœur, et, qu'entraîné par ses appas, je l'ai suivie jusqu'en cette ville.

SGANARELLE.

Et ne craignez-vous rien, monsieur, de la mort de ce commandeur que vous tuâtes il y a six mois ?

D. JUAN.

Et pourquoi craindre ? Ne l'ai-je pas bien tué ?

SGANARELLE.

Fort bien, le mieux du monde, et il auroit tort de se plaindre.

D. JUAN.

J'ai eu ma grace de cette affaire.

SGANARELLE.

Oui, mais cette grace n'éteint pas peut-être le ressentiment des parens et des amis, et....

D. JUAN.

Ah! n'allons point songer au mal qui nous peut arriver, et songeons seulement à ce qui peut donner du plaisir. La personne dont je te parle, est une jeune fiancée, la plus agréable du monde, qui a été conduite ici par celui même qu'elle y vient épouser, et le hasard me fit voir ce couple d'amans trois ou quatre jours avant leur voyage. Jamais je n'ai vu deux personnes être si contentes l'une de l'autre, et faire éclater plus d'amour. La tendresse visible de leurs mutuelles ardeurs me donna de l'émotion; j'en fus frappé au cœur, et mon amour commença par la jalousie. Oui, je ne pus souffrir d'abord de les voir si bien ensemble; le dépit alluma mes desirs, et je me figurai un plaisir extrême à pouvoir troubler leur intelligence, et rompre cet attachement dont la délicatesse de mon cœur se tenoit offensé; mais, jusqu'ici, tous mes efforts ont été inutiles, et j'ai recours au dernier remède. Cet époux prétendu doit aujourd'hui régaler sa maîtresse d'une promenade sur mer. Sans t'en avoir rien dit, toutes choses sont préparées pour satisfaire mon amour, et j'ai une petite barque, et des gens avec quoi fort facilement je prétends enlever la belle.

SGANARELLE.

Ah! monsieur.

D. JUAN.

Hé?

SGANARELLE.

C'est fort bien fait à vous, et vous le prenez comme il faut. Il n'est rien tel en ce monde que de se contenter.

D. JUAN.

Prépare-toi donc à venir avec moi, et prends soin toi-même d'apporter toutes mes armes, afin que....

(*Apercevant D. Elvire.*)

Ah! rencontre fâcheuse. Traître, tu ne m'avois pas dit qu'elle étoit ici elle-même.

SGANARELLE.

Monsieur, vous ne me l'avez pas demandé.

D. JUAN.
Est-elle folle, de n'avoir pas changé d'habit, et de venir en ce lieu-ci, avec son équipage de campagne?

SCÈNE III.
D. ELVIRE, D. JUAN, SGANARELLE.
D. ELVIRE.
ME ferez-vous la grace, don Juan, de vouloir bien me reconnoître? Et puis-je au moins espérer que vous daigniez tourner le visage de ce côté?

D. JUAN.
Madame, je vous avoue que je suis surpris, et que je ne vous attendois pas ici.

D. ELVIRE.
Oui, je vois bien que vous ne m'y attendiez pas; et vous êtes surpris, à la vérité, mais tout autrement que je ne l'espérois; et la manière dont vous le paroissez, me persuade pleinement ce que je refusois de croire. J'admire ma simplicité et la foiblesse de mon cœur, à douter d'une trahison que tant d'apparences me confirmoient. J'ai été assez bonne, je le confesse, ou plutôt assez sotte, pour me vouloir tromper moi-même, et travailler à démentir mes yeux et mon jugement. J'ai cherché des raisons, pour excuser à ma tendresse le relâchement d'amitié qu'elle voyoit en vous: et je me suis forgé exprès cent sujets légitimes d'un départ si précipité, pour vous justifier du crime dont ma raison vous accusoit. Mes justes soupçons chaque jour avoient beau me parler, j'en rejettois la voix qui vous rendoit criminel à mes yeux, et j'écoutois avec plaisir mille chimères ridicules, qui vous peignoient innocent à mon cœur; mais enfin, cet abord ne me permet plus de douter, et le coup-d'œil qui m'a reçue, m'apprend bien plus de choses que je ne voudrois en savoir. Je serai bien aise pourtant d'ouïr de votre bouche les raisons de votre départ. Parlez, don Juan, je vous prie, et voyons de quel air vous saurez vous justifier.

D. JUAN.
Madame, voilà Sganarelle qui sait pourquoi je suis parti.

SGANARELLE *bas à don Juan.*

Moi, monsieur? Je n'en sais rien, s'il vous plaît.

D. ELVIRE.

Hé bien, Sganarelle, parlez. Il n'importe de quelle bouche j'entende ses raisons.

D. JUAN *faisant signe à Sganarelle d'approcher.*

Allons, parle donc à madame.

SGANARELLE *bas à don Juan.*

Que voulez-vous que je dise?

D. ELVIRE.

Approchez, puisqu'on le veut ainsi, et me dites un peu les causes d'un départ si prompt.

D. JUAN.

Tu ne répondras pas?

SGANARELLE *bas à don Juan.*

Je n'ai rien à répondre. Vous vous moquez de votre serviteur.

D. JUAN.

Veux-tu répondre, te dis-je?

SGANARELLE.

Madame...

D. ELVIRE.

Quoi?

SGANARELLE *se tournant du côté de son maître.*

Monsieur...

D. JUAN *en le menaçant.*

Si...

SGANARELLE.

Madame, les conquérans, Alexandre et les autres mondes, sont cause de notre départ. Voilà, monsieur, tout ce que je puis dire.

D. ELVIRE.

Vous plaît-il, don Juan, nous éclaircir ces beaux mystères?

D. JUAN.

Madame, à vous dire la vérité...

D. ELVIRE.

Ah! que vous savez mal vous défendre pour un homme de cour, et qui doit être accoutumé à ces sortes de choses! J'ai pitié de vous voir la confusion que vous avez. Que ne vous armez-vous le front d'une noble effronterie! Que ne me jurez-vous que vous êtes toujours dans les mêmes sentimens pour moi, que vous m'aimez toujours avec une ardeur sans égale, et que rien n'est capable de vous détacher de moi que la mort? Que ne me dites-vous que des affaires de la dernière conséquence vous ont obligé à partir sans m'en donner avis ; qu'il faut que, malgré vous, vous demeuriez ici quelque tems ; et que je n'ai qu'à m'en retourner d'où je viens, assurée que vous suivrez mes pas le plutôt qu'il vous sera possible ; qu'il est certain que vous brûlez de me rejoindre, et qu'éloigné de moi, vous souffrez ce que souffre un corps qui est séparé de son ame? Voilà comme il faut vous défendre, et non pas être interdit comme vous êtes.

D. JUAN.

Je vous avoue, madame, que je n'ai point le talent de dissimuler, et que je porte un cœur sincère. Je ne vous dirai point que je suis toujours dans les mêmes sentimens pour vous, et que je brûle de vous rejoindre, puisqu'enfin il est assuré que je ne suis parti que pour vous fuir ; non point par les raisons que vous pouvez vous figurer, mais par un pur motif de conscience, et pour ne croire pas qu'avec vous davantage je puisse vivre sans péché. Il m'est venu des scrupules, madame, et j'ai ouvert les yeux de l'ame sur ce que je faisois. J'ai fait réflexion que, pour vous épouser, je vous ai dérobée à la clôture d'un couvent, que vous avez rompu des vœux qui vous engageoient autre part, et que le ciel est fort jaloux de ces sortes de choses. Le repentir m'a pris, et j'ai craint le courroux céleste. J'ai cru que notre mariage n'étoit qu'un adultère déguisé, qu'il nous attireroit quelque disgrace d'en-haut ; et qu'enfin, je devois tâcher de vous oublier, et vous donner moyen de retourner à vos premières chaînes. Voudriez-vous, madame, vous opposer à une si sainte pensée, et que j'allasse, en vous retenant, me mettre le ciel sur les bras! Que par....

D. ELVIRE.

Ah, scélérat! c'est maintenant que je te connois tout entier; et, pour mon malheur, je te connois lorsqu'il n'en est plus tems, et qu'une telle connoissance ne peut plus me servir qu'à me désespérer; mais sache que ton crime ne demeurera pas impuni; et que le même ciel dont tu te joues me saura venger de ta perfidie.

D. JUAN.

Madame....

D. ELVIRE.

Il suffit. Je n'en veux pas ouïr davantage, et je m'accuse même d'en avoir trop entendu. C'est une lâcheté que de se faire expliquer trop sa honte; et, sur de tels sujets, un noble cœur, au premier mot, doit prendre son parti. N'attends pas que j'éclate ici en reproches et en injures; non, non, je n'ai point un courroux à s'exhaler en paroles vaines, et toute sa chaleur se réserve pour sa vengeance. Je te le dis encore, le ciel te punira, perfide, de l'outrage que tu me fais; et si le ciel n'a rien que tu puisses appréhender, appréhende du moins la colère d'une femme offensée.

SCÈNE IV.

D. JUAN, SGANARELLE.

SGANARELLE à part.

Si le remords le pouvoit prendre.

D. JUAN après un moment de réflexion.

Allons songer à l'exécution de notre entreprise amoureuse.

SGANARELLE seul.

Ah! quel abominable maître me vois-je obligé de servir!

ACTE II.

SCÈNE I.

CHARLOTTE, PIERROT.

CHARLOTTE.

Notre dinse, Piarrot, tu t'es trouvé là bien à point.

PIERROT.

Parguienne, il ne s'en est pas fallu l'époisseur d'une épingle qu'ils ne se sayant noyés tous deux.

CHARLOTTE.

C'est donc le coup de vent d'à matin qui les avoit renvarsés dans la mar?

PIERROT.

Aga, quien, Charlotte, je m'en vas te conter tout fin droit comme cela est venu; car, comme dit l'autre, je les ai le premier avisés, avisés le premier je les ai. Enfin donc j'étions sur le bord de la mar, moi et le gros Lucas, et je nous amusions à batifoler avec des mottes de tarre que je nous jesquions à la tête; car, comme tu sais bian, le gros Lucas aime à batifoler, et moi, par fouas, je batifole itou. En batifolant donc, pisque batifoler y a, j'ai aperçu de tout loin queuque chose qui grouilloit dans gliau, et qui venoit comme envars nous par secousse. Je voyois cela fixiblement, pis tout d'un coup je voyois que je ne voyois plus rian. Hé! Lucas, ç'ai-je fait, je pense que v'là des hommes qui nagiant là-bas. Voire, ce m'a-t-il fait, t'as été au trépassement d'un chat, t'as la vue trouble. Par sanguienne, çai-je fait, je n'ai point la vue trouble, ce sont des hommes. Point du tout, ce m'a-t-il fait, t'as la barlue. Veux-tu gager, ç'ai-je fait, que je n'ai point la barlue, ç'ai-je fait, que ce sont deux hommes, ç'ai-je fait, qui nagiant droit ici, ç'ai-je fait ? Morguienne, ce m'a-t-il fait, je gage que non. Oh ça, ç'ai-je fait, veux-tu gager dix sols que si ? Je le veux bian, ce m'a-t-il fait, et pour te montrer, v'là argent su jeu, ce m'a-t-il fait. Moi, je n'ai point été ni fou, ni étourdi, j'ai bravement boutté à tarre quatre pièces tapées, et cinq sols en double, jerniguienne aussi hardiment que si j'avois avalé un varre de vin ; car je sis hasardeux moi, et je vas à la débandade. Je savois bian ce que je faisois pourtant. Queuque gniais ! Enfin donc, je n'avons pas putôt eu gagé, que j'avons vu les deux hommes tout à plain, qui nous faisiant signe de les aller querir, et moi de tirer les enjeux. Allons, Lucas, ç'ai-je dit, tu vois bian qu'ils nous appelont ; allons vite à leu secours. Non, ce m'a-t-il dit, ils m'ont fait pardre. Oh donc, tanquia, qu'à la parfin, pour le faire court, je l'ai tant sarmonné, que je nous sommes boutés dans une barque, et pis j'avons tant fait cahin caha, que je les avons tirés de gliau, et pis je les avons menés cheux nous auprès du feu, et pis ils se sant dépouillés tout nuds pour se sécher, et pis il y en est venu encore deux de la même bande, qui s'équiant sauvés tout seuls, et pis Mathurine est arrivée là à qui l'en a fait les doux yeux. V'là justement, Charlotte, comme tout ça s'est fait.

CHARLOTTE.

Ne m'as-tu pas dit, Piarrot, qu'il y en a un qu'est bien pu mieux fait que les autres ?

PIERROT.

Oui, c'est le maître. Il faut que ce soit queuque gros monsieu, car il a du dor à son habit tout depis le haut jusqu'en bas, et ceux qui le servent sont des monsieux eux-mêmes ; et stapandant, tout gros monsieu qu'il est, il seroit par ma fiqué nayé si je n'avionne été là.

CHARLOTTE.

Ardez un peu.

PIERROT.

Oh, parguienne, sans nous, il en avoit pour sa maine de féves.

CHARLOTTE.

Est-il encore cheux toi tout nud, Piarrot ?

ACTE II. SCÈNE I.

PIERROT.

Nannain ; ils l'avont r'habillé tout devant nous. Mon guieu, je n'en avois jamais vu s'habiller. Que d'histoires et d'engingorniaux boutont ces messieux-là les courtisans ! Je me pardrois là-dedans, pour moi, et j'étois tout ébobi de voir ça. Quien, Charlotte, ils avont des cheveux qui ne tenont point à leu tête ; et ils boutont ça, après tout, comme un gros bonnet de filasse. Ils ant des chemises qui ant des manches où j'entrerions tout brandis toi et moi. En glieu d'haut-de-chausse, ils portont une garde-robe aussi large que d'ici à Pâques ; en glieu de pourpoint, de petites brassières, qui ne leu venont pas jusqu'au brichet, et en glieu de rabats, un grand mouchoir de cou à rézian, avec quatre grosses houpes de linge qui leu pendont sur l'estomaque. Ils avont iton d'autres petits rabats au bou des bras, et de grands entonnoirs de passement aux jambes, et, parmi tout ça, tant de rubans, tant de rubans, que c'est une vraie piquié. Ignia pas jusqu'aux souliers qui n'en soyent farcis tout de pis un bout jusqu'à l'autre ; et ils sont fait d'eune façon que je me romprois le cou aveuc.

CHARLOTTE.

Par ma fi, Piarrot, il faut que j'aille voir un peu ça.

PIERROT.

Oh, acoute un peu auparavant, Charlotte. J'ai queuque autre chose à te dire, moi.

CHARLOTTE.

Hé bian, di, qu'est-ce que c'est ?

PIERROT.

Vois-tu, Charlotte, il faut, comme dit l'autre, que je débonde mon cœur. Je t'aime, tu le sais bian, et je sommes pour être mariés ensemble ; mais marguienne, je ne suis point satisfait de toi.

CHARLOTTE.

Quement, qu'est-ce que c'est donc qu'iglia ?

PIERROT.

Iglia que tu me chagraines l'esprit, franchement.

CHARLOTTE.

Et quement donc ?

PIERROT.
Tétiguienne, tu ne m'aimes point?
CHARLOTTE.
Ah, ah, n'est-ce que ça?
PIERROT.
Oui, ce n'est que ça, et c'est bian assez.
CHARLOTTE.
Mon guieu, Piarrot, tu me viens toujou dire la même chose.
PIERROT.
Je te dis toujou la même chose, parce que c'est toujou la même chose, et si ce n'étoit pas toujou la même chose, je ne te dirois pas toujou la même chose.
CHARLOTTE.
Mais qu'est-ce qu'il te faut? Que veux-tu?
PIERROT.
Jerniguienne, je veux que tu m'aimes.
CHARLOTTE.
Est-ce que je ne t'aime pas?
PIERROT.
Non, tu ne m'aimes pas, et si je fais tout ce que je pis pour ça. Je t'achette, sans reproche, des rubans à tous les marciers qui passont; je me romps le cou a t'aller dénicher des marles; je fais jouer pour toi les vielleux quand ce vient ta fête, et tout ça comme si je me frappois la tête contre un mur. Vois-tu, ça n'est ni biau ni honnête de n'aimer pas les gens qui nous aimont.
CHARLOTTE.
Mais, mon guieu, je t'aime aussi.
PIERROT.
Oui, tu m'aimes d'une belle dégaine!
CHARLOTTE.
Quement veux-tu donc qu'on fasse?
PIERROT.
Je veux que l'on fasse comme l'en fait, quand l'en aime comme il faut.
CHARLOTTE.
Ne t'aimé-je pas aussi comme il faut?

ACTE II. SCENE I.

PIERROT.

Non. Quand ça est, ça se voit, et l'en fait mille petites singeries aux personnes quand on les aime du bon du cœur. Regarde la grosse Thomasse, comme elle est assottée du jeune Robain, alle est toujou autour de li à l'agacer, et ne le laisse jamais en repos. Toujou alle li fait queuque niche, ou li baille queuque taloche en passant; et l'autre jour qu'il étoit assis sur un escabiau, alle fut le tirer de dessous li, et le fit choir tout de son long par tarre. Jarni v'là ou l'en voit les gens qui aimont; mais toi, tu ne me dis jamais mot, t'es toujou là comme eune vraie souche de bois; et je passerois vingt fois devant toi, que tu ne te grouillerois pas pour me bailler le moindre coup, ou me dire la moindre chose. Ventreguienne, ça n'est pas biau, après tout; et t'es froide pour les gens.

CHARLOTTE.

Que veux-tu que j'y fasse ? C'est mon himeur, et je ne me pis refondre.

PIERROT.

Ignia himeur qui tienne. Quand en a de l'amiquié pour les parsonnes, l'en en baille toujou queuque petite signifiance.

CHARLOTTE.

Enfin, je t'aime autant que je pis; et si tu n'es pas content de ça, tu n'as qu'à en aimer queuque autre.

PIERROT.

Hé ben, v'là pas mon compte ? Tétigué, si tu m'aimois, me dirois-tu ça ?

CHARLOTTE.

Pourquoi me viens-tu aussi tarabuster l'esprit ?

PIERROT.

Morgué, queu mal te fais-je ? Je ne te demande qu'un peu d'amiquié.

CHARLOTTE.

Hé bian, laisse faire aussi, et ne me presse point tant. Peut-être que ça viendra tout d'un coup sans y songer.

PIERROT.

Touche donc là, Charlotte.

CHARLOTTE *donnant sa main.*

Hé bian, quien.

PIERROT.
Promets-moi donc que tu tâcheras de m'aimer davantage.
CHARLOTTE.
J'y ferai tout ce que je pourrai, mais il faut que ça vienne de lui-même. Piarrot, est-ce là ce monsieu?
PIERROT.
Oui, le v'là.
CHARLOTTE.
Ah, mon guieu, qu'il est genti, et que ç'auroit été dommage qu'il eût été nayé!
PIERROT.
Je revians tout-à-l'heure; je m'en vas boire chopaine, pour me rebouter tant soit peu de la fatigue que j'ais eue.

SCÈNE II.

D. JUAN, SGANARELLE, CHARLOTTE
dans le fond du Théâtre.

D. JUAN.
Nous avons manqué notre coup, Sganarelle, et cette bourasque imprévue a renversé avec notre barque le projet que nous avions fait; mais, à te dire vrai, la paysanne que je viens de quitter répare ce malheur, et je lui ai trouvé des charmes qui effacent de mon esprit tout le chagrin que me donnoit le mauvais succès de notre entreprise. Il ne faut pas que ce cœur m'échappe, et j'y ai déjà jeté des dispositions à ne pas me souffrir long-tems pousser des soupirs.

SGANARELLE.
Monsieur, j'avoue que vous m'étonnez. A peine sommes-nous échappés d'un péril de mort, qu'au lieu de rendre graces au ciel de la pitié qu'il a daigné prendre de nous, vous travaillez tout de nouveau à attirer sa colère par vos fantaisies accoutumées, et vos amours cr....

Don Juan prend un air menaçant.

Paix, coquin que vous êtes, vous ne savez ce que vous dites, et monsieur sait ce qu'il fait. Allons.

ACTE II. SCÈNE II.

D. JUAN *apercevant Charlotte.*

Ah, ah, d'où sort cette autre paysanne, Sganarelle? As-tu rien vu de plus joli, et ne trouves-tu pas, dis-moi, que celle-ci vaut bien l'autre?

SGANARELLE.
(*à part.*)

Assurément. Autre pièce nouvelle.

D. JUAN *à Charlotte.*

D'où me vient, la belle, une rencontre si agréable? Quoi, dans ces lieux champêtres, parmi ces arbres et ces rochers, on trouve des personnes faites comme vous êtes?

CHARLOTTE.

Vous voyez, monsieu.

D. JUAN.

Êtes-vous de ce village?

CHARLOTTE.

Oui, monsieu.

D. JUAN.

Et vous y demeurez?

CHARLOTTE.

Oui, monsieu.

D. JUAN.

Vous vous appelez?

CHARLOTTE.

Charlotte, pour vous servir.

D. JUAN.

Ah, la belle personne, et que ses yeux sont pénétrans!

CHARLOTTE.

Monsieu, vous me rendez toute honteuse.

D. JUAN.

Ah, n'ayez point de honte d'entendre dire vos vérités. Sganarelle, qu'en dis-tu? Peut-on rien voir de plus agréable? Tournez-vous un peu, s'il vous plaît. Ah, que cette taille est jolie? Haussez un peu la tête, de grace. Ah, que ce visage est mignon! Ouvrez vos yeux entièrement. Ah, qu'ils sont beaux! Que je voye un peu vos dents, je vous prie. Ah, qu'elles sont amoureuses, et ces lèvres apétissantes! Pour moi, je suis ravi, et je n'ai jamais vu une si charmante personne.

CHARLOTTE.

Monsieu, cela vous plaît à dire, et je ne sais pas si c'est pour vous railler de moi.

D. JUAN.

Moi, me railler de vous, Dieu m'en garde! Je vous aime trop pour cela, et c'est du fond du cœur que je vous parle.

CHARLOTTE.

Je vous suis bien obligée, si ça est.

D. JUAN.

Point du tout, vous ne m'êtes point obligée de tout ce que je dis; et ce n'est qu'à votre beauté que vous en êtes redevable.

CHARLOTTE.

Monsieu, tout ça est trop bian dit pour moi, et je n'ai pas d'esprit pour vous répondre.

D. JUAN.

Sganarelle, regarde un peu ses mains.

CHARLOTTE.

Fi, monsieu, elles sont noires comme je ne sais quoi.

D. JUAN.

Ah, que dites-vous là. Elles sont les plus blanches du monde; souffrez que je les baise, je vous prie.

CHARLOTTE.

Monsieu, c'est trop d'honneur que vous me faites, et si j'avois su ça tantôt, je n'aurois pas manqué de les laver avec du son.

D. JUAN.

Hé, dites-moi un peu, belle Charlotte, vous n'êtes pas mariée, sans doute?

CHARLOTTE.

Non, monsieu; mais je dois bientôt l'être avec Piarrot, le fils de la voisine Simonette.

D. JUAN.

Quoi, une personne comme vous seroit la femme d'un simple paysan! Non, non, c'est profaner tant de beautés, et vous n'êtes pas née pour demeurer dans un village. Vous méritez, sans doute, une meilleure fortune; et le ciel, qui le connoît bien, m'a conduit ici tout exprès pour empêcher ce mariage, et rendre justice à vos charmes; car enfin, belle Charlotte, je

ACTE II. SCÈNE II.

vous aime de tout mon cœur, et il ne tiendra qu'à vous que je vous arrache de ce misérable lieu, et que je vous mette dans l'état où vous méritez d'être. Cet amour est bien prompt, sans doute; mais quoi! c'est un effet, Charlotte, de votre grande beauté, et l'on vous aime autant en un quart-d'heure, qu'on feroit une autre en six mois.

CHARLOTTE.

Aussi vrai, monsieur, je ne sais comment faire quand vous parlez. Ce que vous dites me fait aise, et j'aurois toutes les envies du monde de vous croire; mais on m'a toujou dit qu'il ne faut jamais croire les monsieux, et que vous autres courtisans êtes des enjoleux, qui ne songez qu'à abuser les filles.

D. JUAN.

Je ne suis pas de ces gens-là.

SGANARELLE à part.

Il n'a garde.

CHARLOTTE.

Voyez-vous, monsieur? Il n'y a pas plaisir à se laisser abuser. Je suis une pauvre paysanne; mais j'ai l'honneur en recommandation, et j'aimerois mieux me voir morte que de me voir déshonorée.

D. JUAN.

Moi, j'aurois l'ame assez méchante pour abuser une personne comme vous? Je serois assez lâche pour vous déshonorer? Non, non, j'ai trop de conscience pour cela. Je vous aime, Charlotte, en tout bien et en tout honneur; et pour vous montrer que je dis vrai, sachez que je n'ai point d'autre dessein que de vous épouser. En voulez-vous un plus grand témoignage? M'y voilà prêt, quand vous voudrez; et je prends à témoin l'homme que voilà, de la parole que je vous donne.

SGANARELLE.

Non, non, ne craignez point. Il se mariera avec vous tant que vous voudrez.

D. JUAN.

Ah! Charlotte, je vois bien que vous ne me connoissez pas encore! Vous me faites grand tort de juger de moi par les autres; et, s'il y a des fourbes dans le monde, des gens qui ne cherchent qu'à abuser des filles, vous devez me tirer du nombre, et ne pas mettre en doute la sincérité de ma foi ; et puis votre beauté vous assure de tout. Quand on est faite comme vous, on doit être à couvert de toutes ces sortes de craintes ; vous n'avez point l'air, croyez-moi, d'une personne qu'on abuse ; et pour moi, je l'avoue, je me percerois le cœur de mille coups, si j'avois eu la moindre pensée de vous trahir.

CHARLOTTE.

Mon Dieu ! je ne sais si vous dites vrai ou non ; mais vous faites que l'on vous croit.

D. JUAN.

Lorsque vous me croirez, vous me rendrez justice assurément, et je vous réitère encore la promesse que je vous ai faite. Ne l'acceptez-vous pas, et ne voulez-vous pas consentir à être ma femme ?

CHARLOTTE.

Oui, pourvu que ma tante le veuille.

D. JUAN.

Touchez donc là, Charlotte, puisque vous le voulez bien de votre part.

CHARLOTTE.

Mais au moins, monsieur, ne m'allez pas tromper, je vous prie ; il y auroit de la conscience à vous, et vous voyez comme j'y vais à la bonne foi.

D. JUAN.

Comment ? Il semble que vous doutiez encore de ma sincérité ? Voulez-vous que je fasse des sermens épouvantables ? Que le ciel....

CHARLOTTE.

Mon Dieu, ne jurez point, je vous crois.

D. JUAN.

Donnez-moi donc un petit baiser pour gage de votre parole.

CHARLOTTE.

Oh, monsieur, attendez que je soyons mariés, je vous prie. Après ça, je vous baiserai tant que vous voudrez.

D. JUAN.

Hé bien, belle Charlotte, je veux tout ce que vous voulez, abandonnez-moi seulement votre main, et souffrez que, par mille baisers, je lui exprime le ravissement où je suis.

SCÈNE III.

D. JUAN, SGANARELLE, PIERROT, CHARLOTTE.

PIERROT *poussant D. Juan, qui baise la main de Charlotte.*

Tout doucement, monsieu, tenez-vous, s'il vous plaît. Vous vous échauffez trop, et vous pourriez gagner la purésie.

D. JUAN *repoussant rudement Pierrot.*

Qui m'amène cet impertinent ?

PIERROT *se mettant entre D. Juan et Charlotte.*

Je vous dis qu'ou vous tegniez, et qu'qu ne caressiais point nos accordées.

D. JUAN *repoussant encore Pierrot.*

Ah ! que de bruit.

PIERROT.

Jerniguienne, ce n'est pas comme ça qu'il faut pousser les gens.

CHARLOTTE *prenant Pierrot par le bras.*

Et laisse-le faire aussi, Piarrot

PIERROT.

Quement, que je le laisse faire ? Je ne veux pas, moi.

D. JUAN.

Ah !

PIERROT.

Tétignienne, parce qu'ous êtes, monsieu, vous viendrez caresser nos femmes à notre barbe ? Allez-vs-en caresser les vôtres.

D. JUAN.

Hé ?

PIERROT.

Hé ? (*D. Juan lui donne un soufflet.*) Tétigué, ne me frappez pas. (*Autre soufflet.*) Oh, jernigué. (*Autre soufflet.*) Ventregué. (*Autre soufflet.*) Palsanguié, morguienne, ça n'est pas bien de battre les gens, et ce n'est pas là la récompense de vs-avoir sauvé d'être nayé.

CHARLOTTE.

Piarrot, ne te fâche point.

PIERROT.

Je me veux fâcher, et t'es une vilaine, toi, d'endurer qu'on te cajole.

CHARLOTTE.

Oh, Piarrot, ce n'est pas ce que tu penses. Ce monsieu veut m'épouser, et tu ne dois pas te bouter en colère.

PIERROT.

Quement : jerni tu m'es promise.

CHARLOTTE.

Ça n'y fait rien, Piarrot. Si tu m'aimes, ne dois-tu pas être bien aise que je devienne madame ?

PIERROT.

Jerniguié, non. J'aime mieux te voir crevée que de te voir à un autre.

CHARLOTTE.

Va, va, Piarrot, ne te mets point en peine. Si je sis madame, je te ferai gagner queuque chose, et tu apporteras du beurre et du fromage cheux nous.

PIERROT.

Ventreguienne, je gni en porterai jamais, quand tu m'en pairais deux fois autant. Est-ce donc comme ça que t'écoutes ce qu'il te dit ? Morguienne, si j'avois su ça tantôt, je me serois bian gardé de le tirer de gliau, et je gli aurois baillé un bon coup d'aviron sur la tête.

D. JUAN *s'approchant de Pierrot pour le frapper.*

Qu'est-ce que vous dites ?

PIERROT *se mettant derrière Charlotte.*

Jerniguienne, je ne crains parsonne.

D. JUAN *passant du côté où est Pierrot.*

Attendez-moi un peu.

PIERROT *repassant de l'autre côté.*

Je me moque de tout, moi.

D. JUAN *courant après Pierrot.*

Voyons cela.

PIERROT *se sauvant encore derrière Charlotte.*

J'en avons bien vu d'autres.

D. JUAN.

Ouais.

SGANARELLE.

Hé, monsieur, laissez-là ce pauvre misérable. C'est conscience de le battre.

(A Pierrot, en se mettant entre lui et D. Juan.)

Ecoute, mon pauvre garçon, retire-toi, et ne lui dis rien.

PIERROT *passant devant Sganarelle, et regardant fièrement D. Juan.*

Je veux lui dire, moi.

D. JUAN *levant la main pour donner un soufflet à Pierrot.*

Ah ! je vous apprendrai...

(Pierrot baisse la tête, et Sganarelle reçoit le soufflet.)

SGANARELLE *regardant Pierrot.*

Peste soit du maroufle !

D. JUAN *à Sganarelle.*

Te voilà payé de ta charité.

PIERROT.

Jarni, je vas dire à sa tante tout ce ménage-ci.

SCÈNE IV.

D. JUAN, CHARLOTTE, SGANARELLE.

D. JUAN *à Charlotte.*

Enfin, je m'en vais être le plus heureux de tous les hommes, et je ne changerois pas mon bonheur contre toutes les choses du monde. Que de plaisirs quand vous serez ma femme, et que...

SCÈNE V.

D. JUAN, MATHURINE, CHARLOTTE, SGANARELLE.

SGANARELLE *apercevant Mathurine.*

Ah, ah !

MATHURINE à *D. Juan.*

Monsieu, que faites-vous donc là avec Charlotte ? Est-ce que vous lui parlez d'amour aussi ?

D. JUAN *bas à Mathurine.*

Non. Au contraire, c'est elle qui me témoignoit une envie d'être ma femme, et je lui répondois que j'étois engagé à vous.

CHARLOTTE à *D. Juan.*

Qu'est-ce que c'est donc que vous veut Mathurine ?

D. JUAN *bas à Charlotte.*

Elle est jalouse de me voir vous parler, et voudroit bien que je l'épousasse ; mais je lui dis que c'est vous que je veux.

MATHURINE.

Quoi, Charlotte...

D. JUAN *bas à Mathurine.*

Tout ce que vous lui direz sera inutile, elle s'est mis cela dans la tête.

CHARLOTTE.

Quement donc, Mathurine....

D. JUAN *bas à Charlotte.*

C'est en vain que vous lui parlerez, vous ne lui ôterez pas cette fantaisie.

MATHURINE.

Est-ce que ?...

D. JUAN *bas à Mathurine.*

Il n'y a pas moyen de lui faire entendre raison.

CHARLOTTE.

Je voudrois...

D. JUAN *bas à Charlotte.*

Elle est obstinée comme tous les diables

MATHURINE.

Vramant..

D. JUAN *bas à Mathurine.*

Ne lui dites rien, c'est une folle.

CHARLOTTE.

Je pense...

D. JUAN *bas à Charlotte.*

Laissez-la là, c'est une extravagante.

MATHURINE.

Non, non, il faut que je lui parle.

CHARLOTTE.

Je veux voir un peu ses raisons.

MATHURINE.

Quoi....

D. JUAN *bas à Mathurine.*

Je gage qu'elle va vous dire que je lui ai promis de l'épouser.

CHALOTTE.

Je...

D. JUAN *bas à Charlotte.*

Gageons qu'elle vous soutiendra que je lui ai donné parole de la prendre pour femme.

MATHURINE.

Holà, Charlotte, ça n'est pas bian de courir su le marché des autres.

CHARLOTTE.

Ça n'est pas honnête, Mathurine, d'être jalouse que monsieu me parle.

MATHURINE.

C'est moi que monsieu a vu la première.

CHARLOTTE.

S'il vous a vu la première, il m'a vu la seconde, et m'a promis de m'épouser.

D. JUAN *bas à Mathurine.*

Hé bien, que vous ai-je dit?

MATHURINE *à Charlotte.*

Je vous baise les mains ; c'est moi, et non pas vous qu'il a promis d'épouser.

D. JUAN *bas à Charlotte.*

N'ai-je pas deviné?

CHARLOTTE.

A d'autres, je vous prie ; c'est moi, vous dis-je.

MATHURINE.

Vous vous moquez des gens ; c'est moi, encore un coup.

CHARLOTTE.

Le vlà qui est pour le dire, si je n'ai pas raison.

MATHURINE.

Le vlà qui est pour me démentir, si je ne dis pas vrai.

CHARLOTTE.

Est-ce, monsieu, que vous lui avez promis de l'épouser ?

D. JUAN *bas à Charlotte.*

Vous vous raillez de moi.

MATHURINE.

Est-il vrai, monsieu, que vous lui avez donné parole d'être son mari.

D. JUAN *bas à Mathurine.*

Pouvez-vous avoir cette pensée ?

CHARLOTTE.

Vous voyez qu'alle le soutient.

D. JUAN *bas à Charlotte.*

Laissez-la faire.

MATHURINE.

Vous êtes témoin comme alle l'assure.

D. JUAN *bas à Mathurine.*

Laissez-la dire.

CHARLOTTE.

Non, non, il faut savoir la vérité.

MATHURINE.

Il est question de juger ça.

CHARLOTTE.

Oui, Mathurine, je veux que monsieu vous montre votre bec jaune.

MATHURINE.

Oui, Charlotte, je veux que monsieu vous rende un peu camuse.

CHARLOTTE.

Monsieu, videz la querelle, s'il vous plaît.

MATHURINE.

Mettez-nous d'accord, monsieu.

CHARLOTTE *à Mathurine.*

Vous allez voir.

ACTE II. SCÈNE VI.

MATHURINE à *Charlotte.*

Vous allez voir vous-même.

CHARLOTTE à *D. Juan.*

Dites.

MATHURINE à *D. Juan.*

Parlez.

D. JUAN.

Que voulez-vous que je dise? Vous soutenez également toutes deux que je vous ai promis de vous prendre pour femmes. Est-ce que chacune de vous ne sait pas ce qui en est, sans qu'il soit nécessaire que je m'explique davantage? Pourquoi m'obliger là-dessus à des redites? Celle a qui j'ai promis effectivement, n'a-t-elle pas en elle-même de quoi se moquer des discours de l'autre, et doit-elle se mettre en peine, pourvu que j'accomplisse ma promesse? Tous les discours n'avancent point les choses. Il faut faire et non pas dire; et les effets décident mieux que les paroles. Aussi, n'est-ce que par-là que je vous veux mettre d'accord, et l'on verra, quand je me marierai, laquelle des deux a mon cœur. (*Bas à Mathurine.*) Laissez-lui croire ce qu'elle voudra. (*Bas à Charlotte.*) Laissez-la se flatter dans son imagination. (*Bas à Mathurine.*) Je vous adore. (*Bas à Charlotte.*) Je suis tout à vous. (*Bas à Mathurine.*) Tous les visages sont laids auprès du vôtre. (*Bas à Charlotte.*) On ne peut plus souffrir les autres quand on vous a vue.

(*Haut.*)

J'ai un petit ordre à donner, je viens vous retrouver dans un quart-d'heure.

SCÈNE VI.

CHARLOTTE, MATHURINE, SGANARELLE.

CHARLOTTE à *Mathurine.*

Je suis celle qu'il aime, au moins.

MATHURINE à *Charlotte.*

C'est moi qu'il épousera.

SGANARELLE *arrêtant Charlotte et Mathurine.*

Ah, pauvres filles que vous êtes, j'ai pitié de votre innocence, et je ne puis souffrir de vous voir courir à votre malheur. Croyez-moi, l'une et l'autre, ne vous amusez point à tous les contes qu'on vous fait, et demeurez dans votre village.

SCÈNE VII.

D. JUAN, CHARLOTTE, MATHURINE, SGANARELLE.

D. JUAN *dans le fond du Théâtre, à part.*

Je voudrois bien savoir pourquoi Sganarelle ne me suit pas.

SGANARELLE.

Mon maître est un fourbe, il n'a dessein que de vous abuser, et en a bien abusé d'autres ; c'est l'épouseur du genre humain,
(*apercevant D. Juan.*)
et... Cela est faux, et, quiconque vous dira cela, vous lui devez dire qu'il en a menti. Mon maître n'est point l'épouseur du genre humain, il n'est point fourbe ; il n'a pas dessein de vous tromper, et n'en a point abusé d'autres. Ah! tenez, le voilà, demandez-le plutôt à lui-même.

D. JUAN *regardant Sganarelle, et le soupçonnant d'avoir parlé.*

Oui ?

SGANARELLE.

Monsieur, comme le monde est plein de médisans, je vais au-devant des choses ; et je leur disois que, si quelqu'un leur venoit de dire du mal de vous, elles se gardassent bien de le croire, et ne manquassent pas de lui dire qu'il en auroit menti.

D. JUAN.

Sganarelle.

SGANARELLE *à Charlotte et à Mathurine.*
Oui, monsieur est homme d'honneur, je le garantis tel.

D. JUAN.

Hon.

SGANARELLE.

Ce sont des impertinens.

SCÈNE VIII.

D. JUAN, LA RAMÉE, CHARLOTTE, MATHURINE, SGANARELLE.

LA RAMÉE *bas à D. Juan.*

Monsieur, je viens vous avertir qu'il ne fait pas bon ici pour vous.

D. JUAN.

Comment ?

LA RAMÉE.

Douze hommes à cheval vous cherchent, qui doivent arriver ici dans un moment ; je ne sais pas par quel moyen ils peuvent vous avoir suivi ; mais j'ai appris cette nouvelle d'un paysan qu'ils ont interrogé, et auquel ils vous ont dépeint. L'affaire presse ; et le plutôt que vous pourrez sortir d'ici sera le meilleur.

SCÈNE IX.

D. JUAN, CHARLOTTE, MATHURINE, SGANARELLE.

D. JUAN *à Charlotte et à Mathurine.*

Une affaire pressante m'oblige de partir d'ici ; mais je vous prie de vous ressouvenir de la parole que je vous ai donnée, et de croire que vous aurez de mes nouvelles avant qu'il soit demain au soir.

SCÈNE X.

D. JUAN, SGANARELLE.

D. JUAN.

Comme la partie n'est pas égale, il faut user de stratagême, et éluder adroitement le malheur qui me cherche. Je veux que Sganarelle se revête de mes habits, et moi...

SGANARELLE.

Monsieur, vous vous moquez. M'exposer à être tué sous vos habits, et...

D. JUAN.

Allons vîte, c'est trop d'honneur que je vous fais, et bienheureux est le valet qui peut avoir la gloire de mourir pour son maître.

SGANARELLE. *(seul.)*

Je vous remercie d'un tel honneur. O ciel, puisqu'il s'agit de mort, fais-moi la grace de n'être point pris pour un autre !

ACTE III.

SCÈNE I.

DON JUAN *en habit de campagne,* **SGANARELLE** *en médecin.*

SGANARELLE.

Ma foi, monsieur, avouez que j'ai eu raison, et que nous voilà l'un et l'autre déguisés à merveille. Votre premier dessein n'étoit point du tout à propos, et ceci nous cache mieux que tout ce que vous vouliez faire.

D. JUAN.

Il est vrai que te voilà bien ; et je ne sais où tu as été déterrer cet attirail ridicule.

SGANARELLE.

Oui ? C'est l'habit d'un vieux médecin, qui a été laissé en gage au lieu où je l'ai pris, et il m'en a coûté de l'argent pour l'avoir. Mais savez-vous, monsieur, que cet habit me met déjà en considération, que je suis salué des gens que je rencontre, et que l'on me vient consulter ainsi qu'un habile homme ?

ACTE III. SCÈNE I.

D. JUAN.

Comment donc?

SGANARELLE.

Cinq ou six paysans ou paysannes, en me voyant passer, me sont venus demander mon avis sur différentes maladies.

D. JUAN.

Tu leur as répondu que tu n'y entendois rien?

SGANARELLE.

Moi? Point du tout. J'ai voulu soutenir l'honneur de mon habit, j'ai raisonné sur le mal, et leur ai fait des ordonnances à chacun.

D. JUAN.

Et quels remèdes encore leur as-tu ordonnés?

SGANARELLE.

Ma foi, monsieur, j'en ai pris par où j'en ai pu attraper; j'ai fait mes ordonnances à l'aventure; et ce seroit une chose plaisante, si les malades guérissoient, et qu'on m'en vînt remercier.

D. JUAN.

Et pourquoi non? Par quelle raison n'aurois-tu pas les mêmes privilèges qu'ont tous les autres médecins? Ils n'ont pas plus de part que toi aux guérisons des malades, et tout leur art est pure grimace. Ils ne font rien que recevoir la gloire des heureux succès; et tu peux profiter, comme eux, du bonheur du malade, et voir attribuer à tes remèdes tout ce qui peut venir des faveurs du hasard, et des forces de la nature.

SGANARELLE.

Comment, monsieur, vous êtes aussi impie en médecine?

D. JUAN.

C'est une des grandes erreurs qui soient parmi les hommes.

SGANARELLE.

Quoi, vous ne croyez pas au séné, ni à la casse, ni au vin émétique?

D. JUAN.

Et pourquoi veux-tu que j'y croye?

SGANARELLE.

Vous avez l'ame bien mécréante. Cependant vous voyez, depuis un tems, que le vin émétique fait bruire ses fuseaux. Ses miracles ont converti les plus incrédules esprits ; et il n'y a pas trois semaines que j'en ai vu, moi qui vous parle, un effet merveilleux.

D. JUAN.

Et quel ?

SGANARELLE.

Il y avoit un homme qui, depuis six jours, étoit à l'agonie ; on ne savoit plus que lui ordonner, et tous les remèdes ne faisoient rien ; on s'avisa à la fin de lui donner l'émétique.

D. JUAN.

Il réchappa, n'est-ce pas ?

SGANARELLE.

Non, il mourut.

D. JUAN.

L'effet est admirable.

SGANARELLE.

Comment ? Il y avoit six jours entiers qu'il ne pouvoit mourir, et cela le fit mourir tout d'un coup. Voulez-vous rien de plus efficace ?

D. JUAN.

Tu as raison.

SGANARELLE.

Mais laissons là la médecine où vous ne croyez point, et parlons des autres choses; car cet habit me donne de l'esprit, et je me sens en humeur de disputer contre vous. Vous savez bien que vous me permettez les disputes, et que vous ne me défendez que les remontrances.

D. JUAN.

Hé bien ?

SGANARELLE.

Je veux savoir vos pensées à fond, et vous connoître un peu mieux que je ne fais. Ça, quand voulez-vous mettre fin à vos débauches, et mener la vie d'un honnête homme ?

D. JUAN *lève la main pour lui donner un soufflet.*
Ah, maître sot, vous allez d'abord aux remontrances.

SGANARELLE *en se reculant.*

Morbleu, je suis bien sot en effet de vouloir m'amuser à raisonner avec vous ; faites tout ce que vous voudrez, il m'importe bien que vous vous perdiez ou non, et que...

D. JUAN.

Tais-toi. Songeons à notre affaire. Ne serions-nous point égarés ? Appèle cet homme que voilà là-bas, pour lui demander le chemin.

SCÈNE II.

D. JUAN, SGANARELLE, FRANCISQUE.

SGANARELLE.

Hola ho, l'homme ! Ho, mon compère ! Ho, l'ami ! Un petit mot, s'il vous plaît. Enseignez-nous un peu le chemin qui mène à la ville.

FRANCISQUE.

Vous n'avez qu'à suivre cette route, messieurs, et détourner à main droite quand vous serez au bout de la forêt. Mais je vous donne avis que vous devez vous tenir sur vos gardes, et que, depuis quelque tems, il y a des voleurs ici autour.

D. JUAN.

Je te suis bien obligé, mon ami, et je te rends grace de tout mon cœur de ton bon avis.

SCÈNE III.

D. JUAN, SGANARELLE.

SGANARELLE.

Ah, monsieur, quel bruit, quel cliquetis !

D. JUAN *regardant dans la forêt.*

Que vois-je là ? Un homme attaqué par trois autres, la partie est trop inégale ; et je ne dois pas souffrir cette lâcheté.

(*Il met l'épée à la main et court au lieu du combat.*)

SCÈNE IV.
SGANARELLE seul.

Mon maître est un vrai enragé d'aller se présenter à un péril qui ne le cherche pas; mais, ma foi, le secours a servi, et les deux ont fait fuir les trois.

SCÈNE V.
D. JUAN, D. CARLOS, SGANARELLE au fond du théâtre.

D. CARLOS *remettant son épée.*

On voit, par la fuite de ces voleurs, de quel secours est votre bras. Souffrez, monsieur, que je vous rende graces d'une action si généreuse, et que...

D. JUAN.

Je n'ai rien fait, monsieur, que vous n'eussiez fait à ma place. Notre propre honneur est interressé dans de pareilles aventures; et l'action de ces coquins étoit si lâche, que c'eût été y prendre part que de ne s'y pas opposer. Mais par quelle rencontre vous êtes-vous trouvé entre leurs mains?

D. CARLOS.

Je m'étois, par hasard, égaré d'un frère, et de tous ceux de notre suite; et comme je cherchois à les rejoindre, j'ai fait rencontre de ces voleurs, qui, d'abord, ont tué mon cheval, et qui, sans votre valeur, en auroient fait autant de moi?

D. JUAN.

Votre dessein est-il d'aller du côté de la ville?

D. CARLOS.

Oui, mais sans y vouloir entrer; et nous nous voyons obligés, mon frère et moi, à tenir la campagne pour une de ces fâcheuses affaires qui réduisent les gentilshommes à se sacrifier, eux et leur famille à la sévérité de leur honneur! puisqu'enfin, le plus doux succès en est toujours funeste, et que, si l'on ne quitte pas la vie, on est contraint de quitter le royaume; et c'est en quoi je trouve la condition d'un gentilhomme malheureuse, de ne pouvoir point s'assurer sur toute la prudence et toute l'honnêteté de sa conduite, d'être asservi par les lois de l'honneur au déréglement de la conduite d'autrui, et de voir sa vie, son repos et ses biens, dépendre de la fantaisie du premier téméraire qui s'avisera de lui faire une de ces injures pour qui un honnête homme doit périr.

D. JUAN.

On a cet avantage, qu'on fait courir le même risque et passer aussi mal le tems à ceux qui prennent fantaisie de nous venir faire une offense de gaieté de cœur. Mais ne seroit-ce point une indiscrétion que de vous demander quelle peut être votre affaire?

D. CARLOS.

La chose en est aux termes de n'en plus faire de secret; et lorsque l'injure a une fois éclaté, notre honneur ne va point à vouloir cacher notre honte, mais à faire éclater notre vengeance, et à publier même le dessein que nous en avons. Ainsi, monsieur, je ne feindrai point de vous dire que l'offense que nous cherchons à venger, est une sœur séduite et enlevée d'un couvent, et que l'auteur de cette offense est un don Juan Tenorio, fils de don Louis Tenorio. Nous le cherchons depuis quelques jours, et nous l'avons suivi ce matin sur le rapport d'un valet, qui nous a dit qu'il sortoit à cheval, accompagné de quatre ou cinq, et qu'il avoit pris le long de cette côte; mais tous nos soins ont été inutiles, et nous n'avons pu découvrir ce qu'il est devenu.

D. JUAN.

Le connoissez-vous, monsieur, ce don Juan dont vous parlez?

D. CARLOS.

Non, quant à moi. Je ne l'ai jamais vu, et je l'ai seulement ouï dépeindre à mon frère, mais la renommée n'en dit pas force bien, et c'est un homme dont la vie...

D. JUAN.

Arrêtez, monsieur, s'il vous plaît. Il est un peu de mes amis, et ce seroit à moi une espèce de lâcheté, que d'en ouïr dire du mal.

D. CARLOS.

Pour l'amour de vous, monsieur, je n'en dirai rien du tout. C'est bien la moindre chose que je vous doive, après m'avoir sauvé la vie, que de me taire devant vous d'une personne que vous connoissez, lorsque je ne puis en parler sans en dire du mal ; mais, quelque ami que vous lui soyez, j'ose espérer que vous n'approuverez pas son action, et ne trouverez pas étrange que nous cherchions d'en prendre vengeance.

D. JUAN.

Au contraire, je vous y veux servir, et vous épargner des soins inutiles. Je suis ami de don Juan, je ne puis pas m'en empêcher ; mais il n'est pas raisonnable qu'il offense impunément des gentilshommes, et je m'engage à vous faire faire raison par lui.

D. CARLOS.

Et quelle raison peut-on faire à ces sortes d'injures ?

D. JUAN.

Toute celle que votre honneur peut souhaiter ; et, sans vous donner la peine de chercher don Juan davantage, je m'oblige à le faire trouver au lieu que vous voudrez, et quand il vous plaira.

D. CARLOS.

Cet espoir est bien doux, monsieur, à des cœurs offensés ; mais, après ce que je vous dois, ce me seroit une trop sensible douleur, que vous fussiez de la partie.

D. JUAN.

Je suis si attaché à don Juan, qu'il ne sauroit se battre que je ne me batte aussi ; mais enfin, j'en réponds comme de moi-même, et vous n'avez qu'à dire quand vous voulez qu'il paroisse, et vous donne satisfaction.

D. CARLOS.

Que ma destinée est cruelle ! Faut-il que je vous doive la vie, et que don Juan soit de vos amis !

SCÈNE VI.

D. ALONSE, D. CARLOS, D. JUAN, SGANARELLE.

D. ALONSE *parlant à ceux de sa suite, sans voir Don Carlos ni Don Juan.*

Faites boire là mes chevaux, et qu'on les amène après nous; je veux un peu marcher à pied.

(*les apercevant tous deux.*)

O ciel que vois-je ici! Quoi, mon frère, vous voilà avec notre ennemi mortel?

D. CARLOS.

Notre ennemi motel?

D. JUAN, *mettant la main sur la garde de son épée.*

Oui, je suis don Juan, et l'avantage du nombre ne m'obligera pas à vouloir déguiser mon nom.

D. ALONSE *mettant l'épée à la main.*

Ah, traître, il faut que tu périsses, et...

(*Sganarelle court se cacher.*)

D. CARLOS.

Ah, mon frère, arrêtez. Je lui suis redevable de la vie, et, sans le secours de son bras, j'aurois été tué par des voleurs que j'ai trouvés.

D. ALONSE.

Et voulez-vous que cette considération empêche notre vengeance! Tous les services que nous rend une main ennemie, ne sont d'aucun mérite pour engager notre ame ; et, s'il faut mesurer l'obligation à l'injure, votre reconnoissance, mon frère, est ici ridicule ; et, comme l'honneur est infiniment plus précieux que la vie, c'est ne devoir rien proprement, que d'être redevable de la vie à qui nous a ôté l'honneur.

D. CARLOS.

Je sais la différence, mon frère, qu'un gentilhomme doit toujours mettre entre l'un et l'autre, et la reconnoissance de l'obligation n'efface point en moi le ressentiment de l'injure ; mais souffrez que je lui rende ici ce qu'il m'a prêté, que je m'acquitte sur-le-champ de la vie que je lui dois, par un délai de notre vengeance, et lui laisse la liberté de jouir, durant quelques jours, du fruit de son bienfait.

D. ALONSE.

Non, non, c'est hasarder notre vengeance que de la reculer, et l'occasion de la prendre peut ne plus revenir. Le ciel nous l'offre ici, c'est à nous d'en profiter. Lorsque l'honneur est blessé mortellement, on ne doit point songer à garder aucunes mesures; et, si vous répugnez à prêter votre bras à cette action, vous n'avez qu'à vous retirer, et laisser à ma main la gloire d'un tel sacrifice.

D. CARLOS.

De grâce, mon frère....

D. ALONSE.

Tous ces discours sont superflus : il faut qu'il meure.

D. CARLOS.

Arrêtez-vous, vous dis-je, mon frère. Je ne souffrirai point du tout qu'on attaque ses jours; et je jure le ciel que je le défendrai ici contre qui que ce soit, et je saurai lui faire un rempart de cette même vie qu'il a sauvée; et, pour adresser vos coups, il faudra que vous me perciez.

D. ALONSE.

Quoi, vous prenez le parti de notre ennemi contre moi; et loin d'être saisi à son aspect des mêmes transports que je sens, vous faites voir pour lui des sentimens pleins de douceur?

D. CARLOS.

Mon frère, montrons de la modération dans une action légitime; et ne vengeons point notre honneur avec cet emportement que vous témoignez. Ayons du cœur dont nous soyons les maîtres, une valeur qui n'ait rien de farouche, et qui se porte aux choses par une pure délibération de notre raison, et non point par le mouvement d'une aveugle colère. Je ne veux point, mon frère, demeurer redevable à mon ennemi, et je lui ai une obligation dont il faut que je m'acquitte avant toute chose. Notre vengeance, pour être différée, n'en sera pas moins éclatante; au contraire, elle en tirera de l'avantage, et cette occasion de l'avoir pu prendre, la fera paroître plus juste aux yeux de tout le monde.

ACTE III. SCÈNE VII.

D ALONSE.

O l'étrange foiblesse, et l'aveuglement effroyable de hasarder ainsi les intérêts de son honneur pour la ridicule pensée d'une obligation chimérique !

D. CARLOS.

Non, mon frère, ne vous mettez pas en peine. Si je fais une faute, je saurai bien la réparer, et je me charge de tout le soin de notre honneur ; je sais a quoi il nous oblige, et cette suspension d'un jour que ma reconnoissance lui demande, ne fera qu'augmenter l'ardeur que j'ai de le satisfaire. D. Juan, vous voyez que j'ai soin de vous rendre le bien que j'ai reçu de vous et vous devez par la juger du reste, croire que je m'acquitte avec même chaleur de ce que je dois, et que je ne serai pas moins exact à vous payer l'injure que le bienfait. Je ne veux point vous obliger ici à expliquer vos sentimens, et je vous donne la liberté de penser à loisir aux résolutions que vous avez à prendre. Vous connoissez assez la grandeur de l'offense que vous nous avez faite, et je vous fais juge vous-même des réparations qu'elle demande. Il est des moyens doux pour nous satisfaire : il en est de violens et de sanglans ; mais enfin, quelque choix que vous fassiez, vous m'avez donné parole de me faire faire raison par don Juan. Songez à me la faire, je vous prie, et vous ressouvenez que hors d'ici, je ne dois plus qu'à mon honneur.

D. JUAN.

Je n'ai rien exigé de vous, et vous tiendrai ce que j'ai promis.

D. CARLOS.

Allons, mon frère, un moment de douceur ne fait aucune injure à la sévérité de notre devoir.

SCÈNE VII.

D. JUAN, SGANARELLE.

D. JUAN.

Hola, hé, Sganarelle.

SGANARELLE *sortant de l'endroit où il étoit caché*
Plaît-il.

D. JUAN.
Comment, coquin, tu fuis quand on m'attaque?
SGANARELLE.
Pardonnez-moi, monsieur, je viens seulement d'ici près. Je crois que cet habit est purgatif, et que c'est prendre médecine que de le porter.
D. JUAN.
Peste soit l'insolent! Couvre au moins ta poltronnerie d'un voile plus honnête. Sais-tu bien qui est celui à qui j'ai sauvé la vie?
SGANARELLE.
Moi? non.
D. JUAN.
C'est un frère d'Elvire.
SGANARELLE.
Un....
D. JUAN.
Il est assez honnête homme, il en a bien usé, et j'ai regret d'avoir démêlé avec lui.
SGANARELLE.
Il vous seroit aisé de pacifier toutes choses.
D. JUAN.
Oui; mais ma passion est usée pour done Elvire, et l'engagement ne compâtit point avec mon humeur. J'aime la liberté en amour, tu le sais, et je ne saurois me résoudre à renfermer mon cœur entre quatre murailles. Je te l'ai dit vingt fois, j'ai une pente naturelle à me laisser aller à tout ce qui m'attire. Mon cœur est à toutes les belles; et c'est à elles à le prendre tour à tour, et à le garder tant qu'elles le pourront. Mais quel est le superbe édifice que je vois entre ces arbres?
SGANARELLE.
Vous ne le savez pas?
D. JUAN.
Non vraiment.
SGANARELLE.
Bon, c'est le tombeau que le commandeur faisoit faire lorsque vous le tuâtes.

D. JUAN.

Ah, tu as raison! Je ne savois pas que c'étoit de ce côté-ci qu'il étoit. Tout le monde m'a dit des merveilles de cet ouvrage, aussi bien que de la statue du commandeur; et j'ai envie de l'aller voir.

SGANARELLE.

Monsieur, n'allez point là.

D. JUAN.

Pourquoi ?

SGANARELLE.

Cela n'est pas civil, d'aller voir un homme que vous avez tué.

D. JUAN.

Au contraire, c'est une visite dont je lui veux faire civilité, et qu'il doit recevoir de bonne grace, s'il est galant homme. Allons, entrons dedans.

(*Le tombeau s'ouvre, et l'on voit la statue du Commandeur.*)

SGANARELLE.

Ah, que cela est beau! Les belles statues! Le beau marbre! Les beaux piliers! Ah, que cela est beau? Qu'en dites-vous monsieur ?

D. JUAN.

Qu'on ne peut voir aller plus loin l'ambition d'un homme mort; et ce que je trouve admirable, c'est qu'un homme qui s'est passé durant sa vie d'une assez simple demeure, en veuille avoir une si magnifique, pour quand il n'en a plus que faire.

SGANARELLE.

Voici la statue du commandeur.

D. JUAN.

Parbleu, le voilà bon avec son habit d'empereur romain.

SGANARELLE.

Ma foi, monsieur, voilà qui est bien fait. Il semble qu'il est en vie, et qu'il s'en va parler. Il jette des regards sur nous qui me feroient peur si j'étois tout seul, et je pense qu'il ne prend pas plaisir de nous voir.

D. JUAN.

Il auroit tort; et ce seroit mal recevoir l'honneur que je lui fais. Demande-lui s'il veut venir souper avec moi.

SGANARELLE.

C'est une chose dont il n'a pas besoin, je crois.

D. JUAN.

Demande-lui, te dis-je.

SGANARELLE.

Vous moquez-vous? Ce seroit être fou que d'aller parler à une statue.

D. JUAN.

Fais ce que je te dis.

SGANARELLE.

(à part.)

Quelle bizarrerie! Seigneur commandeur... Je ris de ma sottise; mais c'est mon maître qui me la fait faire. (haut.) Seigneur commandeur, mon maître don Juan vous demande si vous voulez lui faire l'honneur de venir souper avec lui.

(La statue baisse la tête.)

Ah!

D. JUAN.

Qu'est-ce? Qu'as-tu? Dis donc. Veux-tu parler?

SGANARELLE *baissant la tête comme la statue.*

La statue...

D. JUAN.

Hé bien, que veux-tu dire, traître?

SGANARELLE.

Je vous dis que la statue....

D. JUAN.

Hé bien, la statue? Je t'assomme, si tu ne parles.

SGANARELLE.

La statue m'a fait signe.

D. JUAN.

La peste le coquin!

SGANARELLE.

Elle m'a fait signe, vous dis-je, il n'est rien de plus vrai. Allez-vous-en lui parler vous-même pour voir. Peut-être...

D. JUAN.

Viens, maraud, viens. Je te veux bien faire toucher au doigt la poltronnerie, prends garde. Le seigneur commandeur voudroit-il venir souper avec moi?

(*La statue baisse encore la tête.*)

ACTE IV. SCÈNE I.

SGANARELLE.

Je ne voudrois pas en tenir dix pistoles. Hé bien, monsieur?

D. JUAN.

Allons, sortons d'ici.

SGANARELLE *seul*.

Voilà de mes esprits forts, qui ne veulent rien croire.

~~~~~~~~~~~~~~~~~~~~~~~~~~~~~~~~~~

ACTE IV.

SCÈNE I.

D. JUAN, SGANARELLE, RAGOTIN.

D. JUAN *à Sganarelle*.

Quoi qu'il en soit, laissons cela. C'est une bagatelle, et nous pouvons avoir été trompés par un faux jour, ou surpris de quelque vapeur qui nous ait troublé la vue.

SGANARELLE.

Hé, monsieur, ne cherchez point à démentir ce que nous avons vu des yeux que voilà. Il n'est rien de plus véritable que ce signe de tête; et je ne doute point que le ciel, scandalisé de votre vie, n'ait produit ce miracle pour vous convaincre, et pour vous retirer de...

D. JUAN.

Ecoute. Si tu m'importunes davantage de tes sottes moralités, si tu me dis encore le moindre mot là-dessus, je vais appeler quelqu'un, demander un nerf de bœuf; te faire tenir par trois ou quatre, et te rouer de mille coups. M'entends-tu bien?

SGANARELLE.

Fort bien, monsieur, le mieux du monde. Vous vous expliquez clairement; c'est ce qu'il y a de bon en vous, que vous n'allez point chercher de détours ; vous dites les choses avec une netteté admirable.

D. JUAN.

Allons, qu'on me fasse souper le plutôt que l'on pourra. Une chaise, petit garçon.

SCÈNE II.

D. JUAN, SGANARELLE, LA VIOLETTE, RAGOTIN.

LA VIOLETTE.

Monsieur, voilà votre marchand, monsieur Dimanche, qui demande à vous parler.

SGANARELLE.

Bon. Voilà ce qu'il nous faut qu'un compliment de créancier. De quoi s'avise-t-il de nous venir demander de l'argent ; et que ne lui disois-tu que monsieur n'y est pas ?

LA VIOLETTE.

Il y a trois quarts-d'heure que je le lui dis ; mais il ne veut pas le croire, et s'est assis là-dedans pour attendre.

SGANARELLE.

Qu'il attende tant qu'il voudra.

D. JUAN.

Non, au contraire, faites-le entrer. C'est une fort mauvaise politique que de se faire céler aux créanciers. Il est bon de les payer de quelque chose ; et j'ai le secret de les renvoyer satisfaits, sans leur donner un double.

SCÈNE III.

D. JUAN, M. DIMANCHE, SGANARELLE, LA VIOLETTE, RAGOTIN.

D. JUAN.

Ah, monsieur Dimanche, approchez. Que je suis ravi de vous voir, et que je veux de mal à mes gens de ne vous pas faire entrer d'abord ! J'avois donné ordre qu'on ne me fît parler à personne ; mais cet ordre n'est pas pour vous ; et vous êtes en droit de ne trouver jamais de porte fermée chez moi.

M. DIMANCHE.

Monsieur, je vous suis fort obligé.

D. JUAN, *parlant à la Violette et à Ragotin.*

Parbleu ! coquins, je vous apprendrai à laisser monsieur Dimanche dans une antichambre, et je vous ferai connoître les gens.

M. DIMANCHE.

Monsieur, cela n'est rien.

D. JUAN *à monsieur Dimanche.*

Comment ! vous dire que je n'y suis pas, à monsieur Dimance, au meilleur de mes amis !

M. DIMANCHE.

Monsieur, je suis votre serviteur. J'étois venu....

D. JUAN.

Allons vîte, un siège pour monsieur Dimanche.

M. DIMANCHE.

Monsieur, je suis bien comme cela.

D. JUAN.

Point, point, je veux que vous soyez assis comme moi...

M. DIMANCHE.

Cela n'est point nécessaire.

D. JUAN.

Otez ce pliant, et apportez un fauteuil.

M. DIMANCHE.

Monsieur, vous vous moquez, et....

D. JUAN.

Non, non : je sais ce que je vous dois ; et je ne veux point qu'on mette de différence entre nous deux.

M. DIMANCHE.

Monsieur...

D. JUAN.

Allons, asseyez-vous.

M. DIMANCHE.

Il n'est pas besoin, monsieur, et je n'ai qu'un mot à vous dire. J'étois....

D. JUAN.

Mettez-vous là, vous dis-je.

M. DIMANCHE.
Non, monsieur, je suis bien. Je viens pour...
D. JUAN.
Non je ne vous écoute point, si vous n'êtes point assis.
M. DIMANCHE.
Monsieur, je fais ce que vous voulez. Je...
D. JUAN.
Parbleu, monsieur Dimanche, vous vous portez bien.
M. DIMANCHE.
Oui, monsieur, pour vous rendre service. Je suis venu...
D. JUAN.
Vous avez un fonds de santé admirable, des lèvres fraîches, un teint vermeil, et des yeux vifs.
M. DIMANCHE.
Je voudrois bien....
D. JUAN.
Comment se porte madame Dimanche, votre épouse ?
M. DIMANCHE.
Fort bien, monsieur, Dieu merci.
D. JUAN.
C'est une brave femme.
M. DIMANCHE.
Elle est votre servante, Monsieur. Je venois...
D. JUAN.
Et votre petite fille Claudine, comment se porte-t-elle ?
M. DIMANCHE.
Le mieux du monde.
D. JUAN.
La jolie petite fille que c'est ! Je l'aime de tout mon cœur.
M. DIMANCHE.
C'est trop d'honneur que vous lui faites, monsieur. Je vou...
D. JUAN.
Et le petit Colin fait-il toujours bien du bruit avec son tambour ?
M. DIMANCHE.
Toujours de même, monsieur. Je....

ACTE IV. SCÈNE III.

D. JUAN.

Et votre petit chien Brusquet, gronde-t-il toujours aussi fort, et mord-il toujours bien aux jambes les gens qui vont chez vous?

M. DIMANCHE.

Plus que jamais, monsieur, et nous ne saurions en chevir.

D. JUAN.

Ne vous étonnez pas si je m'informe des nouvelles de toute la famille; car j'y prends beaucoup d'intérêt.

M. DIMANCHE.

Nous vous sommes, monsieur, infiniment obligés. Je....

D. JUAN *lui tendant la main.*

Touchez donc là, monsieur Dimanche. Êtes-vous bien de mes amis?

M. DIMANCHE.

Monsieur, je suis votre serviteur.

D. JUAN.

Parbleu, je suis à vous de tout mon cœur.

M. DIMANCHE.

Vous m'honorez trop. Je...

D. JUAN.

Il n'y a rien que je ne fasse pour vous.

M. DIMANCHE.

Monsieur, vous avez trop de bonté pour moi.

D. JUAN.

Et cela sans intérêt, je vous prie de le croire.

M. DIMANCHE.

Je n'ai point mérité cette grace assurément; mais, monsieur....

D. JUAN.

Oh, ça, monsieur Dimanche, sans façon, voulez-vous souper avec moi?

M. DIMANCHE.

Non, monsieur, il faut que je m'en retourne tout-à-l'heure. Je....

D. JUAN *se levant.*

Allons, vîte un flambeau, pour conduire monsieur Dimanche, et que quatre ou cinq de mes gens prennent des mousquetons pour l'escorter.

M. DIMANCHE *se levant aussi.*

Monsieur, il n'est pas nécessaire, et je m'en irai bien tout seul. Mais...

(*Sganarelle ôte les sièges promptement.*)

D. JUAN.

Comment ? Je veux qu'on vous escorte, et je m'intéresse trop à votre personne. Je suis votre serviteur, et de plus, votre débiteur.

M. DIMANCHE.

Ah, monsieur !

D. JUAN.

C'est une chose que je ne cache pas, et je le dis à tout le monde.

M. DIMANCHE.

Si...

D. JUAN.

Voulez-vous que je vous reconduise ?

M. DIMANCHE.

Ah, monsieur, vous vous moquez ! Monsieur....

D. JUAN.

Embrassez-moi donc, s'il vous plaît. Je vous prie encore une fois, d'être persuadé que je suis tout à vous, et qu'il n'y a rien au monde que je ne fasse pour votre service.

SCÈNE IV.

M. DIMANCHE, SGANARELLE.

SGANARELLE.

Il faut avouer que vous avez en monsieur un homme qui vous aime bien.

M. DIMANCHE.

Il est vrai ; il me fait tant de civilités et tant de complimens, que je ne saurois jamais lui demander de l'argent.

SGANARELLE.

Je vous assure que toute sa maison périroit pour vous ; et je voudrois qu'il vous arrivât quelque chose, que quelqu'un s'avisât de vous donner des coups de bâton, vous verriez de quelle manière...

ACTE IV. SCÈNE IV.

M. DIMANCHE

Je le crois; mais, Sganarelle, je vous prie de lui dire un petit mot de mon argent.

SGANARELLE.

Oh, ne vous mettez pas en peine, il vous paiera le mieux du monde.

M. DIMANCHE.

Mais vous, Sganarelle, vous me devez quelque chose en votre particulier.

SGANARELLE.

Fi, ne parlez pas de cela.

M. DIMANCHE.

Comment. Je....

SGANARELLE.

Ne sais-je pas bien que je vous dois ?

M. DIMANCHE.

Oui. Mais...

SGANARELLE.

Allons, monsieur Dimanche, je vais vous éclairer.

M. DIMANCHE.

Mais, mon argent.

SGANARELLE *prenant M. Dimanche par le bras.*

Vous moquez-vous ?

M. DIMANCHE.

Je veux....

SGANARELLE *le tirant.*

Hé.

M. DIMANCHE.

J'entends....

SGANARELLE *le poussant vers la porte.*

Bagatelles.

M. DIMANCHE.

Mais....

SGANARELLE *le poussant encore.*

Fi.

M. DIMANCHE.

Je....

SGANARELLE *le poussant tout-à-fait hors du Théâtre.*

Fi, vous dis-je.

SCÈNE V.

DON JUAN, LA VIOLETTE, SGANARELLE.

LA VIOLETTE à *D. Juan.*

Monsieur, voilà monsieur votre père.

D. JUAN.

Ah, me voici bien ! il me falloit cette visite pour me faire enrager.

SCÈNE VI.

D. LOUIS, D. JUAN, SGANARELLE.

D. LOUIS.

Je vois bien que je vous embarrasse, et que vous vous passeriez fort aisément de ma venue. A dire vrai, nous nous incommodons étrangement l'un l'autre ; si vous êtes las de me voir, je suis bien las aussi de vos déportemens. Hélas, que nous savons peu ce que nous faisons, quand nous ne laissons pas au ciel le soin des choses qu'il nous faut, quand nous voulons être plus avisés que lui, et que nous venons l'importuner par nos souhaits aveugles, et nos demandes inconsidérées ! J'ai souhaité un fils avec des ardeurs non-pareilles ; je l'ai demandé sans relâche avec des transports incroyables ; et ce fils, que j'obtiens en fatiguant le ciel de vœux, est le chagrin et le supplice de cette vie même dont je croyois qu'il devoit être la joie et la consolation. De quel œil, à votre avis, pensez-vous que je puisse voir cet amas d'actions indignes, dont on a peine, aux yeux du monde, d'adoucir le mauvais visage, cette suite continuelle de méchantes affaires, qui nous réduisent à toute heure à lasser les bontés du souverain, et qui ont épuisé auprès de lui le mérite de mes services et le crédit de mes amis ! Ah, quelle bassesse est la vôtre ! Ne rougissez-vous point de mériter si peu votre naissance ? Êtes-vous en droit, dites-moi, d'en tirer quelque vanité, et qu'avez-vous fait dans le monde pour être gentilhomme ? Croyez-vous qu'il suffise d'en porter le nom et les armes, et que ce nous soit une gloire d'être sorti d'un sang noble, lorsque nous vivons en infâmes? Non, non, la naissance n'est rien où la vertu n'est pas Aussi, nous n'avons part à la gloire de nos ancêtres qu'autant que nous nous efforçons de leur ressembler; et cet éclat de leurs actions qu'ils répandent sur nous, nous impose un engagement de leur faire le même honneur, de suivre les pas qu'ils nous tracent, et de ne point dégénérer de leur vertu, si nous voulons être estimés de leurs véritables descendans. Ainsi, vous descendez en vain des aïeux dont vous êtes né, ils vous désavouent pour leur sang, et tout ce qu'ils ont fait d'illustre ne vous donne aucun avantage; au contraire; l'éclat n'en rejaillit sur vous qu'à votre déshonneur, et leur gloire est un flambeau qui éclaire aux yeux d'un chacun la honte de vos actions. Apprenez enfin qu'un gentilhomme qui vit mal est un monstre dans la nature; que la vertu est le premier titre de noblesse; que je regarde bien moins au nom qu'on signe, qu'aux actions qu'on fait, et que je serois plus d'état du fils d'un crocheteur, qui seroit honnête homme, que du fils d'un monarque qui vivroit comme vous.

D. JUAN.

Monsieur, si vous étiez assis, vous en seriez mieux pour parler.

D. LOUIS.

Non, insolent, je ne veux point m'asseoir, ni parler davantage, je vois bien que toutes mes paroles ne font rien sur ton ame; mais sache, fils indigne, que la tendresse paternelle est poussée à bout par tes actions; que je saurai plutôt que tu ne penses, mettre une borne à tes déréglemens, prévenir sur toi le courroux du ciel, et laver, par ta punition, la honte de t'avoir fait naître.

SCÈNE VII.

D. JUAN, SGANARELLE.

D. JUAN *adressant encore la parole à son père quoiqu'il soit sorti.*

Hé, mourez le plutôt que vous pourrez, c'est le mieux que vous puissiez faire. Il faut que chacun ait son tour, et j'enrage de voir des pères qui vivent autant que leurs fils.

(*Il se met dans un fauteuil.*)

SGANARELLE.

Ah, monsieur, vous avez tort.

D. JUAN *se levant*.

J'ai tort.

SGANARELLE *tremblant*.

Monsieur...

D. JUAN.

J'ai tort.

SGANARELLE.

Oui, monsieur, vous avez tort d'avoir souffert ce qu'il vous a dit, et vous le deviez mettre dehors par les épaules. A-t-on jamais rien vu de plus impertinent ? Un père venir faire des remontrances à son fils, et lui dire de corriger ses actions, de se ressouvenir de sa naissance, de mener une vie d'honnête homme, et cent autres sottises de pareille nature! Cela se peut-il souffrir à un homme comme vous, qui savez comme il faut vivre ? J'admire votre patience ; et, si j'avois été en votre place, je l'aurois envoyé promener.

(*bas à part.*)

O complaisance maudite, à quoi me réduis-tu!

D. JUAN.

Me fera-t-on souper bientôt ?

SCÈNE VIII.

D. JUAN, SGANARELLE, RAGOTIN.

RAGOTIN.

Monsieur, voici une dame voilée qui vient vous parler.

D. JUAN.

Que pourroit-ce être?

SGANARELLE.

Il faut voir.

SCÈNE IX.

DONE ELVIRE *voilée*, DON JUAN, SGANARELLE.

D. ELVIRE.

Ne soyez point surpris, don Juan, de me voir à cette heure et dans cet équipage. C'est un motif pressant qui m'oblige à cette visite, et ce que j'ai à vous dire ne veut point du tout de retardement. Je ne viens point ici pleine de ce courroux que j'ai tantôt fait éclater, et vous me voyez bien changée de ce que j'étais ce matin. Ce n'est plus cette done Elvire qui faisoit des vœux contre vous, et dont l'ame irritée ne jettoit que menaces et ne respiroit que vengeance. Le ciel a banni de mon ame toutes ces indignes ardeurs que je sentois pour vous, tous ces transports tumultueux d'un attachement criminel, tous honteux emportemens d'un amour terrestre et grossier; et il n'a laissé dans mon cœur, pour vous, qu'une flamme épurée de tout le commerce des sens, une tendresse toute sainte, un amour détaché de tout, qui n'agit point pour soi, et ne se met en peine que de votre intérêt.

D. JUAN *bas à Sganarelle*.

Tu pleures, je pense?

SGANARELLE.

Pardonnez-moi.

D. ELVIRE.

C'est ce parfait et pur amour qui me conduit ici pour votre

bien, pour vous faire part d'un avis du ciel, et tâcher de vous retirer du précipice où vous courez. Oui, don Juan, je sais tous les déréglemens de votre vie, et ce même ciel, qui m'a touché le cœur et fait jeter les yeux sur les égaremens de ma conduite, m'a inspiré de vous venir trouver, et de vous dire de sa part que vos offenses ont épuisé sa miséricorde, que sa colère redoutable est prête de tomber sur vous, qu'il est en vous de l'éviter par un prompt repentir ; et que peut-être, vous n'avez pas encore un jour à vous pouvoir soustraire au plus grand de tous les malheurs. Pour moi, je ne tiens plus à vous par aucun attachement du monde. Je suis revenue, graces au ciel, de toutes mes folles pensées, ma retraite est résolue et je ne demande qu'assez de vie pour pouvoir expier la faute que j'ai faite, et mériter, par une austere pénitence, le pardon de l'aveuglement où m'ont plongée les transports d'une passion condamnable. Mais, dans cette retraite, j'aurois une douleur extrême qu'une personne que j'ai chérie tendrement, devint un exemple funeste de la justice du ciel, et ce me sera une joie incroyable, si je puis vous porter à détourner de dessus votre tête l'épouvantable coup qui vous menace. De grace, don Juan, accordez-moi pour dernière faveur, cette douce consolation ; ne me refusez point votre salut, que je vous demande avec larmes ; et, si vous n'êtes point touché de votre intérêt, soyez-le au moins de mes prières, et m'épargnez le cruel déplaisir de vous voir condamner à des supplices éternels.

SGANARELLE *à part*.

Pauvre femme !

D. ELVIRE.

Je vous ai aimé avec une tendresse extrême, rien au monde ne m'a été si cher que vous, j'ai oublié mon devoir pour vous, j'ai fait toutes choses pour vous ; et, toute la récompense que je vous en demande, c'est de corriger votre vie, et de prévenir votre perte. Sauvez-vous, je vous prie, ou pour l'amour de vous, ou pour l'amour de moi. Encore une fois, don Juan, je vous le demande avec larmes ; et si ce n'est assez des larmes d'une personne que vous avez aimée, je vous en conjure par tout ce qui est le plus capable de vous toucher.

SGANARELLE *à part, regardant D. Juan.*

Cœur de tigre !

ACTE IV. SCÈNE XI.

D. ELVIRE.

Je m'en vais, après ce discours, et voilà tout ce que j'avois à vous dire.

D. JUAN.

Madame, il est tard, demeurez ici. On vous y logera le mieux qu'on pourra.

D. ELVIRE.

Non, don Juan, ne me retenez pas davantage.

D. JUAN.

Madame vous me ferez plaisir de demeurer, je vous assure.

D. ELVIRE.

Non, vous dis-je, ne perdons point de tems en discours superflus. Laissez-moi vîte aller, ne faites aucune instance pour me conduire, et songez seulement à profiter de mon avis.

SCÈNE X.

D. JUAN, SGANARELLE.

D. JUAN.

Sais-tu bien que j'ai encore senti quelque peu d'émotion pour elle, que j'ai trouvé de l'agrément dans cette nouveauté bizarre, et que son habit négligé, son air languissant et ses larmes ont réveillé en moi quelques petits restes d'un feu éteint ?

SGANARELLE.

C'est-à-dire que ses paroles n'ont fait aucun effet sur vous.

D. JUAN.

Vîte à souper.

SGANARELLE.

Fort bien.

SCÈNE XI.

D. JUAN, SGANARELLE, LA VIOLETTE, RAGOTIN.

D. JUAN *se mettant à table.*

Sganarelle, il faut songer à s'amender pourtant.

SGANARELLE.

Oui-dà.

D. JUAN.

Oui, ma foi, il faut s'amender. Encore vingt ou trente ans de cette vie-ci, et puis nous songerons à nous.

SGANARELLE.

Oh !

D. JUAN.

Qu'en dis-tu ?

SGANARELLE.

Rien. Voilà le soupé.
(*Il prend un morceau d'un des plats qu'on apporte, et le met dans sa bouche.*)

D. JUAN.

Il me semble que tu as la joue enflée ; qu'est-ce que c'est ? Parle donc. Qu'as-tu là ?

SGANARELLE.

Rien.

D. JUAN.

Montre un peu. Parbleu, c'est une fluxion qui lui est tombée sur la joue. Vite une lancette pour percer cela. Le pauvre garçon n'en peut plus, et cet abcès le pourroit étouffer. Attends, voyez comme il étoit mur. Ah ! coquin que vous êtes...

SGANARELLE.

Ma foi, monsieur, je voulois voir si votre cuisinier n'avoit point mis trop de sel ou trop de poivre.

D. JUAN.

Allons, mets-toi là, et mange. J'ai affaire de toi, quand j'aurai soupé. Tu as faim à ce que je vois.

SGANARELLE *se mettant à table.*

Je le crois bien, monsieur, je n'ai point mangé depuis ce matin. Tâtez de cela, voilà qui est le meilleur du monde.
(*à Ragotin, qui, à mesure que Sganarelle met quelque chose sur son assiette, la lui ôte, dès que Sganarelle tourne la tête.*)
Mon assiette, mon assiette. Tout doux s'il vous plaît. Vertubleu, petit compère, que vous êtes habile à donner des as-

ACTE IV. SCÈNE XII.

siettes nettes! Et vous, petit la Violette, que vous savez présenter à boire à propos!

(*Pendant que la Violette donne à boire à Sganarelle, Ragotin ôte encore son assiette.*)

D. JUAN.
Qui peut frapper de cette sorte?

SGANARELLE.
Qui diable nous vient troubler dans notre repas?

D. JUAN.
Je veux souper en repos au moins, et qu'on ne laisse entrer personne.

SGANARELLE.
Laissez-moi, je m'y en vais moi-même.

D. JUAN *voyant revenir Sganarelle effrayé.*
Qu'est-ce donc? Qu'y a-t-il?

SGANARELLE.
(*baissant la tête comme la statue.*)
Le.... qui est là.

D. JUAN.
Allons voir, et montrons que rien ne me sauroit ébranler.

SGANARELLE.
Ah! pauvre Sganarelle, où te cacheras-tu?

SCÈNE XII.

D. JUAN, LA STATUE du Commandeur, SGANARELLE, LA VIOLETTE, RAGOTIN.

D. JUAN *à ses gens.*
UNE chaise et un couvert. Vite donc.
(*D. Juan et la Statue se mettent à table.*)
(*à Sganarelle.*)
Allons, mets-toi à table.

SGANARELLE.
Monsieur, je n'ai plus faim.

D. JUAN.
Mets-toi là, te dis-je. A boire. A la santé du Commandeur. Je te la porte, Sganarelle. Qu'on lui donne du vin.

SGANARELLE.

Monsieur, je n'ai pas soif.

D. JUAN.

Bois, et chante ta chanson, pour régaler le Commandeur.

SGANARELLE.

Je suis enrhumé, monsieur.

D. JUAN.

(*à ses gens.*).

Il n'importe. Allons. Vous autres, venez, accompagnez sa voix.

LA STATUE.

Don Juan, c'est assez. Je vous invite à venir demain souper avec moi. En aurez-vous le courage ?

D. JUAN.

Oui. J'irai accompagné du seul Sganarelle.

SGANARELLE.

Je vous rends graces, il est demain jeûne pour moi.

D. JUAN *à Sganarelle*.

Prends ce flambeau.

LA STATUE.

On n'a pas besoin de lumière, quand on est conduit par le ciel.

ACTE V.

SCÈNE I.

D. LOUIS, D. JUAN, SGANARELLE.

D. LOUIS.

Quoi, mon fils ! Seroit-il possible que la bonté du ciel eût exaucé mes vœux ? Ce que vous me dites est-il bien vrai ? No

ACTE V. SCÈNE I.

m'abusez-vous point d'un faux espoir, et puis-je prendre quelque assurance sur la nouveauté surprenante d'une telle conversion ?

D. JUAN.

Oui, vous me voyez revenu de toutes mes erreurs, je ne suis plus le même d'hier au soir, et le ciel, tout d'un coup, a fait en moi un changement qui va surprendre tout le monde. Il a touché mon ame, et dessillé mes yeux ; et je regarde avec horreur le long aveuglement où j'ai été, et les désordres criminels de la vie que j'ai menée. J'en repasse dans mon esprit toutes les abominations, et m'étonne comme le ciel les a pu souffrir si long-tems, et n'a pas vingt fois, sur ma tête, laissé tomber les coups de sa justice redoutable. Je vois les graces que sa bonté m'a faites en ne me punissant point de mes crimes ; et je prétends en profiter, comme je dois faire éclater aux yeux du monde un soudain changement de vie, réparer par là le scandale de mes actions passées, et m'efforcer d'en obtenir du ciel une pleine rémission. C'est à quoi je vais travailler ; et je vous prie, monsieur, de vouloir bien contribuer à ce dessein, et de m'aider vous-même à faire choix d'une personne qui me serve de guide, et sous la conduite de qui je puisse marcher sûrement dans le chemin où je m'en vais entrer.

D. LOUIS.

Ah ! mon fils, que la tendresse d'un père est aisément rappelée, et que les offenses d'un fils s'évanouissent vîte au moindre mot de repentir ! Je ne me souviens plus déjà de tous les déplaisirs que vous m'avez donnés, et tout est effacé pas les paroles que vous venez de me faire entendre. Je ne me sens pas ; je l'avoue ; je jette des larmes de joie, tous mes vœux sont satisfaits, et je n'ai plus rien désormais à demander au ciel. Embrassez-moi, mon fils, et persistez, je vous conjure, dans cette louable pensée. Pour moi, j'en vais, tout de ce pas, porter l'heureuse nouvelle à votre mère, partager avec elle les doux transports du ravissement où je suis, et rendre graces au ciel des saintes résolutions qu'il a daigné vous inspirer.

SCÈNE II.

D. JUAN, SGANARELLE.

SGANARELLE.

Ah ! monsieur, que j'ai de joie de vous voir converti ! Il y a long-tems que j'attendois cela ; et voila, graces au ciel, tous mes souhaits accomplis.

D. JUAN.

La peste, le benêt !

SGANARELLE.

Comment, le benêt ?

D. JUAN.

Quoi ! tu prends pour de bon argent ce que je viens de dire, et tu crois que ma bouche étoit d'accord avec mon cœur ?

SGANARELLE.

Quoi ! ce n'est pas..... Vous ne....... Votre......
(*à part.*)
O quel homme ! Quel homme ! Quel homme !

D. JUAN.

Non, non, je ne suis point changé, et mes sentimens sont toujours les mêmes.

SGANARELLE.

Vous ne vous rendez pas à la surprenante merveille de cette statue mouvante et parlante ?

D. JUAN.

Il y a bien quelque chose là-dedans que je ne comprends pas ; mais, quoi que ce puisse être, cela n'est pas capable, ni de convaincre mon esprit, ni d'ébranler mon ame ; et si j'ai dit que je voulois corriger ma conduite et me jeter dans un train de vie exemplaire, c'est un dessein que j'ai formé par pure politique, un stratagême utile, une grimace nécessaire où je veux me contraindre, pour ménager un père dont j'ai besoin, et me mettre à couvert, du côté des hommes, de cent fâcheuses aventures qui pourroient m'arriver. Je veux bien, Sganarelle, t'en faire confidence, et je suis bien aise d'avoir un témoin des véritables motifs qui m'obligent à faire les choses.

ACTE V. SCÈNE II.

SGANARELLE.

Quoi! toujours libertin et débauché, vous voulez cependant vous ériger en homme de bien?

D. JUAN.

Et pourquoi non? Il y en a tant d'autres comme moi qui se mêlent de ce métier, et qui se servent du même masque pour abuser le monde!

SGANARELLE.

Ah, quel homme! quel homme!

D. JUAN.

Il n'y a plus de honte maintenant à cela; l'hypocrisie est un vice à la mode, et tous les vices à la mode passent pour vertus. La profession d'hypocrite a de merveilleux avantages. C'est un art de qui l'imposture est toujours respectée; et, quoiqu'on la découvre, on n'ose rien dire contre elle. Tous les autres vices des hommes sont exposés à la censure, et chacun a la liberté de les attaquer hautement; mais l'hypocrisie est un vice privilégié qui, de sa main, ferme la bouche à tout le monde, et jouit en repos d'une impunité souveraine. On lie, à force de grimaces, une société étroite avec tous les gens du parti. Qui en choque un, se les attire tous sur les bras; et ceux que l'on sait même agir de bonne foi là-dessus, et que chacun connoît pour être véritablement touchés, ceux-là, dis-je, sont le plus souvent les dupes des autres; ils donnent bonnement dans le panneau des grimaciers, et appuient aveuglément les singes de leurs actions. Combien crois-tu que j'en connoisse qui, par ce stratagême, ont rhabillé adroitement les désordres de leur jeunesse, et, sous un dehors respecté, ont la permission d'être les plus méchans hommes du monde? On a beau savoir leurs intrigues, et les connoître pour ce qu'ils sont, ils ne laissent pas pour cela d'être en crédit parmi les gens; et quelque baissement de tête, un soupir mortifié et deux roulemens d'yeux rajustent dans le monde tout ce qu'ils peuvent faire. C'est sous cet abri favorable que je veux mettre en sûreté mes affaires. Je ne quitterai point mes douces habitudes, mais j'aurai soin de me cacher, et me divertirai à petit bruit. Que si je viens à être découvert, je verrai, sans me remuer, prendre mes intérêts à toute ma cabale, et je serai défendu par elle envers et contre tous. Enfin, c'est là le vrai moyen de faire impunément tout ce que je voudrai. Je m'érigerai en censeur des actions d'autrui, jugerai mal de tout le monde, et n'aurai bonne opinion que de moi. Dès qu'une fois on m'aura choqué tant soit peu, je ne pardonnerai jamais, et garderai tout doucement une haine irréconciliable. Je serai le vengeur de la vertu opprimée, et, sous ce prétexte commode, je pousserai mes ennemis, je les accuserai d'impiété, et saurai déchaîner contre eux de zélés indiscrets qui, sans connoissance de cause, crieront contre eux, qui les accableront d'injures, et les damneront hautement de leur autorité privée. C'est ainsi qu'il faut profiter des foiblesses des hommes, et qu'un sage esprit s'accommode aux vices de son siècle.

SGANARELLE.

O ciel! qu'entends-je ici! Il ne vous manquoit plus que d'être hypocrite, pour vous achever de tout point, et voilà le comble des abominations. Monsieur, cette dernière-ci m'emporte, et je ne puis m'empêcher de parler. Faites-moi tout ce qu'il vous plaira, battez-moi, assommez-moi de coups, tuez-moi si vous voulez, il faut que je décharge mon cœur, et qu'en valet fidèle, je vous dise ce que je dois. Sachez, monsieur, que tant va la cruche à l'eau, qu'enfin elle se brise ; et, comme dit fort bien cet auteur que je ne connois pas, l'homme est, en ce monde, ainsi que l'oiseau sur la branche, la branche est attachée à l'arbre ; qui s'attache à l'arbre suit les bons préceptes, les bons préceptes valent mieux que les belles paroles, les belles paroles se trouvent à la cour, à la cour sont les courtisans, les courtisans suivent la mode, la mode vient de la fantaisie, la fantaisie est une faculté de l'ame, l'ame est ce qui nous donne la vie, la vie finit par la mort.... et.... songez à ce que vous deviendrez.

D. JUAN.

O le beau raisonnement!

SGANARELLE.

Après cela, si vous ne vous rendez, tant pis pour vous.

SCÈNE III.

D. CARLOS, D. JUAN, SGANARELLE.

D. CARLOS.

Don Juan, je vous trouve à propos, et suis bien aise de vous parler ici plutôt que chez vous, pour vous demander vos résolutions. Vous savez que ce soin me regarde, et que je me suis, en votre présence, chargé de cette affaire. Pour moi, je ne le cèle point, je souhaite fort que les choses aillent dans la douceur ; il n'y a rien que je ne fasse pour porter votre esprit à vouloir prendre cette voie, et pour vous voir publiquement confirmer à ma sœur le nom de votre femme.

D. JUAN, *d'un ton hypocrite.*

Hélas ! je voudrois bien, de tout mon cœur, vous donner la satisfaction que vous souhaitez ; mais le ciel s'y oppose directement ; il a inspiré à mon ame le dessein de changer de vie, et je n'ai point d'autres pensées maintenant, que de quitter entièrement tous les attachemens du monde, de me dépouiller au plutôt de toutes sortes de vanités, et de corriger désormais, par une austère conduite, tous les déréglemens criminels où m'a porté le feu d'une aveugle jeunesse.

D. CARLOS.

Ce dessein, don Juan, ne choque point ce que je dis ; et la compagnie d'une femme légitime peut bien s'accommoder avec les louables pensées que le ciel vous inspire.

D. JUAN.

Hélas! point du tout. C'est un dessein que votre sœur elle-même a pris ; elle a résolu sa retraite, et nous avons été touchés tous deux en même tems.

D. CARLOS.

Sa retraite ne peut vous satisfaire, pouvant être imputée au mépris que vous feriez d'elle et de notre famille ; et notre honneur demande qu'elle vive avec vous.

D. JUAN.

Je vous assure que cela ne se peut. J'en avois, pour moi, toutes les envies du monde, et je me suis, même encore aujourd'hui, conseillé au ciel pour cela ; mais, lorsque je l'ai consulté, j'ai entendu une voix qui m'a dit que je ne devois point songer à votre sœur, et qu'avec elle, assurément, je ne ferois point mon salut.

D. CARLOS.

Croyez-vous, don Juan, nous éblouir pas ces belles excuses ?

D. JUAN.

J'obéis à la voix du ciel.

D. CARLOS.

Quoi, vous voulez que je me paye d'un semblable discours ?

D. JUAN.

C'est le ciel qui le veut ainsi.

D. CARLOS.

Vous aurez fait sortir ma sœur d'un couvent pour la laisser ensuite ?

D. JUAN.

Le ciel l'ordonne de la sorte.

D. CARLOS.

Nous souffrirons cette tache en notre famille ?

D. JUAN.

Prenez-vous-en au ciel.

D. CARLOS.

Hé quoi, toujours le ciel !

D. JUAN.

Le ciel le souhaite comme cela.

D. CARLOS.

Il suffit, don Juan, je vous entends. Ce n'est pas ici que je veux vous prendre, et le lieu ne le souffre pas ; mais, avant qu'il soit peu, je saurai vous trouver.

D. JUAN.

Vous ferez ce que vous voudrez. Vous savez que je ne manque point de cœur, et que je sais toujours me servir de mon épée quand il le faut. Je m'en vais passer tout-à-l'heure dans cette petite rue écartée qui mène au grand couvent; mais je vous déclare, pour moi, que ce n'est point moi qui me veux battre, le ciel m'en défend la pensée ; et, si vous m'attaquez, nous verrons ce qui en arrivera.

ACTE V. SCÈNE V.

D. CARLOS.

Nous verrons, de vrai, nous verrons.

SCÈNE VI.

D. JUAN, SGANARELLE.

SGANARELLE.

Monsieur, quel diable de style prenez-vous là? Ceci est bien pis que le reste, et je vous aimerois bien mieux encore comme vous étiez auparavant. J'espérois toujours de votre salut; mais c'est maintenant que j'en désespère, et je crois que le ciel, qui vous a souffert jusqu'ici, ne pourra souffrir du tout cette dernière horreur.

D. JUAN.

Va, va, le ciel n'est pas si exact que tu penses, et si toutes les fois que les hommes....

SCÈNE V.

D. JUAN, SGANARELLE, UN SPECTRE
en femme voilée.

SGANARELLE *apercevant le spectre.*

Ah! monsieur, c'est le ciel qui vous parle, et c'est un avis qu'il vous donne.

D. JUAN.

Si le ciel me donne un avis, il faut qu'il parle un peu plus clairement, s'il veut que je l'entende.

LE SPECTRE.

Don Juan n'a plus qu'un moment à pouvoir profiter de la miséricorde du ciel; et s'il ne se repent ici, sa perte est résolue.

SGANARELLE.

Entendez-vous, monsieur?

D. JUAN.

Qui ose tenir ces paroles? Je crois connoître cette voix.

SGANARELLE.

Ah! monsieur, c'est un spectre, je le reconnois au marcher.

TABLE DES PIÈCES

CONTENUES

DANS LE TROISIÈME TOME.

Avertissement de l'éditeur sur *la Critique de l'École des Femmes*. Page 3
La Critique de l'École des Femmes. 11
Avertissement de l'éditeur sur *l'Impromptu de Versailles*. 51
Remerciment au Roi, en 1663. 55
L'Impromptu de Versailles. 59
Avertissement de l'éditeur sur *la Princesse d'Élide*. 95
Prologue de la Princesse d'Élide. 101
La Princesse d'Élide. 105
Les Fêtes de Versailles, en 1664. 153
Avertissement de l'éditeur sur *le Mariage Forcé*. 195
Le Mariage Forcé. 201
Avertissement de l'éditeur sur *le Festin de Pierre*. 245
Don Juan, ou le Festin de Pierre. 253

FIN DE LA TABLE.

www.ingramcontent.com/pod-product-compliance
Lightning Source LLC
Chambersburg PA
CBHW060412170426
43199CB00013B/2114